HEYNE ‹

D1718528

Das Buch

Eigentlich ist Mary Ann Winkowski eine ganz normale Frau. Sie ist verheiratet und Mutter von zwei Töchtern. Sie lebt in einem kleinen Vorstadtbezirk von Cleveland, Ohio. Sie geht jeden Sonntag in die Kirche. Aber: Sie sieht Geister und kann sogar mit ihnen sprechen.

In diesem Buch erzählt Mary Ann ihre schier unglaubliche Lebensgeschichte als eine der berühmtesten Geisterjägerinnen der Welt. Sie berichtet von ihren aufregendsten und berührendsten Erlebnissen mit Geistererscheinungen. Sie verrät, warum einige Geister nicht von ihrem irdischen Dasein loslassen können und so direkten Einfluss auf unser Leben ausüben. Und sie zeigt, wie jeder erkennen kann, ob in seiner Umgebung Geister spuken – und was wir tun können, um diesen Geistern den Weg in das erlösende Licht zu weisen.

Die Autorin

Mary Ann Winkowski, geboren und aufgewachsen in Cleveland, Ohio, ist eine weltbekannte Expertin auf dem Gebiet der paranormalen Phänomene. Seit ihrer Kindheit kann sie erdgebundene Geister wahrnehmen und mit ihnen kommunizieren. Mit dieser Fähigkeit hilft sie Menschen in aller Welt, Probleme mit Geistern und negativen Energien zu lösen. Winkowskis Erlebnisse mit Geistererscheinungen bilden die Grundlage für die TV-Erfolgsserie »Ghost Whisperer«.

www.maryannwinkowski.com

MARY ANN WINKOWSKI

Mit Geistern reden

Wie man sie erkennt,
ihnen entgegentritt und
sie erlöst

Aus dem Amerikanischen
von Kristof Kurz

WILHELM HEYNE VERLAG
MÜNCHEN

Verlagsgruppe Random House FSC-DEU-0100
Das für dieses Buch verwendete
FSC®-zertifizierte Papier *Holmen Book Cream*
liefert Holmen Paper, Hallstavik, Schweden.

4. Auflage
Deutsche Erstausgabe 04/2009

Printed in Germany 2012
Umschlaggestaltung: HildenDesign, München
unter Verwendung eines Motivs von © Shutterstock
Herstellung: Helga Schörnig
Gesetzt aus der 9,8/13,2 Sabon OsF
bei C. Schaber Datentechnik, Wels
Druck und Bindung: GGP Media GmbH, Pößneck

ISBN 978-3-453-70106-9

http://www.heyne.de

*Dieses Buch ist meinem geliebten
Ehemann Ted gewidmet, der seit über vierzig Jahren
mein bester Freund ist,
sowie unseren Töchtern Amber und Tara,
die großartige Kinder waren und jetzt
außergewöhnliche Erwachsene sind.*

*In Erinnerung an meine Großmutter Marie Fantozzi.
Sie erkannte meine Fähigkeiten, förderte sie
und stand mir bis zu ihrem Tod im Jahre 1998
mit unschätzbaren Ratschlägen zur Seite.*

*Gewidmet auch all den erdgebundenen Geistern,
die ich in den letzten fünfzig Jahren getroffen habe.
Sie haben mich gelehrt, mein einzigartiges
Leben anzunehmen und ihnen mit Freuden auf ihrer
Reise beizustehen.*

Obwohl ich jeder lebenden Person und jedem erdgebundenen Geist in diesem Buch persönlich begegnet bin, fühlte ich mich verpflichtet, zum Schutz der Privatsphäre sowohl der Lebenden als auch der Toten Namen, Orte und andere eindeutige Merkmale zu ändern.

INHALT

VORWORT

Seit mehr als fünfundzwanzig Jahren beschäftige ich mich beruflich damit, mit Geistern zu kommunizieren, doch das einzige Mal, dass ich von einem »Geisterjäger« gehört habe, war, als ich Dan Aykroyd in dem Film *Ghostbusters* mit grünem Schleim kämpfen sah. Im Laufe der Jahre habe ich viele Leute kennengelernt, die vorgaben, sie wären ebenso in der Lage, ungebetene Spukwesen zu verscheuchen. Solchen Behauptungen stehe ich immer sehr skeptisch gegenüber und bediene mich einer äußerst unwissenschaftlichen Methode, um sie zu überprüfen. Weshalb *unwissenschaftlich*?, werden Sie sich jetzt vielleicht fragen. Bis zum heutigen Tag ist es der Wissenschaft unmöglich, mit ihrem begrenzten Instrumentarium die Existenz von Geistern und Gespenstern eindeutig zu beweisen. Ihr Beitrag beschränkt sich auf die Messung von Temperaturschwankungen, Energiespitzen und dem Nachweis von Leuchtobjekten. Wenn also diese Personen behaupten, sie könnten mit Geistern kommunizieren, verlange ich Beweise. Das können bestimmte Namen, biografische Details oder andere Informationen sein, an die sie unmöglich mithilfe des Internets oder sonstiger Quellen gelangt sein können.

Auch Mary Ann begegnete ich anfangs mit einer gehörigen Portion Skepsis und gewohnt scharfer Intuition. War sie eine Hochstaplerin oder besaß sie wirklich Informationen, die sie unmöglich auf anderem Wege hätte bekommen können? Übte sie ihre Tätigkeit mit Integrität und Verantwortungsbewusstsein aus? Griff sie auf Apparate wie Nachtsichtgeräte oder gar »Geisterfallen« im Stile eines Dan Aykroyd zurück?

Mary Ann war völlig anders, als ich erwartet hatte. Sie fiel nicht in Trance oder tanzte herum und sang dabei uralte Ritualgebete. Ihre ganze Ausrüstung waren ein Notizblock und ein Stift. Sie war … normal. Sehr normal sogar. Statt Dan Aykroyd hatte ich eine bezaubernde Hausfrau aus dem mittleren Westen der Vereinigten Staaten vor mir, die man sich eher beim Kuchenbacken als auf der Jagd nach gespenstischen Phantomen vorstellt. Verstehen Sie mich nicht falsch: Nur weil sie so sympathisch und nett wirkt, lässt sie sich von niemandem für dumm verkaufen. Ihre – äußerst wirksamen – Waffen sind ihr Verstand und ihre Fähigkeiten. Sie kann einen erdgebundenen Geist mit einem einzigen strengen Blick zur Räson bringen und ins Licht schicken.

In Film und Fernsehen nehmen Geister so unterschiedliche Formen wie weiße Bettlaken, Nebelschwaden und wandelnde Leichen an, die nichts anderes zu tun haben, als hilflose Menschen anzufallen und ihnen einen gehörigen Schrecken einzujagen. Die Medien wollen uns glauben machen, dass erdgebundene Geister grässliche, widerwärtige Ungeheuer sind, die überdies an schwerem Gedächtnisverlust leiden. Auch sind sie meist dämonischer Natur oder hegen zumindest böse Absichten. All diese Eigenschaften besitzen sie nur, um dem Publikum möglichst effektiv Angst einzujagen. Mit der Wirklichkeit hat das nicht viel zu tun. Zugegeben, auch in der realen Welt trifft man manchmal auf unerfahrene oder zornige Geister, doch vergessen Sie eines nicht: Geister sind nicht mehr und nicht weniger Menschen, die gestorben sind. Welchen Grund hätten sie, sich grauenerregende Masken aufzusetzen oder in Bettlaken gehüllt umherzuwandeln?

Ich habe Mary Ann oft bei ihrer Arbeit zusehen dürfen. Meiner Erfahrung nach erinnern sich Geister sehr wohl an den Zeitpunkt ihrer Geburt und ihres Todes, wissen, wo sie begraben liegen, erinnern sich an ihre diesseitigen Arbeitsstellen und Hobbys und haben die Schwelle zum Jenseits noch nicht überquert, weil sie hier auf Erden noch eine dringende Aufgabe zu erledigen haben, die physische Welt mit ihren Sinneseindrücken vermissen oder einfach Angst vor dem haben, was sie in der nächsten Welt erwarten wird. Nicht zuletzt sind viele einfach sehr neugierig – ohne ihre Körper und die Gesetze der physikalischen Welt können sie ja ungehindert überall herumschnüffeln.

Die Tatsache, dass sich erdgebundene Geister ziemlich deutlich von denen unterscheiden, mit denen ich gewöhnlich kommuniziere, finde ich äußerst interessant und faszinierend. »Meine« Geister sind bereits übergetreten und kehren noch einmal zurück, um eine letzte Botschaft der Liebe, der Vergebung oder auch der Reue zu übermitteln. Aber noch nie hat ein Geist mit mir Kontakt aufgenommen, weil er hier in unserer physischen Welt gefangen war oder sich so stark danach gesehnt hätte. Sie sind glücklich, da wo sie sind, und wollen ihre Lieben wissen lassen, dass sie noch immer Teil ihres Lebens sind und ihnen jetzt mit spirituellen Mitteln zur Seite stehen können. Diejenigen, die aufgrund ihrer Gier, Habsucht oder Angst an die Erde gebunden sind, sind Verlorene zwischen Raum und Zeit. Sie wollen den anderen Menschen nicht helfen, sondern verfolgen im Gegenteil weiterhin ihre diesseitigen Interessen und Leidenschaften. Sie berauben uns unserer Energie und stiften Unfrieden, was uns wütend macht. Diese Wut nutzen sie, um weiter in dieser Welt bleiben zu können. Sobald ein Geist ins Jenseits übertritt, kann er zu einem Lichtkörper werden (der eine Kopie des physischen Körpers ist), mit dem er uns besuchen und unser Leben zum Positiven hin verändern kann. Ich habe sogar beobachtet, wie diese Lichtwesen versuchten, erdgebundenen Geistern zu helfen. Wenn diese Geister bereit dazu sind, werden sie auf sie hören und ebenfalls ins Licht gehen. Doch es ist äußerst schwierig, einen erdgebundenen Geist von der spirituellen Dimension aus zu erreichen – dazu sind diese Geister viel zu sehr an unser Diesseits gebunden.

Mary Anns Arbeit kann man gar nicht hoch genug einschätzen. Sie hilft nicht nur den Lebenden, sondern auch vielen verärgerten, missmutigen Geistern, die sich oft alleingelassen fühlen und der Meinung sind, dass dies der Normalzustand wäre, sobald man seine sterbliche Hülle verlassen hat. Sie befreit sie aus der Dunkelheit und führt sie zu einem neuen Leben, von dem sie gar nicht wussten, dass es überhaupt existiert. Interessanterweise gibt es hier eine Entsprechung zu manchen noch lebenden Mitmenschen, die sich allzu sehr an physische Dinge wie Macht, Habsucht, Hass, Religion etc. klammern. Sobald sie sich von diesen Ideologien und Glaubenssystemen befreit und sich der Liebe, dem Mitgefühl und der Freude widmen, erkennen sie auch die wahre Natur ihres Geistes. Wenn sie sich als die einzigartigen spirituellen Wesen, die sie sind, akzeptiert haben, genießen sie eine nie gekannte Geistesfreiheit. Auch sie tragen jenen Funken des göttlichen Lichts in sich, das man Liebe nennt.

Wir sind spirituelle Wesen, für die diese Welt nur eine Zwischenstation darstellt, in der man lernen kann, Liebe zu schenken. Ich hoffe, dass Sie das nicht vergessen, wenn Sie einst Ihre körperliche Hülle hinter sich lassen. Jenseits der Schwelle wartet ein schönerer Ort auf Sie, und Sie müssen sich nicht an diese Welt klammern, Unruhe stiften und Ihre Nachbarn erschrecken. Seien Sie in der Zwischenzeit froh, dass es Geisterjäger wie Mary Ann gibt, wenn Sie zu Hause Probleme haben, Ihr Auto nicht anspringt, die Elektrik nicht funktioniert, Ihr Kind aus unerklärlichen Gründen an Ohrenschmerzen leidet oder der Hund verrückt spielt. Dann kann es nämlich durchaus sein, dass sie einen ungebetenen Gast bei sich beherbergen.

James Van Praagh
Medium und Autor von Titeln wie
Geister sind unter uns, Die Weite zwischen Himmel und Erde und *Heilende Trauer.*

TEIL I *Geistern zuhören*

EINFÜHRUNG

Geisterhafte Phänomene

»Also ... ist jetzt gerade jemand hier?« Jennifer Love Hewitt saß mit mir an ihrem Küchentisch und goss sich eine Tasse Tee ein. Love (sie bevorzugt es, von ihren Freunden so genannt zu werden) bereitete sich gerade auf die Dreharbeiten zur ersten Staffel der heute so erfolgreichen Fernsehserie *Ghost Whisperer* vor. Ich konnte es immer noch nicht fassen: Ich, eine über fünfzigjährige Hausfrau aus Cleveland, trank an einem sonnigen Nachmittag zusammen mit einer berühmten Schauspielerin Tee in ihrer Küche. Warum ich dort war? Die Figur, die Love in der Serie spielt – Melinda Gordon –, hat die Fähigkeit, erdgebundene Geister zu sehen und mit ihnen zu kommunizieren. Genau wie ich.

»Ja. Momentan befinden sich zwei Geister im Raum«, sagte ich.

»Und was werden Sie jetzt tun?«, fragte Love. Obwohl wir schon länger wussten, dass wir für *Ghost Whisperer* zusammenarbeiten würden, war dies unsere erste persönliche Begegnung. Ich spürte, dass sie mich genau beobachtete.

»Sie können ihnen Fragen stellen«, sagte ich. »Wenn Sie dann so weit sind, werde ich das weiße Licht erscheinen und sie ins Jenseits übertreten lassen. Dann sind sie für immer verschwunden.«

Wie die meisten Menschen, mit denen ich zusammenarbeite, hatte auch Love viele Fragen über mich und die Geister, die sich in ihrem Haus befanden. Ich konnte sie so deutlich wie sie selbst sehen. Bereitwillig nahmen sie Kontakt mit mir auf.

»Wer ist es?«, fragte Love.

»Dort drüben steht eine Frau«, sagte ich und deutete auf die Tür. »Sie sagt, sie wäre Lon Chaney Jrs. Exfrau.«

Love erschrak. »Dieses Haus gehörte tatsächlich einmal Lon Chaney Jr.! Woher wissen Sie das?«

Diese Frage überraschte mich nicht. Man hat sie mir schon tausend Mal gestellt. Anfangs vermuten die Leute, dass ich mir irgendwie Hintergrundinformationen über ihr Leben beschafft hätte. Jedes Mal erkläre ich geduldig, dass ich keine hellseherischen Fähigkeiten habe. Ich kann weder Gedanken lesen noch in die Zukunft sehen. Doch ich kann das wiedergeben, was mir ein Geist erzählt. Und genau das tat ich auch bei Love.

»Fragen Sie sie, ob sie meine Singerei stört«, sagte Love grinsend.

Es war eine seltsame Frage, doch als ich zu dem Geist hinübersah, lächelte dieser ebenfalls. »Sie möchte Sie nur auf den Arm nehmen«, sagte der Geist. »Sie ist eine wundervolle Sängerin.«

Love stellte weitere Fragen, und wir plauderten noch ein wenig, bis der Geist sich bereiterklärte, mit meiner Hilfe ins Licht zu treten.

»Wer ist noch hier?«, fragte Love.

Ich zögerte. Aufgrund meiner jahrelangen Erfahrung wusste ich, dass dieses nächste Gespräch nicht so angenehm verlaufen würde wie der freundschaftliche Plausch mit der ehemaligen Mrs. Chaney. Doch ich habe es mir zum Prinzip gemacht, niemandem ungefragt meine Meinung und meine Vorbehalte mitzuteilen. »Ein junger Mann«, sagte ich.

Der Geist war etwa um die dreißig, besaß ordentlich frisiertes braunes Haar und eine athletische Statur, lümmelte jedoch frech in einer Ecke herum und starrte mich auf eine fast feindselige Art an.

Wieder wollte Love viele Dinge wissen, wurde jedoch bald schon relativ konkret. Die Fragen, die mir die Menschen zu den Geistern in ihrer Umgebung stellen, erinnern oft an ein beliebtes Gesellschaftsspiel: Wie heißt du? Wie alt bist du? Wo hast du gelebt? Wie bist du gestorben? Diese Neugier ist nur zu verständlich, handelt es sich doch um Personen, die die Leute weder sehen noch hören können, die aber nichtsdestotrotz ein Haus oder eine Wohnung mit ihnen teilen und sie manchmal über Jahre hinweg beobachtet haben. Diese Intimität ist wahrscheinlich der Grund, warum die Menschen weniger Hemmungen als auf gewöhnlichen Partys haben, sehr persönliche Fragen zu stellen.

Der Geist war ungefähr in Loves Alter, und sie wollte herausfinden, ob sie irgendetwas gemeinsam hatten. Der Mann behauptete, dass er dieselbe High School wie Love besucht hatte – wenn auch ein paar Klassen über ihr … Außerdem bewunderte er ihre Arbeit und kannte jeden einzelnen Film und jede Fernsehsendung, bei denen sie mitgewirkt hatte. Er behauptete, bei einem Autounfall getötet worden zu sein. Je länger wir redeten, desto unbehaglicher fühlte ich mich. Obwohl er alle Fragen ehrlich zu beantworten schien, tat er dies mit einem höhnischen Grinsen. Wäre er noch am Leben gewesen, hätte ich ihn ohne Zögern als einen echten Widerling bezeichnet. Doch auch im Tod war er äußerst unangenehm.

»Beobachtet er mich, wenn ich unter der Dusche stehe?«, platzte Love heraus.

Auweia, dachte ich. Diese Frage musste ich ihm nicht stellen, da ich die Antwort bereits im Voraus kannte. Das Grinsen auf dem Gesicht des Geistes wurde noch breiter. Natürlich würde er das tun, antwortete er. Ich nickte, ohne seine Begeisterung zu teilen.

»Das ist ja pervers!« Love schien angewidert, musste aber doch über die ganze Situation lachen. Ich hatte sie bereits wissen lassen, dass die meisten erdgebundenen Geister die Lebenden weder berühren noch ihnen Schaden zufügen können.

»In der Tat«, sagte ich.

Nun war es an der Zeit, diesen Spanner ins Licht zu schicken.

»Du willst doch nicht wirklich, dass sie dich für einen Perversen hält?«

Der Geist verzog das Gesicht. Offensichtlich hatte ich einen wunden Punkt getroffen und es geschafft, an das – zugegeben kaum vorhandene – schlechte Gewissen des Geistes zu appellieren.

»Jetzt weiß sie, dass es dich gibt und was du im Schilde führst«, sagte ich. »Das nimmt der ganzen Sache seinen Reiz, nicht wahr?«

Er ließ den Kopf hängen. In diesem Moment wusste ich, dass er ohne Widerrede ins Licht gehen würde. Und so geschah es dann auch.

»Er ist weg«, sagte ich.

Obwohl die Umstände, unter denen die Kommunikation mit diesen Geistern zustande kam, ungewöhnlich für mich waren – die eigentliche Begegnung mit ihnen war es nicht. Wie bereits erwähnt – ich nehme das, was mir die Verstorbenen erzählen, immer für bare Münze. In den letzten fünfzig Jahren habe ich mit unzähligen Geistern gesprochen, von denen mir die meisten völlig unbekannt waren. Sobald sie einmal das Licht gesehen haben, mache ich mir keine weiteren Gedanken über sie.

Und so vergesse ich manchmal, dass nicht alle Menschen meine Fähigkeit für so selbstverständlich halten, wie ich es tue.

Am nächsten Morgen saß ich in einem Konferenzraum auf dem Gelände der Paramount-Studios. Es war das erste Treffen der Schauspieler mit den Drehbuchschreibern der Serie. Ich wusste, dass mir besonders die Autoren eine gewisse Skepsis entgegenbrachten. Für den Nachmittag war ein Ausflug anberaumt, an dem alle zwölf Drehbuchschreiber, Love und ich selbst teilnehmen sollten. Wir würden einige Häuser besuchen, damit sie Gelegenheit bekamen, mir bei der Arbeit zuzusehen.

Das machte mich nicht im Geringsten nervös, schließlich habe ich oft mit Skeptikern und Zweiflern zu tun. Ich muss niemandem beweisen, dass ich tatsächlich mit den Geistern der Verstorbenen kommunizieren kann. Wenn ich mir ständig Gedanken machen würde, was andere Leute von mir und meiner Arbeit denken, wären die letzten fünfzig Jahre in der Tat eine sehr aufreibende und anstrengende Zeit gewesen. Doch hier lag die Sache anders: Ich stand zwölf Drehbuchschreibern mit Hollywood-Erfahrung gegenüber, die im Laufe ihrer Karrieren wohl schon alle möglichen unglaublichen Geschichten gehört hatten. Für den Erfolg der Serie war es unumgänglich, dass sie mir Glauben schenkten. Trotzdem beschloss ich, nicht von meinem eisernen Grundsatz abzurücken: *Jeder muss selbst für sich entscheiden, ob er an das glauben will, was ich tue.* Während ich noch darüber nachdachte, kam Love in den Konferenzraum.

»Bei dir waren gestern die Geisterjäger, habe ich gehört«, sagte eine der Hauptautorinnen der Serie betont affektiert, um mich aus der Reserve zu locken.

Doch stattdessen erzählte Love allen, was am vorherigen Tag geschehen war und von den beiden Geistern, von denen sich einer als unheimlicher Spanner herausgestellt hatte. Meiner Erfahrung nach neigen die meisten Menschen dazu, bei der Wiedergabe ihrer Erlebnisse mit dem Übernatürlichen maßlos zu übertreiben. Anders dagegen Love, die sich streng an die Fakten hielt. Nachdem sie ihren Bericht beendet hatte, ging sie zu mir herüber und legte mir die Hände auf die Schultern.

»Mary Ann hat von dem, was sich nach ihrem Besuch abgespielt hat, keine Ahnung«, sagte sie.

Wie sie sich wohl vorstellen können, hatte sie nicht aufhören können, über den unheimlichen Kerl nachzudenken.

»Sein Name kam mir irgendwie bekannt vor«, sagte sie. Spät am Abend hatte sie einen Anruf von einer Freundin erhalten, der es dann ihrerseits gelungen war, jemanden aufzutreiben, der den jungen Mann zeit seines Lebens gekannt hatte. Was er mir verschwiegen hatte, war, dass er zum Zeitpunkt seines Todes im Keller des Hauses seiner Eltern gewohnt hatte. Als seine Freunde und die Familie sein Zimmer ausräumen wollten, entdeckten sie eine Wand, die vollständig mit Fotos von Love tapeziert war.

Das ergab durchaus Sinn. Der Mann war schon zu Lebzeiten von ihr besessen gewesen. Sein Tod hatte in dieser Hinsicht vieles einfacher für ihn gemacht.

»Zumindest wird er sich in Zukunft nicht mehr in meiner Küche blicken lassen«, scherzte Love, um das angespannte Schweigen, das sich nach ihrer Erzählung über den Raum gelegt hatte, zu durchbrechen.

Schließlich stiegen wir alle in einen Bus und fuhren zu verschiedenen Häusern, die die Produzenten für diesen Anlass ausgewählt hatten. Während ich mit den Geistern dort sprach, überschütteten mich die Drehbuchschreiber mit Fragen. Gegen ihre Neugier verblasste selbst die der Kriminalbeamten, mit denen ich gelegentlich zusammenarbeite. Doch ich spürte, dass ihre Skepsis so gut wie verschwunden war – jedenfalls solange sie in meiner Begleitung diese Häuser besuchten.

Geister sind unter uns – ob wir uns dessen bewusst sind oder nicht. Sie sind seit meiner Kindheit ein fester Bestandteil meines Lebens. Ich habe den Eindruck, dass in den letzten Jahren die Bereitschaft der Öffentlichkeit wächst, die Realität erdgebundener Geister zu akzeptieren. Viele Menschen, die an ihren Wohn- oder Arbeitsplätzen etwas Ungewöhnliches bemerken, besuchen meine Webseite oder fragen mich persönlich um Rat. Obwohl ich mit meinen Fähigkeiten niemals hausieren gehe, erhalte ich allein durch Mundpropaganda unzählige Anrufe auf den sechs verschiedenen Telefonleitungen, die ich mir in unserem Haus habe installieren lassen (Mein Mann nennt sie die »Geisterdrähte«).

Genau diese Mundpropaganda verschaffte mir auch meinen Job als Beraterin bei *Ghost Whisperer*. Vor etwa vier Jahren erhielt ich einen Anruf von James Van Praaghs Sekretärin. Von James hatte ich natürlich schon gehört – schließlich ist er eines der weltweit führenden und bekanntesten Medien. Mit erdgebundenen Geistern kann er nicht in der gleichen Weise kommunizieren wie ich. Er kommuniziert meistens mit Wesen, die bereits ins Licht gegangen und die Schwelle zum Jenseits überquert haben. Ich war sowohl mit seinen Büchern als auch mit seiner Fernsehsendung vertraut und einem persönlichen Gespräch fieberte ich geradezu entgegen.

Es war äußerst schmeichelhaft, dass James überhaupt von mir gehört hatte. Zu diesem Zeitpunkt hatte ich einige Bücher im Selbstverlag herausgebracht und veröffentlichte in unregelmäßigen Abständen, besonders jedoch um Halloween herum, Artikel in den verschiedenen Regionalzeitungen Clevelands. Die Mehrheit der Anrufe, die ich damals erhielt, stammte von Menschen, die von Freunden oder Verwandten aus erster Hand erfahren hatten, dass ich ihnen geholfen hatte, einen Geist aus ihrem Haus zu vertreiben, oder mit einem geliebten Verstorbenen vor dem Begräbnis gesprochen hatte, um etwaige Missverständnisse zu beseitigen oder letzte Wünsche zu übermitteln.

Eine Familie aus Oklahoma hatte James um Hilfe gebeten. Ihr Haus wurde von einem Geist heimgesucht, und James lud mich ein, im Rahmen seiner Sendung mit ihm gemeinsam das Haus zu besuchen. Erfreut willigte ich ein. Als James und ich dort eintrafen, nahmen uns die Hausbesitzer herzlich in Empfang, obwohl sie von der Heerschar von Kameramännern und anderen Mitgliedern der Filmcrew, die plötzlich ihr hübsch eingerichtetes Farmhaus bevölkerten, ziemlich eingeschüchtert waren. Vor dem Beginn der Dreharbeiten machte ich einen ersten Rundgang. Ich hatte bereits so viel Fernseherfahrung gesammelt, dass ich wusste, dass es nichts Schlimmeres gibt als verschwendete Sendezeit. Es war also wichtig, im Vorfeld zu klären, ob der Geist bereit war, mit mir zu reden, und ob er bestimmte Themen lieber vermeiden wollte.

Das Haus war ein wahrer Tummelplatz für Geister – insgesamt traf ich auf fünf von ihnen, was auch die ärgerlichen Phänomene erklärte, denen sich die Familie gegenübersah. Kreditkarten verschwanden auf unerklärliche Weise, die beiden Söhne litten an einer Infektion der Atemwege oder schlichen sich nachts in das Bett ihrer Eltern, weil sie in ihrem eigenen Zimmer Angst bekamen. Die Mutter war es leid, dauernd auf kaputtes Spielzeug zu stoßen, wobei die beiden Jungen beteuerten, nichts damit zu tun zu haben und die Sachen bereits demoliert vorgefunden zu haben.

Während der Aufnahmen tat ich das, was ich auch normalerweise tue. Ich fragte die Geister nach ihrem Namen, ihrem Alter und ihrer Herkunft. Die Eltern waren besonders an einem Geist interessiert, den sie bisher für den imaginären Spielgefährten ihres Jüngsten gehalten hatten. Der Ältere dagegen verhielt sich auffallend ruhig. Ich bemerkte, dass ihn etwas bedrückte.

Sehr junge Kinder legen erstaunliche Fähigkeiten an den Tag, wenn es darum geht, die Geister um sie herum wahrzunehmen. Für manche werden diese Geister – besonders wenn es sich um die von Kindern handelt – zu »imaginären Spielgefährten«, die Spielsachen kaputtmachen oder einen Streit vom Zaun brechen. Die Angst, die sie verursachen, ist durchaus nicht eingebildet.

»Der Mann in dem karierten Flanellhemd, der ab und zu in eurem Schlafzimmer auftaucht, macht dir große Angst, nicht wahr?«, fragte ich den älteren der beiden Jungen, der daraufhin nickte und in Tränen ausbrach. Ich warf besagtem Geist einen wütenden Blick zu. Es war ein junger Mann mit Fußballerfrisur, der mürrisch zurückstarrte. Offensichtlich war er auch zu Lebzeiten kein sehr angenehmer Mensch gewesen.

»Keine Angst«, sagte ich zu dem Jungen. »Ich verspreche dir, dass er dich nach dem heutigen Tag nicht mehr belästigen wird.«

Ich hielt Wort. Nacheinander schickte ich die Geister in das weiße Licht, darunter auch denjenigen eines Nachbarn, der sich über die Aufregung gewundert hatte und herübergekommen war, um sich den ganzen Trubel anzusehen. Er war überglücklich, als sich ihm die Möglichkeit bot, seine diesseitige Existenz zu beenden.

Nach dem Ende der Dreharbeiten wurden James und ich dicke Freunde. Er kennt sehr viele Menschen aus allen sozialen Schichten und ruft mich oft an, weil einer seiner Freunde, Bekannten oder Geschäftspartner meine Hilfe braucht. James lebt in Kalifornien, und sobald ich dorthin komme, lädt er mich zum Abendessen oder auf Cocktailpartys ein. Natürlich befinden sich in allen Lokalitäten, die wir besuchen, auch immer ein oder zwei Geister. Erdgebundene Geister bestehen aus reiner Energie und benötigen diese, um fortbestehen zu können. Und daran herrscht ja angesichts der großen Zahl von Schauspielern, Regisseuren, Drehbuchautoren und anderen kreativen Menschen in Hollywood kein Mangel.

Die Idee zu *Ghost Whisperer* entstand auf einer jener Partys. Ich begleitete James und einige seiner Freunde zum Abendessen. Die Gastgeber – eine Studiodirektorin und ihr Mann, ein Drehbuchautor – hießen uns herzlich willkommen. Sie wohnten in einem bezaubernden alten Haus, das einst dem Westernschauspieler Tom Mix gehört hatte. Obwohl Tom selbst an diesem Abend nicht anwesend war, hatten sich einige andere geisterhafte Gäste zu uns gesellt. Das Essen sah fabelhaft aus – zum Glück hatte ich keinen Hunger. Ich weiß seit Langem, dass es sich nicht für mich lohnt, hungrig zu einem Abendessen zu erscheinen – sobald ich sitze, bin ich die ganze Zeit über so sehr damit beschäftigt, Fragen zu beantworten, dass ich die mir angebotenen Speisen meistens kalt werden lasse.

So auch an diesem Abend. Ich erzählte meiner Gastgeberin von dem Geist des frustrierten Schriftstellers, der sich üblicherweise im Arbeitszimmer ihres Mannes aufhielt.

»Das erklärt auch Ihre Unentschlossenheit in Bezug auf den Schauplatz der Geschichte, an der Sie gerade arbeiten«, erklärte ich dem Mann. »Sie wollen sie im Gebirge spielen lassen, der Geist dagegen ist der Meinung, dass eine Strandkulisse geeigneter wäre.«

Die beiden starrten mich mit offenen Mündern an.

»Der andere Geist in diesem Raum«, fuhr ich fort, »kam zusammen mit einem alten Schreibpult, das Sie erst kürzlich erworben haben.«

Die Frau runzelte die Stirn. »Wir besitzen doch gar kein Schreibpult.«

»Es ist im Erdgeschoss«, sagte der Geist.

»Der Geist sagt, es ist im Erdgeschoss«, wiederholte ich.

Das andere Paar, das ebenfalls mit am Tisch saß, machte vor Verwunderung große Augen. »Wir wohnen im Erdgeschoss«, sagte die Frau. »Und wir haben tatsächlich vor Kurzem bei einer Auktion ein altes Schlafzimmer ersteigert, zu dem auch ein Schreibpult gehört.«

Es ist nicht ungewöhnlich, dass sich Geister an materielle Besitztümer wie kunstvolle Möbelstücke, Schmuck oder schöne Autos klammern. Wenn sie diese Dinge schon nicht mitnehmen können, so wollen sie sie wenigstens nicht aus den Augen verlieren.

Den restlichen Abend verbrachte ich mit dem Versuch, mein Dessert zu essen, während ich die nicht enden wollenden Fragen über Geister und meine Arbeit mit ihnen beantwortete. Schließlich verabschiedeten wir uns, und unsere Gastgeber begleiteten James und mich zur Tür.

»Aus ihren reichhaltigen Erfahrungen könnte man glatt eine Fernsehserie machen«, sagte der Mann.

Damals dachte ich nicht weiter über diese Bemerkung nach. Immer, wenn ich in Kalifornien bin, höre ich unablässig, wie erfolgreich meine Gespenstergeschichten im Fernsehen sein könnten. Doch bis dato war diesbezüglich alles im Sande verlaufen. Als mich James ein paar Wochen später anrief und mich bat, ich sollte mich sofort mit einem Produzenten namens John Gray an der Ecke Hollywood Boulevard und Vine in der Nähe des berühmten *Walk of Fame* treffen, hielt sich meine Erwartung in Grenzen.

Als wir in einem Starbucks saßen – mein Mann Ted begleitete mich –, fiel mir ein, dass ich James vergessen hatte zu fragen, wie John Gray eigentlich aussah. Ich wusste nur, dass er aus New York und nicht aus Kalifornien stammte. Als ich einen großen, dünnen Mann in einer schwarzen Windjacke entdeckte, der vor dem Café auf und ab ging, schickte ich Ted zu ihm. Und tatsächlich war es mir gelungen, den New Yorker aus der Masse der Kalifornier herauszupicken.

Unser Treffen dauerte über drei Stunden. Er stellte eine Menge Fragen, die ich nach bestem Gewissen beantwortete. Eine der ersten war, wo man hingehen müsse, um Geister zu treffen.

»Da müssen wir nirgends hingehen«, sagte ich. »Die Geister sind schon hier.«

»In einem Starbucks?«, fragte er und sah sich um.

»Genau.«

Während ich auf ihn gewartet hatte, war mir der Geist einer alten Frau aufgefallen, die sehr nahe bei einem attraktiven jungen Mann stand, der Ähnlichkeit mit ihr hatte und wahrscheinlich ihr Sohn war. Sobald eine hübsche Frau durch die Tür kam, tat Mama alles, was in ihrer Macht stand, um den Sohn dazu zu bewegen, in ihre Richtung zu sehen. Der jedoch war zu sehr mit seinem Laptop beschäftigt, und der Ärger der Frau wuchs mit jeder unbeachtet vorbeiziehenden potenziellen Schwiegertochter.

Außerdem berichtete ich ihm von einem älteren Mexikaner, der neben einem Angestellten hinter der Theke stand, wahllos die Tasten der Espressomaschine drückte und den armen Jungen, der die Bestellungen entgegennahm, dadurch an den Rand des Wahnsinns trieb. John beobachtete, wie er Tassen fallen ließ, die heiße Milch verspritzte und Espresso verschüttete. Vielleicht erinnern sie sich ja an die Pilotfolge von *Ghost Whisperer* – beide Geister haben dort einen Auftritt.

Ich hatte mich sehr gut mit John unterhalten, doch der Anruf, den ich ein paar Stunden später erhielt, kam völlig überraschend. Es war James, der mir berichtete, dass sich John entschlossen hatte, eine Fernsehserie über eine Frau zu entwickeln, die mit Geistern reden und sie sehen kann.

Daraufhin reiste ich regelmäßig nach Kalifornien, um mich mit den Autoren der Drehbücher zu unterhalten. Ich versäumte es nicht, mir dabei die Originaldrehorte und Studiokulissen genau anzusehen. Geister können, besonders was elektrische Geräte und Glühbirnen angeht, ziemlich schnell zu einer richtigen Plage werden. Inzwischen genügt es, wenn einer der teuren Apparate nicht richtig funktioniert oder eine Glühbirne explodiert und Glassplitter auf die Schauspieler regnen, und schon werde ich zu

Hilfe gerufen. Dann muss ich die Geister vertreiben, die nicht begreifen wollen, dass ihr großer Auftritt auf Erden schon lange vorbei ist.

Wenn man einige Zeit in Hollywood verbracht hat, wird man zwangsläufig von dem ganzen Glamour geblendet. Wo man geht und steht, sieht man bekannte Gesichter aus Film und Fernsehen, und es ist nichts Ungewöhnliches, seinen Lieblingsschauspieler im Café an der Ecke zu treffen. Mit den Geistern Hollywoods verhält es sich natürlich nicht anders. Jedes Mal, wenn ich ein Studio, einen Drehort oder einen Kulissenfundus überprüfe, hoffe ich, einer Berühmtheit wie etwa James Dean oder Elvis über den Weg zu laufen. Aber zum Großteil sind es nur die Geister zweitklassiger Schauspieler, Filmsternchen und alter Techniker, die es einfach nicht fertigbringen, die Glitzerwelt hinter sich zu lassen, in der sie so lange und mit so viel Hingabe tätig waren.

Die Arbeit an *Ghost Whisperer* hat mein ganzes Leben praktisch völlig umgekrempelt. Plötzlich war ich überall bekannt und wurde zu einem wahren Magneten für Fans und Kritiker gleichermaßen. Die Figur der Melinda Gordon in *Ghost Whisperer* ist sehr glamourös, steht jedoch auch mit beiden Beinen mitten im Leben, und die Geister, denen sie begegnet, sind interessante, komplexe Persönlichkeiten. Vielleicht enttäuscht es Sie jetzt zu hören, dass der Alltag der meisten Menschen, die mit dem Übersinnlichen zu tun haben, weniger dramatisch ist. Ich sehe fast täglich Geister und rede mit ihnen, und wenn jede dieser Begegnungen ein echtes Drama wäre, hätte ich schon lange aufgegeben. Eine Fernsehserie dagegen muss spannend, sexy und tragisch sein. Schließlich geht es dabei um Unterhaltung und nicht um das wahre Leben.

Seit meiner Kindheit sind Geister ein fester Bestandteil meines Lebens. In Bezug auf erdbezogene Geister habe ich einen gewaltigen Erfahrungsschatz. Und so kam es, dass mich einer der Produzenten der Serie ansprach, als ich die übertriebene Maskierung eines Schauspielers kritisierte, der einen Geist darstellen sollte. Händeringend schlug er mir vor, ein Buch zu schreiben, das endlich Klarheit darüber schaffen würde, was der Wahrheit entspricht und was ins Reich der Fiktion gehört.

Obwohl diese Idee aus der reinen Verzweiflung geboren wurde, gefiel sie mir auf Anhieb. Tatsache ist, dass wir ständig von Geistern umgeben sind, auch wenn kein Blut die Wände herunterläuft oder Fliegenschwärme auf unserem Dachboden hausen. Und oft ist die Wahrheit viel spannender als jede Fiktion. Dieses Buch erzählt also meine wahrhaftige Lebensgeschichte – von den Beerdigungen, die ich in frühester Kindheit zusammen mit meiner Großmutter besuchte, bis zu meiner derzeitigen Beschäftigung mit erdgebundenen Geistern. Sie werden darin Geschichten über meine Arbeit mit Gesetzeshütern, Prominenten, Profisportlern, aber auch mit ganz gewöhnlichen Menschen erfahren. Alle waren verblüfft von dem, was ich ihnen berichtete, nachdem ich mit den Geistern in ihrer Umgebung gesprochen hatte. Außerdem werden Sie viel über erdgebundene Geister erfahren – wie man Mythos von Realität unterscheidet, wie man sie erkennt und sich selbst, sein Heim und auch seine Familie vor diesen ungebetenen Gästen schützt.

Seit ein paar Jahren beobachte ich ein starkes öffentliches Interesse an erdgebundenen Geistern, was leider auch zu einer weiten Verbreitung von falschen Informationen führt. Es gibt bestimmte Dinge, die man über Geister wissen sollte – in diesem Buch werden Sie sie erfahren. In den folgenden Kapiteln werde ich nicht nur einige der erstaunlichsten Geschichten meiner Laufbahn zum Besten geben, sondern Ihnen auch praktische Tipps mit auf den Weg geben, damit Sie friedlich mit den erdgebundenen Geistern, denen Sie jeden Tag begegnen, auskommen werden.

I MEINE GESCHICHTE
Die Entdeckung einer Gabe

Meine Großmutter hat mir die Geschichte meiner ersten Begegnung mit einem Geist so oft erzählt, dass ich inzwischen fast glaube, eine tatsächliche Erinnerung daran zu haben. Dabei war ich nur zwei Jahre und wenige Monate alt, als ich bei meiner Nonna und meinem Nonno (Großmutter und Großvater) war, während meine Mutter im Krankenhaus war, um meine Schwester zu entbinden. Zu jener Zeit war die Geburt eines Kindes lange nicht so problemlos wie heute. Meine Mutter musste fast eine Woche lang im Krankenhaus bleiben, und mein Vater hatte nicht die Möglichkeit, sich freizunehmen. Also mussten sich meine Großeltern um mich kümmern.

Was mir durchaus Vergnügen bereitete. Als erstgeborenes Enkelkind nahm ich in der Welt meiner Großmutter eine ganz besondere Stellung ein. Meine Großeltern mütterlicherseits stammten beide aus Caramanica, einem kleinen Dorf in der Nähe von Rom. Die Frauen in unserer Familie waren dort aufgrund ihrer besonderen Begabung bekannt und sehr geschätzt. Meine Großmutter, deren Mutter und Großmutter – und so weiter – wurden von Dorfbewohnern, die unter Flüchen wie etwa dem *maloccio* (dem bösen Blick) litten, um Rat gefragt. Meine Großmutter war immer stolz auf ihre Fähigkeit, Flüche aufzuheben. Als meine Großeltern in die USA einwanderten und sich in der Nähe von Cleveland niederließen, fanden sie zu ihrer Freude bereits eine ganze Gemeinde italienischer Einwanderer vor, oft sogar aus den ehemaligen Nachbarorten.

In diesem fremden Land war die Begabung meiner Großmutter von noch größerer Bedeutung. Als meine Großeltern nach Cleveland gezogen waren, dauerte es oft Wochen, bis sie die neuesten Nachrichten aus der alten Heimat erhielten. Dank meiner Großmutter war die kleine Immigrantengemeinschaft jedoch nicht auf den langwierigen Postweg zwischen Caramanica und Cleveland angewiesen.

Regelmäßig verkündete sie, dass sie wieder »dieses Gefühl« hatte: »*Ho pelle de oca*«, sagte sie dann, rieb sich die Arme und zeigte mir die Gänsehaut darauf. Sie wusste genau, was dieses unheimliche Vorzeichen bedeutete: Noch in derselben Nacht würde sie von jemandem aus ihrem Geburtsort oder einem der Nachbardörfer träumen – was bedeutete, dass dieser *paesano* (Landsmann) gestorben war.

Sobald meine Großmutter am nächsten Morgen erwachte, ging sie mit allem gebotenen Ernst zu den Verwandten des Dahingeschiedenen hinüber, um die schlechte Nachricht zu überbringen: »Antonio (oder Angela, Luigi oder Giovanni) ist verstorben.« Und jedes Mal erhielt diese Familie drei oder vier Wochen später tatsächlich einen Beileidsbrief aus Italien. Meine Großmutter war in der ganzen Nachbarschaft bekannt. »Maria hat die Gabe«, sagten die Nachbarn stolz.

Am Anfang jener Woche, die ich bei meinen Großeltern verbrachte, hatte meine Großmutter wieder einen dieser Träume. Am nächsten Morgen nahm sie mich mit zum Haus des Nachbarn, wo sie bei Espresso und Biscotti die tragische Nachricht vom Tod des geliebten *compa* Dominic überbrachte, während ich mit einer alten Teekanne und dazugehörigen Tassen auf dem Fußboden spielte.

Nach meinem Mittagsschläfchen stellte mich meine Großmutter in ihrem Wintergarten ab und ging ihren alltäglichen Pflichten nach. Plötzlich hörte sie mich fröhlich auf Italienisch plappern. Was an und für sich nicht besonders ungewöhnlich war: Obwohl meine Eltern darauf bestanden, dass wir Englisch sprechen, waren meine Großeltern dieser Sprache nicht besonders mächtig. Daher war es üblich, sich in ihrem Haushalt in ihrer Muttersprache zu unterhalten.

Meine Großmutter spähte in den Raum und beobachtete mich, wie ich auf dem Fußboden saß, in eine Ecke starrte, winkte und nickte, als würde ich mich mit jemandem unterhalten.

»Mary Ann, mit wem sprichst du da?«, fragte sie.

»Mit einem *paesano*. Das sagt er zumindest«, antwortete ich.

»Wo ist er?«, fragte sie.

Ich deutete in die leere Ecke.

Wie ich später erfuhr, dachte meine Großmutter zuerst, dass ich die Unterhaltung nachspielte, die ich am gleichen Morgen im Nachbarhaus gehört hatte.

Doch dann wollte sie es genauer wissen: »Wie sieht dieser *paesan'* aus? Wo ist sein Zuhause? Wie ist er hierhergekommen? Was ist mit ihm passiert?«

Aus meinen Antworten schloss meine Großmutter, dass ich mit dem Mann redete, der soeben gestorben war. Die Dinge, die ich von ihm erfahren hatte, hätte sich keine Zweijährige ausdenken können. Am Ende der Befragung wusste Großmutter, dass ich nicht nur einfach das wiederholte, was ich zuvor gehört hatte, sondern tatsächlich mit einem Geist redete.

Das beunruhigte sie nicht im Geringsten. Sie war sogar sehr erfreut darüber. Ihre Tochter – meine Mutter – hatte die Gabe nicht erhalten, und meine Großmutter war bereits besorgt, dass die Familientradition erloschen sein könnte. Zu ihrer großen Erleichterung hatte die Gabe, mit Geistern zu kommunizieren, einfach nur eine Generation übersprungen.

Von meinem vierten Geburtstag an begleitete ich meine Großmutter zu den Beerdigungen der Verstorbenen des Viertels. Anfang der Fünfzigerjahre praktizierten die italienischen Einwandererfamilien noch die Traditionen der alten Heimat. Meine früheste Erinnerung an diese Beerdigungen ist die von beleibten, nach Knoblauch riechenden Frauen, die mich an ihren wogenden Busen drückten oder mich in die Wange kniffen. »Die *bambina* hat die Gabe. Ach, Maria, wie stolz musst du sein!«, verkündeten sie in Gegenwart meiner Großmutter.

Diese hatte bei diesen Anlässen immer ihre drahtigen schwarzen Locken mit »diamantenen« Haarklammern gebändigt. Lippen und Fingernägel erstrahlten in grellstem Revlon-Fifth-Avenue-Rot – sozusagen ihr Markenzeichen. Sie nahm die Komplimente in meinem Namen mit einem strahlenden, stolzen und wohlwollenden Lächeln entgegen. Danach musste ich auf Verlangen der Familienmitglieder dem verblüfften Geist, der üblicherweise neben dem Sarg stand, einige Fragen stellen und seine Antworten darauf sofort der versammelten Trauergemeinde mitteilen.

Ich glaube, dass meine Eltern keine Ahnung hatten, was während dieser »Ausflüge« mit meiner Großmutter wirklich vor sich ging. Meine Mutter hatte inzwischen vier kleine Töchter im Haus und war froh, dass meine Großmutter so viel Zeit mit mir verbringen wollte. Außerdem war es undenkbar, meiner Großmutter – die die unbestrittene Matriarchin der Familie war – zu widersprechen oder gar Rechenschaft über ihr Handeln einzufordern. Das wäre meinen Eltern nie in den Sinn gekommen! Ich glaube nicht, dass meine Großmutter sich die Mühe gemacht hat, ihrer Tochter, die ja die Gabe nicht erhalten hatte, zu erklären, weshalb sie mich so oft zu einem Ausflug mitnahm. Vielleicht war sie enttäuscht, dass die Gabe eine Generation übersprungen hatte, oder hatte Angst davor, dass ihre eigene Tochter diese Ausflüge missbilligen würde – ich habe es nie herausgefunden. Trotzdem bin ich mir sicher, dass meine Eltern während meiner Kindheit nichts von meiner Fähigkeit wussten.

Als ich den Geist meines Vaters während seiner Beerdigung ansprach, war er äußerst schockiert! Er gewann jedoch rasch seine Fassung zurück, murmelte so etwas wie »Die Familie deiner Mutter war ja schon immer etwas eigen« und vermied es, das Thema noch einmal anzusprechen. Daraufhin hatte ich keinen Grund, es auch meiner Mutter zu erzählen.

Mit meiner Hochzeit bekam ich auch zwei neue Eltern. Irgendwann entschloss ich mich, meiner Schwiegermutter zu beichten, was ich denn an den vielen Nachmittagen, an denen ich das Haus verließ, eigentlich tat. Schließlich wohnte sie bei uns und hatte ein Recht, es zu erfahren. Sie stellte meine Fähigkeit nie infrage, obwohl ich spüren konnte, dass sie dem Ganzen insgeheim skeptisch gegenüberstand. Als sie starb, erinnerte ich ihren Geist daran, wie oft ich ihr gesagt hatte, dass ich die letzte Person wäre, mit der sie jemals sprechen würde. Damit hatte ich sie schlussendlich doch noch von ihrer Skepsis kuriert.

Zum Zeitpunkt meiner ersten *bewussten* Erinnerung an die Begegnung mit einem Geist muss ich etwa sieben Jahre alt gewesen sein. Diese Erfahrung war für mich aus mehreren Gründen einzigartig. Zum einen sah ich zum ersten Mal einen jungen Geist, zum anderen erhielt ich ein tieferes Verständnis dafür, warum sich Geister ans Diesseits binden.

Es war in den letzten Wochen der Sommerferien. Meine Großmutter verkündete meinen Eltern, dass sie mich nach New York mitnehmen würde, um jemanden zu besuchen.

»*Comare* Gina hat in ihrem Haus gewisse Probleme«, sagte Großmutter, als wir am Flughafen ankamen. Ich war sehr aufgeregt, da es schließlich meine erste Flugreise war, und vergaß völlig zu fragen, um welcherart Probleme es sich handelte – und was das alles mit mir zu tun hatte. Wäre ich aufmerksamer gewesen, wäre mir bestimmt aufgefallen, dass dies keiner der üblichen Beerdigungsausflüge werden würde.

Gina wohnte in einem eleganten Haus an einer Allee mitten im Herzen New Yorks. Ich wartete geduldig in einem dunklen, holzvertäfelten Foyer, während Großmutter und Gina Begrüßungen und den neuesten Klatsch austauschten. Dann führte uns Gina in den Salon. »Ist jemand hier?«, fragte mich Großmutter.

Ich nickte. »Oh, Nanna! Sie ist so hübsch!«, platzte ich heraus, bevor Großmutter oder Gina auch nur eine Frage stellen konnten.

Der Geist, der sich an diesem Tag mit uns im Salon befand, beeindruckte mich so sehr, dass ich mich bis heute noch genau an ihn erinnern kann. Es war die Erscheinung einer schlanken, blassen Frau von etwa zwanzig Jahren mit dunklem Haar, das ihr fast bis zur Hüfte reichte. Sie trug etwas, was ich damals für ein ziemlich gewagtes Abendkleid mit dazu passendem Überwurf hielt (heute weiß ich, dass es sich um einen eleganten Frisiermantel handelte). Der seidige, weiße Stoff umspielte ihre bloßen Füße, und ihre langen Finger waren fast vollständig in den Ärmelstulpen aus Marabufedern verborgen.

Ich wusste nicht, was ich von ihr halten sollte. Alle Männer und Frauen, mit denen ich bis dahin auf den Beerdigungen geredet hatte, waren zufrieden nach einem langen und erfüllten Leben verstorben. Dieser junge, wunderschöne Geist jedoch wirkte sehr verloren und traurig.

Meine Großmutter und *comare* Gina stellten Fragen, und ich übermittelte ihnen die Antworten des Geists. Geister können natürlich jedes Wort der Lebenden genau verstehen. Ihre Antworten jedoch werden sozusagen direkt in meinen Verstand übermittelt. Ich kann also mit Geistern auf rein telepathischem Weg kommunizieren. Wie ich später herausfinden sollte, ist dies eine sehr nützliche Gabe, da mir die Geister manchmal Dinge anvertrauen, die nicht unbedingt für die Ohren der Anwesenden bestimmt sind. Vergessen Sie nicht, dass Geister die Menschen, in deren Umgebung sie sich aufhalten, rund um die Uhr beobachten können! Es ist manchmal sehr sinnvoll, wenn ich einer beleidigenden oder verletzenden Bemerkung aus dem Munde eines Lebenden einen stillen, besänftigenden Kommentar hinterherschicke.

Bald war allen Anwesenden klar, dass der Geist hinter Ginas Problemen steckte. Sie litt an starken Kopfschmerzen, konnte bestimmte Stücke der Familienjuwelen nicht mehr finden und war der Meinung, mit einem Fluch belegt worden zu sein, weshalb sie auch meine Großmutter um Hilfe gebeten hatte. Diese jedoch vermutete einen Geist hinter der ganzen Sache, weshalb sie auch darauf bestanden hatte, mich mitzunehmen. Nachdem Gina zu ihrer Zufriedenheit festgestellt hatte, dass der Geist der jungen Frau tatsächlich die Quelle ihrer Probleme war, stand für meine Großmutter außer Zweifel, was als Nächstes zu tun war.

»Okay, Mary Ann. Sag ihr, dass es Zeit ist zu gehen«, wies Großmutter mich an.

So etwas hatte ich schon öfter getan. Es war nicht selten, dass mir meine Großmutter bei einer Beerdigung oder auf dem Friedhof zuflüsterte, ich solle den Geistern befehlen, ins Jenseits hinüberzutreten. Ich wandte mich also dem Geist zu: »Oma sagt, Sie müssen jetzt gehen.«

Bisher waren die Geister nach einer solchen Aufforderung noch jedes Mal auf das weiße Licht zugegangen, das in ihrer Nähe geschwebt hatte. Sobald sie es betreten hatten, verschwand es und der Geist mit ihm. »Ist er weg?«, pflegte mich meine Großmutter dann zu fragen und mir tief in die Augen zu sehen. Ich bejahte, und wir konnten nach Hause gehen.

Obwohl ich diesen wunderschönen Geist gerne gefragt hätte, warum er so traurig war, wagte ich es nicht, meiner Großmutter zu widersprechen. Also befahl ich ihm zu gehen.

»Ich würde ja gerne«, sagte sie und brach in Tränen aus. »Aber ich muss sicher sein, dass ich auch in den Himmel komme.«

Diese Antwort erschütterte mich. Ich würde noch in diesem Jahr die Erstkommunion erhalten, deshalb verstand ich, wie wichtig es für jemanden war, in den Himmel zu kommen. Da ich mich angesichts dieser wichtigen Feier schon den ganzen Sommer lang anstrengte, besonders brav und fromm zu sein, riet ich ihr zuversichtlich: »Dann gehen Sie doch einfach in eine Kirche.«

Der Geist lächelte traurig. »Das habe ich schon versucht«, sagte sie. »Ich war in allen Kirchen der Stadt. Doch von dort aus kann ich nicht in den Himmel gelangen.«

Meine Großmutter und Gina beobachteten mich konzentriert. »Ist sie weg?«, fragte Gina flüsternd meine Großmutter.

»Mary Ann, ist sie weg?«, fragte meine Großmutter.

»Noch nicht, Oma. Sie will sicher sein, dass sie auch in den Himmel kommt«, sagte ich hilflos.

»Na, dann sag ihr, sie soll in eine Kirche gehen«, antwortete Großmutter leicht ungeduldig.

Wenn ihre Stimme diesen besonderen Unterton hatte, tat man besser daran, nicht mit ihr zu diskutieren. Außerdem hatte Gina, sobald sie erfahren hatte, dass der Geist noch da war, ein großes weißes Taschentuch hervorgeholt, das sie schluchzend mit ihren Tränen benetzte. Ich sah erst *comare* Gina, dann meine Großmutter und schließlich den Geist an.

»Sie *müssen* aber gehen«, sagte ich. »Sie machen ja alle verrückt.«

Der Geist der jungen Frau nickte. Als sie an mir vorbeiging, hob sie die Hand, als wollte sie mir über die Wange streichen. Dann verließ sie den Salon und durchquerte das Foyer in Richtung Eingangstür. Plötzlich war sie verschwunden.

»Sie ist weg«, sagte ich.

Gina umarmte erst meine Großmutter und dann mich. »Wie stolz du sein musst, Maria!«, verkündete sie unentwegt, »ein Enkelkind mit einer solchen Begabung zu haben!«

Meine Großmutter nickte freudestrahlend – genau wie bei den vielen Beerdigungen.

Auf dem Rückflug kreisten meine Gedanken ständig um den wunderschönen Geist. Irgendetwas war anders an ihm gewesen – außer ihrer Jugend und Schönheit. Plötzlich begriff ich, was es war.

»Oma«, sagte ich und zog an ihrem Arm, »ich glaube, ich weiß, warum die Frau so traurig war.«

Ich erklärte ihr, dass sich in der Nähe der anderen Geister immer ein helles weißes Licht befunden hatte. Und wenn ich ihnen befahl, zu gehen, verschwanden sie in dem Licht, bis ich sie nicht mehr sehen konnte – und waren für immer verschwunden.

»Die hübsche Frau hatte kein Licht neben sich«, sagte ich. »Ich glaube, deshalb war sie so traurig.«

Meine Großmutter antwortete nicht. Da ich genau wusste, dass sie mir aufmerksam zugehört hatte, machte mir das nichts aus. Schließlich war ich sehr stolz auf mich, weil ich herausgefunden hatte, was den Geist so traurig gemacht hatte.

Zwei Wochen später rief mich meine Großmutter abends nach draußen und sagte mir, ich sollte in die untergehende Sonne blicken. Mit zusammengekniffenen Augen gehorchte ich ihr.

»Ist das Licht um die Geister herum genauso hell?«, fragte sie.

»Noch heller, aber es tut meinen Augen nicht weh.«

Meine Großmutter deutete auf eine Garagenwand. »Mach, dass das Licht hier erscheint«, sagte sie.

Ich wusste nicht, wie ich das anstellen sollte. Doch Großmutters Anordnungen war Folge zu leisten, ohne sie infrage
zu stellen. Also starrte ich die Garage an und versuchte,
mir das weiße Licht vor meinem geistigen Auge vorzustellen. Ich wusste nicht, wie mir geschah, als plötzlich etwas
in den abendlichen Schatten zu flackern begann. Allein
durch meine Willenskraft gelang es mir, das Licht erscheinen und immer heller leuchten zu lassen.

»Geschafft«, sagte ich und wandte mich zu Großmutter um. Als ich wieder zur Garage hinübersah, war das Licht
verschwunden.

Nach jahrelanger Übung schaffte ich es, das Licht jederzeit herbeizurufen und es größer, heller und auch dauerhaft scheinen zu lassen. Je öfter ich dies tat, desto länger
konnte ich es aufrechterhalten, und desto größer wurde
mein Verständnis und meine Ehrfurcht vor seiner Macht.

Prinzipiell ist es nur eine Frage der Vorstellungskraft.
Während ich das Licht erschaffe, spüre ich keine körperlichen Veränderungen an mir (wie etwa Kopfschmerzen,
Hitze- oder Kältegefühle). Ich stelle es mir einfach nur vor,
obwohl es leichter ist, das Licht vor einer festen Oberfläche wie etwa einer Wand, dem Boden oder einem Baumstamm erscheinen zu lassen.

Langsam dämmerte mir, wozu ich in der Lage war. Diese
Erkenntnis erreichte mich an einem kritischen Punkt. Zwischen dem siebten und achten Lebensjahr – laut der Kirche der Zeitpunkt, an dem das Kind beginnt, vernünftig
zu denken – achtete meine Großmutter sehr genau darauf,
dass ich nicht vergaß, dass ich bis auf die besondere Gabe,
mit Geistern reden zu können, ein ganz normales Mädchen war. Außerdem versuchte sie mir nie einzureden, dass
die Geister nur Ausgeburten meiner Fantasie wären oder

dass ich zu alt sei, um mit Leuten zu sprechen, die außer mir niemand sehen konnte. Heute bin ich der Ansicht, dass sie damit wesentlich zur Entwicklung meiner Fähigkeit beigetragen hat.

Natürlich musste ich auch die unschätzbare Erfahrung machen, dass nicht jeder der Geisterwelt gegenüber so aufgeschlossen ist wie meine Großmutter. Als ich einmal beobachtete, wie ein bedrohlicher männlicher Geist meine Freundin Lizzie verfolgte, entschied ich mich, dies sofort unserer Lehrerin Schwester Mary zu melden. Schließlich wurde vor der Erstkommunion oft über den Heiligen Geist gesprochen. Wenn die Nonnen schon an den glaubten, würden sie auch mir glauben, obwohl sie nicht sehen konnten, was ich sah.

»Schwester, da ist ein böser Mann hinter Lizzie her«, sagte ich.

Schwester Mary warf einen Blick auf Lizzie. »Es ist ihr Schutzengel«, sagte sie, als sie niemanden entdecken konnte.

Ich hatte Abbildungen von Schutzengeln in Bilderbüchern, auf Postern im Klassenzimmer und sogar auf gerahmten Bildern gesehen. Es waren wunderschöne Wesen mit goldenen Heiligenscheinen und schneeweißen Flügeln. Der finstere, dunkelhaarige Mann, der sich auf dem Spielplatz herumtrieb, hatte jedoch nicht die geringste Ähnlichkeit mit ihnen. Andererseits wollte ich auch nicht gerade einer Nonne widersprechen, also ließ ich die Sache auf sich beruhen.

Als er ein paar Wochen später wieder auftauchte, sprach ich die Schwester erneut an.

»Schwester Mary, der Mann steht genau hinter Lizzie, und er sieht gar nicht wie ein Engel aus«, sagte ich.

Schwester Mary legte ihre Hände auf meine Schultern. »Mary Ann, du hörst jetzt sofort auf mit diesem Unfug! Noch ein Wort, und ich schicke dich direkt zum Pfarrer. Wie willst du denn jemals deine Erstkommunion erhalten, wenn du solches Zeug daherredest?«

Am Abend erzählte ich meiner Großmutter, was vorgefallen war. »Du solltest nicht mit den Leuten darüber sprechen, es sei denn, sie fragen dich danach«, sagte sie. »Die Menschen haben schreckliche Angst vor allem, was sie nicht verstehen können. Und dann werden sie wütend. Warte, bis sie dich um Hilfe bitten.«

Bis zum heutigen Tag gehe ich mit meinem Wissen niemals hausieren. Wenn einem ständig Geister über den Weg laufen, erfährt man zwangsläufig mehr private und persönliche Dinge, als einem lieb sein kann. Deshalb war diese frühe Lektion so wichtig für mich. Wenn mich niemand direkt danach fragt, behalte ich alles, was ich sehe oder höre, für mich.

Schließlich wuchs ich von einem Kind, das sich in der Aufmerksamkeit und dem Lob seiner Großmutter sonnte, zu einem typischen Teenager heran, der gegen diese Fähigkeit aufbegehrte. Damals schien es mir keine Gabe, sondern ein, wenn auch zugegeben ziemlich außergewöhnlicher Hemmschuh für meine soziale Entwicklung zu sein. Ich hatte Freitagabend wirklich Besseres zu tun, als mich mit meiner Großmutter auf Beerdigungen herumzutreiben. Im Alter von etwa vierzehn, fünfzehn Jahren traf ich die bewusste Entscheidung, Geister in Zukunft zu ignorieren.

Wenn ich jetzt auf diese Zeit zurückblicke, wird mir klar, dass ich damit in typischer Teenagermanier gegen die Lebenden und nicht gegen die Toten rebellierte. Wenn ich meiner Großmutter sagte, dass ich keine Geister mehr sehen konnte – wie wollte sie das Gegenteil beweisen? Dieser Plan hatte nur einen Haken: Meine Großmutter wusste genau, wenn ich nicht die Wahrheit sagte.

Als ich diesen Plan zum ersten Mal in die Tat umzusetzen versuchte, um die wöchentlichen Beerdigungen in Zukunft vermeiden zu können, befanden wir uns gerade vor dem Sarg irgendeines Verstorbenen. »Mary Ann, ist jemand hier?«, fragte Großmutter.

»Nein, Oma. Tut mir leid. Ich sehe niemanden«, sagte ich und versuchte verzweifelt, jeglichen Blickkontakt mit ihr zu vermeiden.

Meine Großmutter streckte die Hand aus, packte mich am Kinn und funkelte mich aus zu Schlitzen verengten Augen an. »Ist das die Wahrheit?«, fragte sie – ich hatte das Gefühl, dass ihr bohrender Blick direkt in mich hineinsehen konnten.

»Also gut«, sagte ich seufzend und rollte die Augen. »Er steht da drüben, neben dem hufeisenförmigen Blumengebinde.«

»*Bene*. Sehr gut«, sagte sie triumphierend und zerrte mich zur trauernden Witwe hinüber.

Meine nächste Strategie bestand darin, meiner Großmutter wenn möglich aus dem Weg zu gehen und als Entschuldigung die Schule, Freundinnen oder Jungs vorzuschieben. Aber auch diese Methode fruchtete nicht. Dafür war sie eine viel zu sture Frau und ich nicht gerade die geborene Rebellin.

Obwohl diese Verweigerungsphase nicht lange anhielt, lernte ich dabei, die Geister, die ja fast ständig um mich herum sind, effektiv auszublenden. Für mich sehen erdgebundene Geister lebenden Menschen sehr ähnlich. Nur wenn ich wirklich genau hinschaue, sehe ich, dass sie durchsichtig sind. Auf den ersten Blick unterscheiden sie sich nicht von ganz normalen Personen. Der Geist kann beispielsweise ein Mann mit dunklem Haar und braunen Augen sein, der ein beiges Sportsakko und eine karierte Krawatte trägt. Vielleicht raucht er auch eine Zigarette. Meistens ist die Kleidung der erste Hinweis darauf, dass ich es mit einem erdgebundenen Geist zu tun habe. Jemand, der in den Vierzigerjahren des letzten Jahrhunderts gestorben ist, sticht heutzutage modetechnisch deutlich aus der Masse heraus.

Wenn ich nicht gebeten werde, mit den Geistern zu reden, ignoriere ich sie einfach. Ich starre sie auch nicht an. Genau, wie man selbst spürt, wenn man beobachtet wird – und sich dann nach der betreffenden Person umsieht –, werden auch die erdgebundenen Geister so auf meine Gegenwart aufmerksam.

Wie dem auch sei – die Verweigerungshaltung konnte ich nicht lange aufrechterhalten. Schon bald rief Großmutter wieder an und bestand darauf, dass ich mit ihr zu *compa* Aldos Beerdigung gehe, und ich willigte ein, regelte seine letzten Familienangelegenheiten und freute mich an Großmutters stolzem Lächeln.

Außerdem lief sonst alles prächtig, schönen Dank auch.

Ich war sechzehn und auf der High School, als ich Ted kennenlernte. Er war ein guter Kumpel meines damaligen Freundes und begleitete uns oft. Um die Wahrheit zu sagen, ich konnte ihn am Anfang nicht besonders gut leiden. Hinzu kam, dass ich auf einer katholischen Schule war, und obwohl Ted ebenfalls katholisch ist, hatten ihn seine Eltern auf eine staatliche Schule geschickt. Und damals war der Kontakt zwischen den Schülern dieser beiden Anstalten nicht gern gesehen.

Ted ist ein Jahr älter als ich. Sobald er die Schule beendet hatte, ging er zur Marine. Ich dachte eigentlich nicht weiter über ihn nach, bis er eines Tages Heimaturlaub hatte und Frank besuchte. Inzwischen war ich achtzehn und hatte mit Frank Schluss gemacht. Tja, was soll ich Ihnen sagen? Ich bin auf diesen großen, gut aussehenden Kerl in Uniform glatt hereingefallen. Während Ted in Vietnam war, führten wir eine Fernbeziehung, die aus langen Briefen bestand.

Schließlich wurde er aus dem aktiven Dienst entlassen, und wir verlobten uns und wollten noch im nächsten Februar heiraten. Zwei Wochen vor dem Hochzeitstermin wurde seine Reservisteneinheit jedoch in Alarmbereitschaft versetzt und würde noch am nächsten Tag vor der kubanischen Küste stationiert werden. Als Ted mich während der Arbeit anrief, um mir die traurige Nachricht zu überbringen, rief ich meinerseits sofort den Pfarrer unserer Gemeinde an und bat ihn, uns noch in dieser Nacht zu trauen.

Er willigte ein, und so heirateten wir in einer Februarnacht des Jahres 1968. Noch wusste Ted nichts von meiner Gabe. Ich war mit meiner Rolle als Ehefrau zufrieden und sah keinen Grund, meinen Mann zu schockieren, indem ich ihm erzählte, was sich wirklich abspielte, wenn ich mit meiner Großmutter eine Beerdigung besuchte. Er dachte eben, dass ich eine besondere Beziehung zu meiner Oma hatte.

Also wartete ich auf den richtigen Zeitpunkt, um ihm alles zu beichten. Obwohl wir jetzt verheiratet waren, waren wir vorher so lange getrennt gewesen, dass wir uns sozusagen erst richtig kennenlernen mussten. Unter diesen Umständen fiel es mir nicht leicht, *Ach, übrigens, Schatz, ich wollte dir noch sagen, dass ich Geister sehen und mit ihnen reden kann,* über die Lippen zu bekommen.

In den späten Sechzigern hatte ein junges Paar mit Kind normalerweise nicht genug Geld, um am Wochenende auszugehen, deshalb blieben wir zu Hause und spielten mit einem befreundeten Ehepaar Karten. Unsere Kinder waren in etwa demselben Alter, und während die beiden kleinen Mädchen zusammen in einer Wiege lagen, saßen wir am Esstisch und spielten. Mike und Joanies Einladungen zu sich nach Hause nahm ich nur ungern an. Dort befand sich ein weiblicher Geist, den ich als sehr störend empfand. Da Joanie mir gegenüber nie etwas von einem Spuk oder ähnlichen Phänomenen erwähnte, hielt ich mich an meine Grundregel, sagte nichts und versuchte, den Geist nach Möglichkeit zu ignorieren.

Eines Nachts, wir spielten gerade bei Joanie und Mike, ertönte mit einem Mal ein ohrenbetäubender Krach aus der Küche. Es klang, als wären alle Teller gleichzeitig aus dem Schrank gefallen und im Spülbecken zersprungen. Ted und Mike sprangen auf und rannten in die Küche. Joanie blieb jedoch ruhig sitzen und starrte auf ihre Spielkarten.

»Glaubst du mir *jetzt* endlich?«, rief Joanie plötzlich. »Ich habe dir doch gesagt, dass in der Küche ein Geist umgeht.«

Sie wandte sich mir zu. »Er schaltet den Trockner ein, die Waschmaschine aus und spielt am Thermostat der Heizung herum«, sagte sie. »Gestern hat er sogar das Musikmobile, das über dem Kinderbett hängt, angeschaltet. Während das Baby schlief!«

Die Männer kehrten ratlos aus der Küche zurück. Scheinbar unbeteiligt studierte ich meine Karten, da ich auf keinen Fall wollte, dass mein Mann jetzt und hier erfuhr, dass ich den Geist, der in der Küche randalierte, tatsächlich sehen konnte.

Wie Männer eben so sind, wollten auch Mike und Ted niemals zugeben, dass dem Lärm in der Küche keine logische Erklärung zugrunde lag. Nach langer Diskussion kam Mike zu dem Schluss, dass ein Militärflugzeug bei einem nächtlichen Manöver direkt über der Küche die Schallmauer durchbrochen haben musste. Zufrieden mit seiner Erklärung teilte er die Karten aus, während Joanie mit den Augen rollte. Unbehaglich fragte ich mich, wie lange ich es wohl noch aushalten würde, den Geist in der Küche zu ignorieren, der sich gerade über die wilden Spekulationen köstlich amüsiert hatte.

»Glaubst du wirklich, dass es ein Flugzeug war?«, fragte ich Ted auf dem Nachhauseweg.

Ted gab zu, dass dies höchst unwahrscheinlich war und er nur aus Höflichkeit Mikes Theorie zugestimmt hatte.

»Hast du gehört, dass Joanie einen Geist erwähnt hat?«, fragte ich so beiläufig, wie ich konnte.

»Ja, das ist mir nicht entgangen«, antwortete er.

»Und was denkst du darüber?«, fuhr ich fort. »Glaubst du, dass es – unter Umständen – so etwas wie Geister geben könnte?«

Ted dachte eine Weile darüber nach. »Klar«, antwortete er schließlich, »kann schon sein.«

»Hast du schon mal einen Geist gesehen?«, wollte ich wissen.

Ted verneinte.

»Und deine Eltern? Haben die schon mal so was Ähnliches erlebt?«

Ted schüttelte den Kopf. Ich spürte, dass er mich aus den Augenwinkeln beobachtete, offenbar irritiert darüber, warum ich ihn nun ausgerechnet zu diesem Thema so hart ins Gebet nahm.

Der Zeitpunkt war gekommen. Ich musste es ihm sagen – jetzt oder nie. Ich holte tief Luft.

»Du weißt, dass ich immer zu einer Beerdigung gehe, wenn Oma anruft, nicht wahr?«

Ted nickte.

»Kommt dir das nicht komisch vor?«

Ted gab zu, dass er es in der Tat etwas seltsam fand, dass ich mit meiner Großmutter so viel Zeit auf Beerdigungen verbrachte. Schließlich war ich eine verheiratete Frau mit einer eigenen Familie, und die meisten der Verstorbenen hatte ich überhaupt nicht gekannt.

»Also gut«, sagte er. »Weshalb gehst du zu diesen Beerdigungen?«

Ich sah ihn an, und dann erzählte ich ihm alles. Über meine Großmutter, die Beerdigungen, das weiße Licht, die Nonnen in der Schule und den Geist in Joanies Küche.

Danach bat ich ihn, nicht nur mich anzustarren, sondern auch ab und an einen Blick auf die Straße zu werfen.

Ted sprach die restliche Fahrt über kein Wort. Als wir nach Hause kamen, legte er unsere Tochter in ihr Bettchen, bevor er zu mir in die Küche kam.

Er stellte sich in den Türrahmen und sah mir in die Augen. »Okay«, sagte er. »Ich bin bereit.«

»Für was?«, fragte ich.

»Für das, was du eben so tust. Also hol deinen Zauberstab oder was du dazu brauchst.«

Ich wusste nicht, ob ich lachen oder weinen sollte. Ich versuchte, Ted so ruhig wie möglich zu erklären, nach welchen Methoden ich vorging. Und dabei versicherte ich ihm ständig, dass ich immer noch die Frau war, in die er sich verliebt hatte. Nur, dass meine Gabe bei einer Beerdigung unter Umständen sehr hilfreich sein konnte.

Ted arrangierte sich erstaunlich schnell mit meiner ihm bis dahin unbekannten Seite. Bis auf einige wenige Jahre, in denen er mich ständig fragte, ob unsere Tochter auch in der Lage wäre, mit erdgebundenen Geistern zu reden, obwohl sie nur einen imaginären Spielkameraden hatte (wie sich herausstellte, hatte sie die Gabe nicht geerbt – unsere jüngere Tochter schon), führten wir ein mehr oder weniger normales Leben. Ich muss schon zugeben, dass nicht viele Ehemänner diese eher ungewöhnliche Neuigkeit so gelassen aufgenommen hätten. Ein Grund mehr, den Mann zu lieben, den ich geheiratet habe.

Einige Jahre später, ich war inzwischen zweiundzwanzig, besuchte ich Beerdigungen auch ohne die Begleitung meiner Großmutter. Ich fand heraus, dass die Leute ohne die Anwesenheit ihrer überwältigenden Persönlichkeit eher den Mut hatten, mir Fragen zu stellen. »Wenn Sie Geister auf Beerdigungen sehen können, können Sie sie auch an anderen Orten sehen?«, war mit Abstand die häufigste. Sobald ich sie bejahte, baten mich die Leute, sie zu Hause zu besuchen, da sie sich sicher waren, dass es bei ihnen spuken würde. Und meistens sollten sie Recht behalten.

Ich war inzwischen alt genug, um das weiße Licht erscheinen zu lassen und den Geistern auch ohne Schützenhilfe meiner strengen Großmutter zu befehlen, diese Welt zu verlassen. In unserem Viertel machten Gerüchte darum schnell die Runde, und schon bald besuchte ich die Häuser von Verwandten und Bekannten, die mich auf den Beerdigungen ansprachen. Allmählich verbrachte ich immer weniger Zeit auf Trauergottesdiensten und immer mehr damit, Häuser von erdgebundenen Geistern zu säubern.

Meine Großmutter konnte Flüche aufheben – mein Talent war es, Menschen von energieraubenden Geistern zu befreien.

Als unsere Töchter heranwuchsen, entschlossen wir uns, in eine ländliche Gegend etwa eine Stunde von Cleveland entfernt zu ziehen, um ihnen eine unbeschwerte, naturverbundene Kindheit zu ermöglichen. Ted kündigte seine Stelle als Mechaniker und wurde Autoverkäufer, während ich als Tierpflegerin arbeitete und nebenher Hunde züchtete und mit ihnen auf Hundeschauen fuhr (tatsächlich können Tiere genauso wie Menschen nach ihrem Tod zu erdgebundenen Geistern werden).

Es war eine anstrengende Zeit. Ich erhielt immer öfter Anrufe von Leuten, die einen Geist loswerden wollten, und ich tat mein Bestes, um all diesen Hausbesitzern und Geschäftsleuten so gut es ging zu helfen. Erdgebundene Geister können nicht selten ein großes Durcheinander verursachen, ja sogar Gesundheit und Gemütsleben der Menschen ernsthaft beeinträchtigen. Wenn jemand der festen Überzeugung war, von einem Geist heimgesucht zu werden, versuchte ich nach besten Kräften, ihm zur Seite zu stehen.

Gleichzeitig war ich jedoch auch die berufstätige Mutter zweier Töchter, und wir hatten zudem einige Pflegekinder in unsere Familie aufgenommen. Schließlich zogen auch noch Teds Eltern bei uns ein, und nachdem ich einige Radio- und Fernsehinterviews gegeben hatte, klingelte das Telefon praktisch ununterbrochen. Das Wort *überfordert* beschreibt nur im Ansatz, wie ich mich an manchen Tagen fühlte.

Ich war sogar dankbar dafür, wenn ich nach Cleveland gerufen wurde und auf der Fahrt dorthin einige ruhige

Stunden im Auto verbringen konnte. Obwohl ich versuchte, meine Termine möglichst effektiv zu koordinieren, war es doch sehr anstrengend. So konnte es unmöglich weitergehen, doch die Lösung dieses Problems kam für mich völlig unerwartet.

Es war ein trüber, grauer Februartag. Ich hatte drei Termine in der Gegend westlich von Cleveland, war frühmorgens losgefahren und erreichte mein erstes Ziel kurz nach der Frühstückszeit. Die Frau, die mich angerufen hatte, war felsenfest davon überzeugt, einen Geist im Haus zu haben. Jedenfalls war ihre Liste unerklärlicher Phänomene ziemlich umfangreich: Licht, das sich an- und ausschaltete, Haushaltsgeräte, bei denen plötzlich die Stromzufuhr unterbrochen wurde, seltsame Klopfgeräusche aus den Heizungsrohren. Alles deutete auf einen erdgebundenen Geist hin.

Sobald ich das nette kleine Farmhäuschen erreicht hatte, bemerkte ich jedoch, dass keine Geister anwesend waren, was ich der Frau, die mich gerufen hatte, auch sofort mitteilte. Sie war sehr enttäuscht, dass sie statt meiner die Hilfe eines fähigen Elektrikers benötigte. Ich fuhr zum nächsten Haus, wo ich ebenfalls schon sehnlichst erwartet wurde. Die Eigentümerin erzählte, dass sie ein Interview mit mir im Radio gehört hatte. »Ich habe allen meinen Bekannten erzählt, dass Sie persönlich vorbeikommen, um sich um meinen Geist zu kümmern«, sagte sie und sah mich erwartungsvoll an.

Ich ging mehrere Male vom Dachboden bis zum Keller durch das Haus, überprüfte sogar die Garage, die durch einen überdachten Durchgang mit dem Hauptgebäude verbunden war. Wieder keine Geister. Diese Frau war jedoch nicht nur einfach enttäuscht – sie war regelrecht wütend auf mich. »Ich habe allen meinen Freunden erzählt, dass Sie mir etwas über meine Geister berichten werden«, schimpfte sie. »Was soll ich ihnen jetzt nur sagen?«

Wie Sie sich vorstellen können, wurde ich langsam etwas ungeduldig. Ich war versucht, ihr zu erklären, dass meine Gabe darin bestand, Geister verschwinden zu lassen, nicht, sie herbeizuzaubern. Stattdessen stieg ich einfach wieder in den Wagen, nahm ein schnelles Mittagessen zu mir und fuhr zum dritten und letzten Haus. Sie haben es sicher bereits erraten: Auch hier waren keine Geister zu finden.

Die Eigentümerin bestand darauf, dass ich auch den kleinsten Stauraum im Haus und sogar einen separaten Erdkeller durchsuchte, doch ohne Erfolg. Diese Frau war eine echte Nervensäge. Sie wurde nicht müde, mir vorzuhalten, welche Mühen sie auf sich genommen hatte, um mich hierherzuschaffen, und dass sie sich dafür wohl einen Geist verdient hätte.

»Sie bleiben so lange, bis Sie einen gefunden haben«, verkündete sie und stemmte die Hände in die Hüften.

»Das ist doch lächerlich«, gab ich zurück, als ich die Haustür öffnete. »Ich kann keinen Geist für Sie heraufbeschwören.«

Das brachte die Frau zur Weißglut. Sie folgte mir zu meinem Wagen, wobei sie sich bitter über mich beschwerte.

Ich war frustriert und wollte nur noch nach Hause. Ich hatte den ganzen Tag über meine Familie nicht gesehen, hatte meine Freizeit geopfert und nicht einer Menschen- oder Geisterseele helfen können. Als ich etwa noch eine Stunde zu fahren hatte, brach plötzlich ein äußerst heftiger Schneesturm herein, sodass ich anhalten und sein Ende abwarten musste. Als ich zu Hause ankam, war mein

Abendessen längst kalt, und Ted hatte die Kinder bereits zu Bett gebracht. Auf der Stelle entschloss ich mich, nie wieder bei fremden Leuten auf Geisterjagd zu gehen.

»Mir reicht's«, sagte ich Ted. »Ich kann nicht mehr.«

Ted, der mich immer unterstützt hatte, schwieg.

In dieser Nacht lag ich erschöpft im Bett und versah mein Nachtgebet mit einem kleinen Zusatz: »Übrigens, lieber Gott, wenn du willst, dass ich diesen seltsamen Job nicht aufgabe, dann musst du mir helfen, einen Alternativplan zu finden.«

In den nächsten zwei Wochen meldete sich bei jedem Anruf mein schlechtes Gewissen. Nichtsdestotrotz beschränkte ich meine Besuche auf die unmittelbare Nachbarschaft. Bis ich eines Tages doch den Hörer abnahm, statt den Anrufbeantworter übernehmen zu lassen. Die Frau, die sich meldete, hatte mich im Radio gehört und bat mich um meine Hilfe. Sie glaubte, dass ein Geist in ihrem Haus umging.

Ich vergaß alle guten Vorsätze und fragte die Frau, wieso sie glaubte, einen Geist im Haus zu haben. Während sie erklärte, was bei ihr vor sich ging, geschah etwas sehr Seltsames: Plötzlich sah ich blaue Pfauenfedern. Die Frau redete vor sich hin, und ich hatte Visionen von Vogelfedern. Ich wusste nicht, wie mir geschah. Schließlich bin ich kein Medium oder Hellseherin und war deshalb an Visionen nicht gewöhnt. Trotzdem sah ich diese Federn. Sie steckten in einer blauen Vase – dies war eine sehr wichtige Information, wenngleich ich nicht wusste, weshalb.

Die Frau hielt einen Augenblick inne. »Haben Sie Pfauenfedern im Haus?«, platzte ich heraus.

Die Anruferin bejahte.

»In einer blauen Vase?«

Auch das bejahte sie.

Während ich ihr weitere Fragen stellte, nahm allmählich ein Bild in meinem Kopf Gestalt an: Die Federn steckten in einer Vase. Die Vase stand auf einem Kamin. Auf dem Kaminsims befand sich ein Stammbaum der Familie, und das durchaus im wörtlichen Sinn: Die Fotos der Familienmitglieder waren an echten Ästen und Zweigen befestigt. Ich ließ mich auf das, was mit mir geschah, ein und fragte die Frau, ob es diesen Stammbaum wirklich gab.

»Woher wissen Sie das nur?«, fragte die Frau. »Das ist ja richtig unheimlich.«

Ich erwähnte ihr gegenüber nicht, dass ich es selbst ebenfalls etwas unheimlich fand. Stattdessen verabredete ich mich mit ihr, da ich unbedingt mit eigenen Augen sehen musste, was dort vor sich ging. Und tatsächlich war ein Geist anwesend.

Seit diesem Telefonat ist es mir möglich, selbst beim Abhören einer Nachricht auf dem Anrufbeantworter festzustellen, ob sich ein Geist im Haus des Anrufers befindet oder nicht.

Zunächst war ich der Meinung, diese Vision hätte mich in die Lage versetzt, mit den Augen des *Geistes* zu sehen. Doch kurz darauf hatte ich beim Telefonieren ähnliche Visionen, in denen ich manchmal einen Blick auf einen bestimmten Teil eines Zimmers, auf Möbelstücke oder Kunstobjekte erhaschen konnte. Ein andermal war es, als würde ich durch ein verschmiertes oder angelaufenes Fenster sehen. Details waren nicht zu erkennen, beispielsweise war es mir unmöglich zu sagen, ob sich über einem Kamin ein Spiegel oder ein Gemälde befand. Sobald ich mich mit dieser neuen Fähigkeit vertraut gemacht hatte, erkannte ich, dass ich nicht nur einen bestimmten Raum, sondern auch den darin befindlichen Geist sehen konnte. Ich bekam ein Gespür dafür, ob es sich um einen männlichen oder weiblichen Geist handelte und wie lange er sich schon im Haus befand. Leider kann ich auf diesem Wege nicht mit den Geistern kommunizieren, doch ich kann mit Sicherheit bestimmen, ob es im Haus des Anrufers spukt oder nicht.

Der Alternativplan in Form dieser neuen Gabe erspart mir also viel unnötige Fahrzeit und die Beantwortung lästiger Anrufe, sodass ich mich völlig auf die Geister und Menschen konzentrieren kann, die meine Hilfe wirklich brauchen. Seit diesem Tag zweifle ich nicht mehr an meiner Berufung. Ich bat um etwas, es wurde mir gewährt, und das sehe ich als untrügliches Zeichen dafür, dass es meine Aufgabe ist, die Tätigkeit auszuüben, die ich am besten kann.

Die Erforschung unheimlicher Phänomene ist zu einem Vollzeitjob für mich geworden. Ich habe in fast jedem Bundesstaat der USA und in vielen anderen Ländern gearbeitet. Ich habe sechs Telefonleitungen und halte die Nachrichten, die ich erhalte, auf insgesamt vierundzwanzig Notizblöcken fest. Normalerweise hänge ich entweder an der Strippe oder bin unterwegs. Dabei versuche ich, die Hilferufe der Menschen nach ihrer Dringlichkeit zu behandeln. Wenn es um eine Beerdigung geht, melde ich mich für gewöhnlich innerhalb von vierundzwanzig Stunden, wenn ich gerade in der Stadt bin, da ich von der Familie des Verstorbenen ja schlecht verlangen kann, den Leichnam drei oder vier Monate lang aufzubewahren – so lange dauert es nämlich, bis ich jemandem helfen kann, der einen Geist in seinem Haus hat!

Ich bin mir sehr wohl bewusst, in welch exotischem Gewerbe ich gelandet bin. Mein Beruf ist es, in die Wohnungen fremder Leute zu spazieren und ihnen Dinge zu erzählen, die sie eigentlich gar nicht wissen wollen – oder sollten. Inzwischen bin ich so etwas wie eine Expertin dafür, zu entscheiden, welche Informationen ich weitergeben und was ich lieber für mich behalten sollte.

Ich kann mich an eine besonders prekäre Situation erinnern, die sich in einem Haus in Maine abspielte. In diesem gepflegten, relativ neuen Bauernhäuschen gab es Probleme mit der Elektrik, und das Ehepaar, das darin wohnte, geriet in letzter Zeit öfter als üblich in Streit. Als ich ankam, wusste ich bereits durch ein Telefonat mit der Frau, dass ein männlicher Geist dort für Unruhe sorgte.

Besagte Frau wartete bereits auf mich. Ihr Mann war ebenfalls zu Hause, schraubte jedoch an seinem Jeep herum. Ich fragte sie, ob sie ihn hinzuziehen wollte, während ich dem Geist Fragen stellte. Sofort schloss sie die Tür hinter mir und erklärte, dass sie dem Geist einige sehr private Fragen zu stellen hatte, von denen ihr Mann nichts wissen durfte.

Diese Situation war mir etwas unangenehm, der dabeistehende Geist jedoch amüsierte sich königlich. Ich beschloss, mich vorsichtig vorzutasten. »Haben Sie Angst, dass er eine Affäre hat?«, fragte ich.

Die Frau schüttelte schweigend den Kopf.

»Ach, du grüne Neune«, sagte der Geist, der sich immer noch vor Lachen bog. »Sie hat herausgefunden, dass ihr Mann rosa Damenunterwäsche trägt.«

Ich konnte nicht anders – ich musste einfach einen Blick aus dem Fenster auf die Beine in den Tarnhosen werfen, die unter dem Jeep hervorragten. Wahrscheinlich errötete ich dabei.

»Er hat es ihnen gesagt, nicht wahr?«, sagte die Frau. »Ich besorge ihm die Wäsche, müssen Sie wissen. Er behauptet, dass Frauenhöschen viel angenehmer zu tragen wären. Außerdem steht er auf Mieder«, fügte sie hinzu.

Ich war verwirrt. Wenn sie dies alles schon wusste, welches Geheimnis konnte ihr Mann denn noch vor ihr haben?

»Ich will von dem Geist wissen«, sagte die Frau mit dringlicher Stimme, »ob sich mein Mann mit Leuten herumtreibt, die ebensolche Dinge tun.«

Das wollte ich selbst eigentlich nicht unbedingt wissen. Der Geist seufzte. »Sagen Sie ihr, dass er außer dem Tragen von Damenunterwäsche keine ungewöhnlichen Hobbys hat.«

Ich gab diese Information weiter. Doch damit war diese seltsame Unterhaltung noch nicht vorüber.

»Wissen Sie«, fuhr der Geist nachdenklich fort, »ich kann ihn irgendwie schon verstehen. Ich hatte es auch immer am liebsten, wenn meine Frau scharfe Wäsche trug, wenn wir …« Er wackelte bedeutungsvoll mit den Augenbrauen.

Als ich endlich losfuhr, hatte ich den Geist ins Licht geschickt. Offenbar hatte sich auch die Frau mit der Tatsache abgefunden, dass ihr Mann Seide und Spitze einfachen Boxershorts den Vorzug gab. Ich fühlte mich wie die Erika Berger des Übersinnlichen.

Es kommt ziemlich oft vor, dass ich sowohl den Toten als auch den Lebenden Hilfestellung leisten muss. Ich helfe den Geistern, diese Welt zu verlassen, und den Lebenden, mit ihrer Situation klarzukommen.

In den letzten fünfzig Jahren hat sich meine Fähigkeit, mit Geistern zu kommunizieren, von dem kleinen Geheimnis, das ich mit meiner Großmutter teilte, zu einer ungewöhnlichen Gabe entwickelt, die von Familie, Freunden und Fremden anerkannt, aber nicht immer akzeptiert wurde; zu einer Kunst, über die die Menschen in Workshops und durch Interviews mehr erfahren wollen; und nicht zuletzt zu einer einzigartigen Karriere, die die Inspiration für eine Fernsehserie lieferte.

Dieses Buch ist nur die natürliche Fortsetzung dieser Erfolgsgeschichte. Je mehr Klienten ich kennenlerne, desto mehr wird mir bewusst, dass das, was die Menschen *glauben*, über Geister zu wissen, zum Großteil auf falschen Informationen beruht. Trotzdem bin ich der festen Überzeugung, dass die Öffentlichkeit hellhöriger für die Geisterwelt und ihre Verbindung mit der unseren werden sollte.

Mir ist klargeworden, dass auch Ted empfänglicher für die Welt der erdgebundenen Geister geworden ist – vielleicht liegt es daran, dass er nun schon seit neununddreißig Jahren mit mir zusammenlebt. Wenn er zum Beispiel in seiner Tätigkeit als Autoverkäufer einen Wagen bei einer Auktion ersteht, kann er mit fast hundertprozentiger Sicherheit sagen, ob ein Geist an dieses Fahrzeug gebunden ist. Viele der Menschen, die mich anrufen, weil sie spezifische Probleme haben, die auf einen Geist hindeuten, treffen mit ihrer Vermutung ins Schwarze. Sie spüren, dass etwas das mentale und auch physische Energiegefüge um sie herum stört, und haben keine Angst davor, ihrer Intuition auch Vertrauen zu schenken.

In den folgenden Kapiteln werde ich das Wissen, das ich in fünfzig Jahren ständiger Kommunikation mit erdgebundenen Geistern gesammelt habe, mit Ihnen teilen.

Wenn Sie stets offen und vorurteilsfrei bleiben und ebenfalls keine Scheu davor haben, Ihren Instinkten zu vertrauen, werden Sie ein tieferes Verständnis für die Welt der Geister erhalten, die ja nur einen Schritt von unserem gewöhnlichen, alltäglichen Leben entfernt ist.

TEIL II   *Erdgebundene Geister verstehen*

2 DIE WAHRHEIT ÜBER GEISTER
Fakten und Fiktion

Wenn Sie Serien wie *Medium* und *Ghost Whisperer* oder Filme wie *Ghost, Amityville Horror, Echoes – Stimmen aus der Zwischenwelt, The Sixth Sense* oder *Schatten der Wahrheit* kennen, dann wissen Sie, dass Hollywood erdgebundene, rachsüchtige Geister oft als Ausgangsmaterial verwendet, um uns eine wohlige Gänsehaut zu verschaffen. Da ich ja tatsächlich »tote Menschen sehen« kann, darf ich sagen, dass die alltäglichen Erfahrungen mit ihnen jedoch weit weniger dramatisch sind als die, die man auf Leinwand und Bildschirm zu sehen bekommt.

Manchmal sind die Menschen richtiggehend enttäuscht, wenn sie miterleben, dass ein Gespräch mit dem Geist in ihrem Haus nicht annähernd so aufregend ist, wie sie sich es vorgestellt haben. Dann bitten sie mich, den Geist dieses oder jenes Kunststück vorführen zu lassen. Wenn der Geist sich dann weigert, irgendwelche Taschenspielertricks zum Besten zu geben, gehen manche Leute so weit, mir dafür die Schuld in die Schuhe zu schieben! Sie begreifen nicht, dass die Kommunikation mit einem erdgebundenen Geist auch etwas völlig Gewöhnliches sein kann. Das Aufspüren und die Austreibung von Geistern gehören zu meinem täglichen Handwerk und haben ganz sicher keine Ähnlichkeit mit einem Hollywood-Blockbuster. Sonst wäre ich ja auch kaum in der Lage, ein einigermaßen normales Leben zu führen.

Momentan sind Geschichten, in denen es um die Geisterwelt und ihre Verbindung zum Diesseits geht, in allen Medien sehr populär. Daraus folgt leider, dass viele falsche oder unsinnige Informationen beispielsweise über das Verhalten, die Eigenschaften oder die Kräfte der Geister von den Menschen für bare Münze gehalten werden.

Viele der Leute, die Kontakt mit mir aufnehmen, werden *tatsächlich* von einem Geist oder einer anderen Quelle negativer Energie heimgesucht. Doch wenn ich genauer nachfrage, weshalb sie glauben, das Opfer von Geistern zu sein, können sie nicht einen konkreten Grund nennen, aus dem heraus sie meine Hilfe suchen. Es ist vielmehr so, dass sie die Interviews in Fernsehen und Radio hören, in denen ich die Probleme beschreibe, die erdgebundene Geister verursachen können, und feststellen, dass sie *genau mit denselben* Schwierigkeiten zu kämpfen haben. Wenn ich diesen Leuten dann bestätige, dass sie es wirklich mit Geistern zu tun haben, ist die Reaktion meistens: »Nun ja, ich dachte mir schon, dass irgendetwas nicht in Ordnung ist.«

Andere dagegen sind felsenfest davon überzeugt, dass sie einen erdgebundenen Geist beherbergen, und wollen mir nicht glauben, wenn ich ihnen sage, dass dies nicht der Fall ist. Dann brechen sie eine endlose Diskussion vom Zaun: »Aber ich weiß, dass hier ein Geist sein muss, weil ich einen kalten Luftzug spüre/Ketten rasseln höre/neben einem Friedhof wohne/Fliegenschwärme auf dem Dachboden sind/mein Haus auf einer alten Begräbnisstätte steht.«

Die mehr als fünfzig Jahre, in denen ich nun mit Geistern kommuniziere, haben mich eines gelehrt: Man soll niemals nie sagen. Es ist durchaus möglich, dass ich einmal einem Geist begegne, der die oben genannten Phänomene verursacht, etwa einem Gespenst, das rasselnd Ketten über den Boden schleift. Aber meiner Erfahrung nach deutet ein Fliegenschwarm auf Ihrem Dachboden nicht darauf hin, dass es in Ihrem Haus spukt. Eher wäre der Rat angebracht: Legen Sie sich lieber ein Fliegengitter zu.

Es ist nur zu verständlich, dass die Menschen nur zu gerne Geister für ihre Probleme verantwortlich machen wollen. Diese Erklärung ist jedoch viel zu einfach. Sie erwarten von mir, dass ich zu ihnen eile und die negativen Energien und den erdgebundenen Geist austreibe. Was ja durchaus funktioniert, wenn die Probleme wirklich durch einen Geist verursacht werden. Doch das ist leider nicht immer der Fall.

Auch guten Menschen passieren manchmal schlimme Dinge. Man kann nicht für alles, was im Leben schiefläuft, einen Geist verantwortlich machen. Die Leute, die so denken, tun mir leid, und ich frage mich, was sie in ihren früheren Leben getan haben, um sich in ihrem jetzigen so elend zu fühlen. So sehr ich es auch möchte – wenn ich keinen Geist oder eine negative Energie um sie herum spüren kann, kann ich ihnen auch nicht helfen. Und selbst wenn ich einen erdgebundenen Geist aus einem Haus vertreibe, heißt das noch lange nicht, dass seine Bewohner automatisch am nächsten Tag im Lotto gewinnen. Ich kann nur ein gewisses Fundament legen, damit sie in der Lage sind, ihr eigenes Leben zu leben, ohne von negativen Energien oder erdgebundenen Geistern daran gehindert zu werden.

Erdgebundene Geister und ihre physische Erscheinung

Geister beziehen ihre Energie nicht aus Fernsehgeräten oder anderen elektrischen Apparaturen

Viele Menschen, die Geister im Haus haben, berichten über launische Elektrik wie zum Beispiel abstürzende Computer, rauschende Fernsehbilder, schlechten Handyempfang oder flackerndes Licht. Diese Störungen können durchaus auf die Anwesenheit eines Geistes hindeuten, doch allein die Tatsache, dass Ihr Licht flackert, ist noch kein Beweis dafür, dass ein Geist Ihre Stromleitung anzapft, um lebensnotwendige Energie daraus zu beziehen.

Geister benötigen Energie – eine selbstverständliche Tatsache, da sie ja schließlich selbst aus reiner Energie bestehen. Obwohl sie keinen physischen Körper besitzen und weder essen noch schlafen müssen, brauchen sie Energie, um zu überleben. Dabei handelt es sich jedoch nicht um mechanische Energie, wie etwa der elektrische Strom, der Ihren Computer versorgt. Die Energie, auf die die Geister aus sind, hat weder eine materielle Erscheinungsform noch eine Substanz. Sie ist metaphysisch. Bedenken Sie, dass die Menschen ein stetiger Strom sowohl physischer als auch emotionaler Energie durchläuft. Ihre physische Energie kann mit Testmethoden, wie etwa der Computer- oder Kernspintomographie, gemessen werden. Die emotionale Energie dagegen ist nicht so leicht nachzuweisen, obwohl sie genau so real wie die physische Energie ist und nicht selten einen direkten Einfluss auf sie hat. Ihr Körper reagiert äußerst sensibel auf emotionale Veränderungen; denken

Sie zum Beispiel an die physischen Auswirkungen eines Wutanfalls wie etwa ein erhöhter Blutdruck oder ein schnellerer Herzschlag. Dabei wird Ihr komplettes Energiemuster umgeformt.

Sie hatten bestimmt schon einmal einen Tag, an dem Sie glaubten, »keine Energie« zu haben. Eine fremde Person, in deren Gegenwart man ein gewisses Unbehagen spürt, ist mit »negativen Energien« behaftet. Andere Menschen dagegen sind »energetische« Persönlichkeiten. Die emotionale Energie ist leicht übertragbar – denken Sie an eine Beerdigung. Nachdem Sie mit den anderen Trauergästen gesprochen haben, fühlen Sie sich selbst niedergeschlagen und erschöpft. Andererseits kann etwa ein lustiger oder aufregender Film dazu beitragen, sich selbst »energiegeladen« zu fühlen. Wenn man das Konzept der Energiefelder um uns herum einmal begriffen hat, wird man auch erkennen, welche Menschen und Situationen Geister am ehesten anziehen.

Aber zurück zu den flackernden Lichtern, den abstürzenden Computern und dem rauschenden Fernsehbild. Ein Geist besteht aus reiner Energie. Wenn er neben einem Gerät steht, das ebenfalls eine Energiequelle benötigt, wird es zwangsläufig Interferenzen geben, sei es mit der Leitung, dem Apparat oder der Stromquelle selbst. Auch Geister bemerken schnell, dass die Computer neben ihnen abstürzen – und dass Sie darauf gereizt reagieren. Ihre Wut jedoch ist – im Gegensatz zu elektrischem Strom – für Geister eine sehr ergiebige Energiequelle. Daher ist es nicht schwer, sich vorzustellen, dass ein energiehungriger Geist neben Ihrem Computer auf leichte Beute lauert.

Geister können anderen erdgebundenen
Geistern keine Energie rauben

Geister benötigen die emotionale, physische Energie, die
die Lebenden erzeugen, um ihre Existenz zu sichern. Die
Energie anderer Geister ist für sie nicht von Nutzen. Wenn
sich zwei Geister treffen, wird einer von ihnen normalerweise kehrtmachen und sich verziehen. Wenn ein Haus
von mehreren Geistern heimgesucht wird, findet man sie
üblicherweise in verschiedenen Räumen oder Trakten des
Gebäudes. Geister sind nicht sehr gesellig. Sie kommen
nicht zusammen, um Karten zu spielen. Die einzige Ausnahme sind hochenergetische Orte, wie etwa Theatersäle,
wo eine ganze Schar von Lebenden genug Energie für alle
produziert.

Geister, die unter Energiemangel leiden, werden lethar-
gisch und suchen nach neuen Energiequellen. Einmal bin
ich sogar einem Geist begegnet, der eine Art Winterschlaf
hielt. Eine Familie wollte ein altes Bauernhaus renovieren, als sich mit einem Mal die ehemalige Eigentümerin
mit einem Paukenschlag meldete. Offensichtlich hatten die
Arbeiter, die die alten Möbel abtransportiert hatten, genug
Energie freigesetzt, um sie wieder aufzuwecken. Sie machte sich sofort daran, alle Arbeiten, die am Haus statt-
fanden, zu sabotieren, sodass die Handwerker schon bald
mehrere Monate hinter ihrem Plan zurücklagen. Die neuen
Besitzer des Hauses, ein Ehepaar, gerieten sich jedes Mal,
wenn sie die Baustelle besuchten, um nach dem Fortschritt der Arbeiten zu sehen, fürchterlich in die Haare.
Wenn sie sich auf der Hinfahrt beispielsweise endgültig,
definitiv und unumstößlich auf einen Schieferboden geei-
nigt hatten, stritten sie sich, sobald sie das Haus betreten

hatten, bis aufs Messer darüber, ob Parkett nicht vorzuziehen wäre.

Als sie mich schließlich um Hilfe baten, fuhr ich hinaus, um mit dem Geist zu reden. Es war eine winzigkleine Dame, die lebend nicht mehr als vierzig Kilo auf die Waage gebracht haben konnte. Sie erzählte mir, dass sie über fünfzig Jahre lang friedlich in dem Haus gesessen und genug Energie von gelegentlichen Besuchern erhalten hatte, um zu überleben. Doch als die Renovierungsarbeiten anfingen, hatte sie mit einem Mal genug Kräfte sammeln können, um sich ordentlich zu beschweren – was sie auch getan hatte!

Geister besitzen keine Superkräfte

Geister sind einfach nur ganz normale Menschen, die gestorben sind. Manche von ihnen besitzen ein höheres Energieniveau als andere und sind in der Lage, materielle Objekte zu bewegen oder die Illusion einer physischen Anwesenheit zu erzeugen, um auf sich aufmerksam zu machen. Besonders bei zunehmendem oder Vollmond haben Geister Zugang zu bestimmten Energien, die ihnen erlauben, sich sichtbar zu machen. Ihr Energieverbrauch richtet sich nach ihrer Größe sowie ihrem Körperbau und ihrer Persönlichkeit zu Lebzeiten. Der Geist der kleinen alten Dame in dem Bauernhaus benötigte beispielsweise viel weniger Energie als derjenige eines zwei Meter großen, neunzig Kilo schweren Börsenmaklers und Marathonläufers.

Die einzige Fähigkeit der erdgebundenen Geister, die man wirklich als übernatürlich bezeichnen kann, ist die Gabe, ohne die Hilfe von Verkehrsmitteln und ohne Verzögerung von einem Ort zum anderen zu gelangen. Sie beschreiben die Art und Weise dieser Beförderung folgendermaßen: »Ich muss mir einfach nur vorstellen, ich würde mich von Punkt A nach Punkt B bewegen, und schon bin ich da.« Trotzdem bin ich vielen Geistern begegnet, die herkömmliche Transportmittel wie Zug, Bus oder Flugzeug bevorzugten. Wobei man sie nicht unbedingt als blinde Passagiere bezeichnen kann. Meistens sind sie an einen lebenden Mitreisenden gebunden. Ein für den Geist positiver Nebeneffekt ist natürlich, dass die Fahrt mit öffentlichen Verkehrsmitteln eine exzellente Energiequelle darstellt. Denken Sie nur daran, wie viele nervöse, gereizte oder überforderte Passagiere Ihnen auf nur einer einzigen Flugreise begegnen können.

Geister kündigen ihre Anwesenheit nicht durch ungewöhnliche Temperaturschwankungen an

Einer der größten Irrglauben in Bezug auf Geister ist, dass sie einen Temperaturabfall hervorrufen, sobald sie einen Raum betreten. Über dieses Phänomen wird gerne und oft berichtet. Ich kann Ihnen jedoch versichern, dass es sich dabei um ein Ammenmärchen handelt, obwohl ich oft genug von meinen Kunden gehört habe, dass »der Geist dort in der Ecke sein muss, da ist es nämlich immer so kalt«. Geister sind tatsächlich in der Lage, Temperaturschwankungen hervorzurufen, die jedoch sehr geringfügig sind und die man bestenfalls als kurzen kalten oder warmen Hauch wahrnehmen kann. Tiere sind für diese Art von Temperaturveränderungen empfänglicher: Hunde beispielsweise zittern plötzlich an einem warmen Tag oder fangen an zu hecheln, obwohl es nicht übermäßig heiß im Haus ist.

Geister können nicht durch Sie hindurchgehen – und umgekehrt auch nicht

Wenn es darum geht, einen Geist in einem Raum zu erkennen, haben uns Tiere einiges voraus. Einmal rief mich eine Frau an, weil ihr Hund ein sehr ungewöhnliches Verhaltensmuster entwickelt hatte. Die Zimmer im Erdgeschoss ihres Hauses waren in einer kreisförmigen Anordnung miteinander verbunden. Der junge, vor Energie strotzende Hund pflegte mehrmals am Tag mehrere Runden durch die Räume zu laufen, bis er schließlich erschöpft auf dem Boden zusammenbrach. Die Familie gewöhnte sich an diese Eigenart und dachte sogar, dass ihr Haustier so klugerweise seine überschüssige Energie loswurde.

Doch dann veränderte sich das Verhalten des Hundes dramatisch: Zwar drehte er weiterhin seine Runden, doch sobald er das Wohnzimmer erreichte, tat er alles, um einen bestimmten Punkt in der Mitte des Raums zu vermeiden. Er wich aus oder kam schlitternd davor zum Stehen. Es sah so aus, als hätte das Tier Angst davor, gegen eine vor ihm stehende Person zu prallen.

Als ich das Haus betrat, bemerkte ich den Geist eines alten Mannes, der mitten im Zimmer stand und durch die Erkerfenster auf den Vorgarten blickte. Der sture Alte hatte sich standhaft geweigert, sich von einem überdrehten Welpen den Lieblingsaussichtspunkt streitig machen zu lassen. Also hatte der Hund einen Bogen um den Geist gemacht.

Die meisten Geister werden Ihnen aus dem Weg gehen, wenn sie sich Ihnen nähern. Mehr als einmal beobachtete ich einen Geist, der aufgeschreckt aus einem Stuhl oder Sessel sprang, um nicht von einem Hausbesitzer plattgedrückt zu werden, der sich aufgrund meiner niederschmetternden Botschaft erst einmal setzen musste.

Erdgebundene Geister gehen auch nicht durch Wände. Genau wie zu Lebzeiten bevorzugen sie Türen (auch wenn sie geschlossen sind) – wahrscheinlich die Macht der Gewohnheit. Die Ausnahme von der Regel sind die Geister von Studenten. Ihnen ist es relativ egal, ob sie einen Raum durch die Tür oder über die Feuertreppe und durch ein Fenster betreten. Nachdem ich Geister aus Studentenwohnheimen ausgetrieben habe, platziere ich Quittensamen – die einen Geist daran hindern, einen bestimmten Raum zu betreten – über Türen und Fenstern.

Geister können den Lebenden gefährlich werden und ihnen sogar physischen Schaden zufügen

Geister beziehen ihre Energie auch aus dem Voll- und Neumond. In den Tagen, die diese astronomischen Ereignisse begleiten, vervielfacht sich ihre Kraft. Ein Geist kann sich dann hinter Sie stellen und Ihnen kräftig ins Genick blasen, an Ihrem Haar zerren, an Ihrer Matratze rütteln oder Ihnen im Schlaf die Bettdecke wegziehen. Türen öffnen und schließen sich von selbst, Gegenstände fallen aus den Regalen, Kleiderbügel klappern in den Schränken und Sie »verlegen« mit zunehmender Häufigkeit Dinge wie Schlüssel, Kreditkarten oder wichtige Dokumente.

Obwohl einige Geister die physische Welt besser als andere beeinflussen können, ist die nicht zuletzt durch viele Horrorfilme verbreitete Vorstellung, dass ein Geist einen Menschen töten oder durch einen direkten Angriff lebensgefährlich verletzen kann, falsch. Geister sind nicht in der Lage, auf sie einzustechen, sie zu würgen, zu schlagen oder die Treppe hinunterzustoßen. Obwohl ich des Öfteren Zeuge wurde, wie ein Geist auf einen Lebenden eingewirkt hat, kam in meiner Gegenwart noch nie jemand auf diese Art zu Tode. Dass bösartige Geister jedoch ihre Umgebung in einer Weise beeinflussen, die Lebenden auf indirektem Weg Schaden zufügt, ist durchaus häufiger zu beobachten.

Einmal war ich zugegen, als ein Geist in der Schwimmhalle unseres örtlichen Sportzentrums absichtlich versuchte, eine Frau zu ertränken. Vor unserem Wasseraerobic-Kurs bemerkte ich den Geist eines jungen Mannes, der auf der Tribüne neben dem Schwimmbecken saß. Geister sind in Trainingsräumen, Fitnessstudios und Sporthallen ziemlich häufig anzutreffen. Viele wollen die Trainierenden beobachten oder einfach nur von der Energie der dort versammelten Menschen profitieren.

Doch dieser junge Mann wirkte nicht, als wäre er auf ungebührliche Weise an einer der Frauen mittleren Alters in meinem Kurs interessiert, weshalb ich ihm unter normalen Umständen keine weitere Beachtung geschenkt und mich auf meine Übungen konzentriert hätte. Doch irgendetwas an ihm beunruhigte mich, sodass ich ihn ständig aus den Augenwinkeln beobachtete.

Anfangs schlich er nur um den Pool herum und stieg schließlich auf den Hochstuhl des Bademeisters, um das gesamte Becken vom flachen bis zum tiefen Ende, wo gerade eine weitere Gymnastikgruppe zugange war, beobachten konnte. Fasziniert sah ich zu, wie der junge Mann den Stuhl verließ, zum Beckenrand ging und sich ins Wasser gleiten ließ. Es war das erste Mal, dass ich einen Geist schwimmen und sogar untertauchen sah.

Ich behielt das andere Ende des Beckens im Auge und wartete darauf, dass er wieder an der Oberfläche erscheinen würde. Dann wurde eine der Frauen der Gymnastikgruppe plötzlich unter Wasser gezogen. Schreiend und mit wedelnden Armen tauchte sie plötzlich wieder auf. Es gab keinen Zweifel – sie schwebte in höchster Gefahr.

Die Übungsleiterin, eine ausgebildete Rettungsschwimmerin, sprang in den Swimmingpool und zog die Frau ans Ufer. Da bemerkte ich eine Schwimmhilfe aus Schaumstoff, die langsam durch das Wasser trieb.

Ich sah mich noch einmal um. Ich konnte den Geist jedoch nirgendwo entdecken, vermutete jedoch, dass er es gewesen war, der die Frau ihrer Schwimmhilfe beraubt hatte. Sobald mein Kurs zu Ende war, lief ich in die Umkleidehalle. Die Frau war noch immer ziemlich mitgenommen und machte sich Vorwürfe, überhaupt im tiefen Teil des Beckens gewesen zu sein. Doch sie hatte darauf vertraut, dass sie die neuartige Schwimmhilfe, die sie sich zugelegt hatte, über Wasser halten würde.

Sie zeigte mir die Schwimmhilfe – es war ein Schaumstoffgürtel, dessen komplizierte Plastikverschlüsse denen eines Kindersitzes ähnelten und äußerst stabil waren. Von alleine hätten sie sich mit Sicherheit nicht lösen können.

Da sie aufgrund der ganzen Situation sowieso schon ziemlich aufgeregt war, verzichtete ich darauf, sie zu fragen, ob sie einen verstorbenen Zwanzigjährigen kannte, der es auf sie abgesehen hatte. Wenn sie etwas gesagt hätte wie *Wissen Sie, seit mein Stiefsohn gestorben ist, passieren mir ständig solche Dinge*, hätte ich meine Hilfe bereitwillig angeboten. Doch ohne genauere Kenntnis der Umstände wollte ich mich unter keinen Umständen einmischen.

Es war offensichtlich, dass dieser Geist absichtlich Unruhe stiften und die Frau vielleicht sogar in ernste Gefahr bringen wollte. Andererseits hatte er nicht versucht, sie auf direktem Wege zu ertränken, indem er etwa auf ihre Schultern gestiegen war oder an ihren Beinen gezogen hatte. Nachdem er die Verschlüsse der Schwimmhilfe gelöst hatte, war er einfach verschwunden. Das ist für mich ein eindeutiger Beweis dafür, dass ein Geist durchaus in der Lage ist, jemanden in Gefahr zu bringen. So kann er beispielsweise auch elektronische Kabel und Anschlüsse dahingehend manipulieren, dass ein Brand ausbricht, oder eine Treppenstufe lösen und dadurch einen Sturz herbeiführen. Doch Geister sind keinesfalls in der Lage, auf direktem Wege den Tod eines Menschen zu verursachen.

Geister kündigen ihre Präsenz nicht zwangsläufig durch Gerüche, Geräusche oder ektoplasmischen Schleim an

In dem Film *Ghostbusters* ist ektoplasmischer Schleim ein Hinweis auf die Anwesenheit von Geistern. Mir persönlich ist jedoch noch nie grüner Schleim oder eine andere klebrige, zähflüssige Substanz untergekommen.

Genauso wenig wie Gespenster, die mit Ketten rasseln und *Buh!* rufen. Andererseits war ich Zeuge, wie ein Geist einmal gegen ein Heizungsrohr trat. Der daraus resultierende Lärm hätte auch Ihnen eine Heidenangst eingejagt!

Interessanterweise stöhnen und jammern die Geister in den Schlössern Europas, die ich besuchte, tatsächlich. Dies scheint mir jedoch ein Ausdruck von Selbstmitleid zu sein, während sie immer und immer wieder über dieselben Treppen und durch dieselben Räume schreiten. Diese Geister sehen aus, als wären sie bereits im vierzehnten, fünfzehnten oder sechzehnten Jahrhundert gestorben. Werden die Schlösser dann für den Tourismus geöffnet, bemüht man sich für gewöhnlich, Räume und Möblierung so originalgetreu wie möglich zu erhalten. Vielleicht sehen es diese Geister als ihre Aufgabe an, über ihren Familienbesitz zu wachen. Interessanterweise hat mich nicht einer der Schlosseigentümer gebeten, die Geister zu vertreiben. Diese »Hausgespenster« sind eine einträgliche Einkommensquelle – Sie können sich nicht vorstellen, wie viele Menschen bereit sind, Unsummen dafür zu bezahlen, nur um in einem echten Spukschloss zu übernachten.

Manchmal höre ich Berichte, in denen Geister als ungewöhnlich dichter, wabernder Nebel beschrieben werden. Die Farbe dieser »Dichtegeister« scheint auf ihre Existenzebene hinzuweisen (so deuten undurchdringliche schwarze Schatten angeblich auf Höllenbewohner hin, die unsere diesseitige Daseinsebene besuchen). Ob diese Erscheinungen wirklich existieren, sei dahingestellt. Ich kann sie jedenfalls nicht sehen. Jeder Geist, der mir bis jetzt begegnet ist, hatte menschliche Gestalt.

Die meisten – wenn auch nicht alle – Geister sind mit einem bestimmten Geruch verbunden. Beispielsweise haftet denen, die in einem Feuer gestorben sind, Brandgeruch an. Oft bemerken die Menschen, die mich um Hilfe rufen, auch Tabakgeruch. Dann stellt sich heraus, dass die Geister in ihrem Haus sich zu Lebzeiten gerne ein Pfeifchen gestopft hatten oder starke Raucher gewesen waren.

Es gibt jedoch auch Fälle, in denen von einem bestimmten Geruch berichtet wird, ohne dass ein erdgebundener Geist in der Nähe ist. Einmal rief mich eine Frau an, deren Großmutter kürzlich verstorben war und aus deren Nachlass sie einige Möbel erhalten hatte. Ihr Schaukelstuhl im Wohnzimmer bewegte sich wie verrückt, selbst wenn niemand darin saß. Die Frau behauptete, dass sie dann jedes Mal ein Parfüm der Marke »Evening in Paris« riechen konnte – der Lieblingsduft ihrer Großmutter.

Doch obwohl alle Anzeichen darauf hindeuteten, war von einem Geist keine Spur zu finden. Ich versicherte der Frau, dass ihre Großmutter ins Licht getreten war und ihr nun aus dem Jenseits einen gelegentlichen Besuch abstattete.

Was Geister wissen – und was nicht

Geister wissen, dass sie tot sind

Es ist eine weitverbreitete Annahme, dass Geister mit dem Diesseits verbunden bleiben, weil sie noch nicht begriffen haben, dass sie gestorben sind. Doch jeder Geist mit einigermaßen gesundem Menschenverstand muss nur einmal an sich herabsehen, um zu wissen, dass er nicht mehr unter den Lebenden weilt. Auch die Umgebung, in der er sich befindet, kann ihm unter Umständen wichtige Hinweise geben, man denke nur an Beerdigungen oder den eigenen aufgebahrten Leichnam.

Die Geister sehr kleiner Kinder sind jedoch bei Totenwachen, Begräbniszeremonien und dergleichen nur selten anwesend. Trotzdem wissen auch sie, was mit ihnen geschehen ist. Fünf- oder sechsjährige Kinder erzählen mir oft, »dass es so aussieht, als ob ich schlafe, aber in Wahrheit bin ich tot«.

Bis jetzt habe ich noch keinen Geist getroffen, der nicht wusste, dass er gestorben ist. Ob es ihnen nun *gefällt* oder nicht – sie sind sich bewusst, dass sie ihr Leben gelassen haben und können sich auch an die Umstände ihres Todes erinnern. Deshalb kann ich den Behörden und Vollzugsorganen dann und wann eine große Hilfe sein: Jedes Opfer, das seinen Mörder gesehen hat, kann ihn auch eindeutig identifizieren, besonders, wenn es ihn zu Lebzeiten bereits kannte.

Erdgebundene Geister verfügen nicht über geheimes, höheres Wissen

Bevor Geister ins Licht gehen, sind sie bezüglich der Dinge, die uns im Jenseits erwarten, nicht schlauer als wir Lebenden. Erdgebundene Geister können weder in die Zukunft sehen noch die Lottozahlen vorhersagen. Sie sind nicht in der Lage, den Lebenden besonderen Schutz oder Orientierung in schwierigen Situationen zu bieten und können auch keine Nachrichten von denen übermitteln, die das Licht bereits betreten und die Grenze zum Jenseits überschritten haben. Außerdem gibt es das von manchen Leuten als »lügende Geister« bezeichnete Phänomen, wenn der Geist einem Medium oder während einer Sitzung mit dem Ouija-Brett bewusst falsche Informationen vermittelt. Ich persönlich würde diese Geister jedoch nicht in eine spezielle Kategorie einordnen. Wenn ihr Onkel Louie schon zu Lebzeiten ein Lügenbold war, dann wird er es nach seinem Ableben ebenfalls mit der Wahrheit nicht so genau nehmen. Und wenn Tante Elsie Ihnen schon im Leben die Antwort auf manche Fragen schuldig blieb, wird sie als erdgebundener Geist auch nicht viel schlauer sein.

Manche Medien behaupten, mit Engeln oder Geistführern zu kommunizieren. Wenn sie wirklich korrekte Angaben übermittelt bekommen, nehme ich an, dass sie mit einer Wesenheit gesprochen haben, die nicht erdgebunden ist. Ich habe an Sitzungen mit den angesehensten Medien des Landes teilgenommen, deren Voraussagen zum Großteil auch zutreffend sind. Dabei konnte ich weit und breit keinen Geist entdecken. Meiner Ansicht nach erhalten sie ihre Auskünfte von einer Seele, die bereits ins Licht getreten ist.

Geister haben natürlich bestimmte Möglichkeiten, an Informationen zu gelangen, die ihnen zeit ihres Lebens nicht zugänglich waren. Schließlich können sie sich frei bewegen und andere Menschen unentdeckt beobachten. Doch allein aufgrund der Tatsache, dass ihr freundlicher, vor Kurzem leider verstorbener Nachbar in der Lage ist, Sie morgens beim Zähneputzen zu beobachten, würde ich ihm noch kein höheres Wissen zusprechen.

Dass Geister so leicht private und intime Details herausbekommen können, macht meine Arbeit nicht gerade leicht. Einmal war ich in einem Haus, in dem ein ziemlich attraktiver, aufreizender Geist namens Dixie gewaltige Unruhe in eine bisher funktionierende Beziehung brachte. Dixie war dem Ehemann namens Frank von einem Stripclub nach Hause gefolgt und hatte sofort bemerkt, dass seine Frau Candy ihrer Meinung nach ein richtiges Miststück war. Ich musste mir anhören, dass Candy die Steine eines Diamantarmbands, das Frank ihr geschenkt hatte, auf Echtheit hatte überprüfen lassen. War es notwendig, dass der Geist mir erzählte, dass Candy fleißig Reizwäsche gekauft hatte, obwohl es nicht Frank gewesen war, der in den Genuss von Samt und Seide gekommen war? Eigentlich interessierte mich das alles nicht, doch leider kommt es immer wieder vor, dass ich mir scheinbar endloses, oberflächliches Getratsche anhören muss. Sobald ich Gefahr laufe, mitten in einer Schmonzette zu landen, dränge ich den Eigentümer des Hauses sanft dazu, mir zu erlauben, den Geist so schnell wie möglich ins Licht zu schicken – und zwar ohne ihm vorher noch weitere ermüdende Fragen stellen zu müssen.

Das Aufspüren erdgebundener Geister

Viele Menschen behaupten, Geister auf ganz unterschiedliche Weise ausfindig machen zu können. Ich sehe sie ja einfach vor mir stehen oder kann sie sogar spüren, wenn sie sich in einem Gebäude befinden, aus dem ich einen Anruf erhalte. Meine Tochter Tara, die ebenso gut mit Geistern kommunizieren kann wie ich, bekommt immer fürchterliche Kopfschmerzen, die erst verschwinden, nachdem sie sie ins Licht geschickt hat.

Manche Leute schwören auf Energiemessgeräte und andere Apparaturen, um Geister aufzuspüren. Wie sie funktionieren oder welche Art von Energie sie messen können, entzieht sich meinem Verständnis, doch meiner Erfahrung nach sind die Ergebnisse, die damit erzielt werden, bestenfalls ungenügend.

Ich habe lange mit einer sehr netten Familie aus der Umgebung von Cleveland zusammengearbeitet. Ich lernte sie kennen, weil sie es mit einigen bösartigen Geistern zu tun hatten, die ihre Haustiere belästigten. Rick, der Familienvater, arbeitete als selbstständiger Handwerker, und ständig folgten ihm von verschiedenen Baustellen Geister mit nach Hause. Nachdem ich die Familie von den Geistern befreit hatte, blieben wir weiterhin in Verbindung.

In den Boomjahren der Immobilienbranche verlegte sich Rick darauf, alte Häuser in aufstrebenden Wohnvierteln zu erwerben, sie zu renovieren und mit Gewinn weiterzuverkaufen. Die meisten dieser Häuser hatten eine schlimme Geschichte – oft waren sie Drogenhöhlen oder Schauplätze von Gewaltverbrechen gewesen. Im Lauf der Zeit bemerkte Rick, dass die Arbeit in einigen dieser Häuser leichter von der Hand ging als in anderen. Als er einmal ein sehr kompliziertes Renovierungsprojekt begonnen hatte, rief er mich hinzu, weil er einen bösartigen Geist vermutete, der ihn bei der Arbeit behinderte.

Rick ist ein echter Vollbluthandwerker. Er würde nie jemand für eine Arbeit bezahlen, die er auch selbst erledigen kann. Als er mich anrief, um bei diesem neuen Projekt nach dem Rechten zu sehen, wusste ich sofort, dass es dort spukte. In seiner hemdsärmeligen Art verzichtete er auf weitere Details über die Geister und wollte sie nur so schnell wie möglich loswerden.

Als ich dort ankam, arbeitete er gerade im ersten Stock. Während ich auf ihn wartete, bemerkte ich in einem der Räume eine seltsame Maschine, die ungefähr einem Staubsauger ähnelte. Außerdem lungerten drei erdgebundene Geister in den Ecken herum.

Rick kam die Treppe herunter und ging direkt auf die Maschine zu. »Sieh mal«, sagte er. »Inzwischen bin ich ziemlich gut damit.«

Ich hatte nicht den blassesten Schimmer, wovon er redete und nickte einfach.

»Sag mir nur, wie viele Geister hier sind«, sagte er. »Sonst will ich nichts wissen.«

Ich berichtete ihm wahrheitsgemäß, dass sich drei Geister im Raum befanden.

»Okay«, sagte er und drückte auf einen Knopf auf der Maschine. »Und jetzt werde *ich dir* verraten, wo sie sind.«

Er ging im Zimmer umher, wobei er den Schlauch, der an der Maschine angebracht war, wie einen Zauberstab herumschwenkte. Die Maschine brummte und gab in unregelmäßigen Abständen wie ein Geigerzähler Klickgeräusche von sich.

Ich lehnte mich erwartungsvoll gegen den Türrahmen und beobachtete Rick, da ich üblicherweise technischen Neuerungen gegenüber sehr aufgeschlossen bin. Rick ging mehrere Male durch den Raum, bevor er vor dem Kamin stehen blieb. Die Maschine klickte wie verrückt.

»Genau hier ist einer«, sagte er selbstsicher.

»Ich sehe nichts«, antwortete ich.

Rick sah betrübt drein. »Da ist nichts?« Er ging zu einer anderen Stelle. »Und hier?«

Ich sagte ihm, dass sich ein Geist auf dem ersten Treppenabsatz befand. Er ging zu genau dieser Stelle hinüber, doch die Maschine schwieg.

»Blödes Ding«, sagte Rick wütend und schaltete das Gerät ab. »Jetzt habe ich mich übers Ohr hauen lassen und 450 Dollar zum Fenster rausgeworfen.«

Ich glaubte nicht, dass der Apparat völlig unbrauchbar war. »Vielleicht kann er ja andere Wesen aufspüren«, schlug ich vor und erinnerte ihn daran, dass ich nur erdgebundene

Geister sehen kann – was ja heißen könnte, dass doch noch andere Wesenheiten im Raum waren.

Rick war trotzdem tief enttäuscht.

Wenn ich jetzt darüber nachdenke, hatte Ricks Maschine eigentlich große Ähnlichkeit mit den Apparaten, die die Geisterjäger im Fernsehen benutzen. Vielleicht ist es ja wirklich möglich, bestimmte Energien damit zu messen. Doch in Bezug auf erdgebundene Geister versagte der Apparat leider auf ganzer Linie.

Das Heraufbeschwören erdgebundener Geister

Einen Geist zu sich nach Hause einzuladen, ist immer eine schlechte Idee. Trotzdem ist die Zahl der Leute, die mich nach Experimenten mit Ouija-Brettern, automatischem Schreiben, schwarzer Magie oder anderen finsteren Praktiken anrufen, scheinbar grenzenlos. Es gibt sogar Menschen, die auf Beerdigungen oder Friedhöfe gehen und die Geister offen dazu einladen, mit ihnen nach Hause zu kommen; sie sind wohl der Meinung, es wäre »cool«, in einem Spukhaus zu wohnen. Ich kann nicht oft genug betonen, was für ein großer Fehler das ist. Die Anwesenheit eines Geistes kann eine Menge Ärger bedeuten, angefangen von körperlichen Beschwerden wie Erkältungen oder Atemwegserkrankungen über mechanische Probleme wie defekte Heizungen und elektrische Geräte bis hin zu kleinen Ärgernissen wie verlegte Schlüssel oder Brieftaschen.

Das Ouija-Brett und die Séance sind zwei der beliebtesten Methoden für neugierige Leute, mit den Geistern ihrer

Lieben Kontakt aufzunehmen. Die meisten Geister, mit denen kommuniziert werden soll, haben jedoch bereits die Schwelle zum Jenseits übertreten – es ist also für erdgebundene Geister ein leichtes, den Anwesenden vorzugaukeln, sie würden beispielsweise zu ihrer geliebten Großmutter sprechen. Sie werden alle möglichen Dinge erzählen, um eine starke Reaktion bei den Betroffenen hervorzurufen und die daraus resultierende emotionale Energie aufzusaugen.

Wo sich Geister versammeln

Im Gegensatz zu einer weit verbreiteten Annahme sind auf Friedhöfen kaum Geister zu finden. Wenn man dort einen Geist findet, will er meistens nur nachsehen, ob sich seine Familie angemessen um sein Grab kümmert. Erdgebundene Geister benötigen Energie, und die einzigen Energiequellen auf einem Friedhof sind der Totengräber, der Gärtner und die Besucher.

Einmal wurde ich gebeten, für einen örtlichen Friedhofsverein eine Rede zu halten. Ich erhalte öfter solche Anfragen, und da sich der Verein in meiner Nachbarschaft befand, nahm ich an, dass seine Mitglieder durch Radio oder Beiträge in den regionalen Zeitungen mit meiner Arbeit vertraut waren. Außerdem erwartete ich, einige interessante Geister in dem Restaurant oder dem Festsaal zu treffen, in dem die Veranstaltung stattfinden sollte. In Restaurants und Lokalen sind eigentlich immer Geister anzutreffen, die entweder mit dem gastronomischen Betrieb in Verbindung standen oder einen der Gäste begleiten.

Zu meiner Überraschung sollte ich jedoch in einem neu errichteten Mausoleum sprechen. Ich muss sagen, dass mir bei dem Gedanken etwas unwohl wurde, vor einer Versammlung von Bestattungsunternehmern und Friedhofsverwaltern zugeben zu müssen, dass sich keine Geister in der Umgebung befanden, weil sie eigentlich nur selten Friedhöfe besuchten.

Glücklicherweise hatten sich jedoch auch drei Geister eingefunden, die mit den Gästen gekommen waren. Das war sehr ungewöhnlich, denn erdgebundene Geister machen um Vertreter des Bestattungsgewerbes normalerweise einen großen Bogen. Einer der Geister war mit einem Friedhofsverwalter gekommen, der zu einer Gruppe von Leuten gehörte, die meinem Vortrag äußerst skeptisch gegenüberstanden. Die vielsagenden Blicke, die sie untereinander austauschten, sprachen Bände. Offensichtlich glaubten sie von dem, was ich sagte, kein Wort.

Der Geist erzählte mir, dass es auf dem betreffenden Friedhof in letzter Zeit immer wieder Probleme mit Arbeitsgeräten, besonders mit Rasenmähern, gegeben hatte. Als ich dies erwähnte, sahen sich die beiden Verwaltungsangestellten verwundert an.

»Hat Charlie irgendetwas von Problemen mit den Rasenmähern gesagt?«, fragte der eine Mann spöttisch lächelnd seine Kollegin.

»Ja, möglich, dass da etwas war«, antwortete sie.

»Mit ›Etwas‹ meint sie wohl, dass ein fahrbarer Rasenmäher letzte Woche durch eine Bürowand gekracht ist«, flüsterte der Geist.

Ich konfrontierte die beiden mit dieser Behauptung. Offensichtlich hatte die Geschichte vom wild gewordenen Rasenmäher bereits die Runde gemacht, denn die Hälfte der Versammelten brach in Gelächter aus. Die beiden Skeptiker waren überzeugt und wichen den ganzen Abend über nicht mehr von meiner Seite.

Vor dem Essen wartete noch eine weitere Aufgabe auf mich. Einer der Geister war eine Frau, die mit ihrer Begräbnisstätte äußerst unzufrieden war. Bei der Errichtung des Mausoleums waren die Gräber sowohl im Innenraum als auch um das Gebäude herum angelegt worden. Mrs. Tobins erdgebundener Geist hatte verzweifelt versucht, jemandes Aufmerksamkeit zu erregen, da ihre Familie im letzten Moment ihren Wunsch, *im* Mausoleum begraben zu werden, ignoriert hatte und sie davor beerdigen hatte lassen.

Ich trug ihr Anliegen dem Angestellten vor, der für das Mausoleum zuständig war. Er versprach mir, die Angehörigen zu verständigen und ihnen anzubieten, Mrs. Tobins sterbliche Überreste in den Innenraum zu verlegen. Die betreffende Familie wollte daraufhin mit mir sprechen, und nachdem ich dem Geist einige Fragen gestellt hatte, entschuldigten sie sich für ihren Geiz und beantragten eine Überführung des Leichnams in das Mausoleum. Mrs. Tobin war zufrieden und mehr als bereit, endlich ins Licht zu treten.

Obwohl Bestattungsunternehmer und Totengräber den ganzen Tag mit Verstorbenen zu tun haben, bringen sie nur selten ihre Arbeit in Form eines Geistes mit nach Hause. Die meisten erdgebundenen Geister überqueren unmittelbar nach der Beerdigung die Schwelle zum Jenseits. Diejenigen, die sich dagegen entscheiden, folgen für gewöhnlich einem ihrer Familienmitglieder.

In manchen Berufen besteht ein höheres Risiko, Geister anzuziehen als in anderen. Darauf werde ich am Ende dieses Buches noch einmal zurückkommen. Für den Augenblick soll eine unvollständige Liste der Orte, an denen sich Geister bevorzugt aufhalten, genügen: Einkaufszentren, Supermärkte, Volksfeste und Rummelplätze, Konzerte, Notfallaufnahmen im Krankenhaus, Kneipen – je schäbiger, desto besser –, Altenheime, Zahnarzt- und Anwaltspraxen, Theater, Flugzeuge, Zeitungsredaktionen und Verlagshäuser, Rehabilitationszentren und Polizeireviere.

Im Prinzip findet man Geister überall in der Nähe von Quellen physischer und emotionaler Energie. Denken Sie an einen Kinosaal, wo die Menschen emotionale Energie erzeugen, indem sie gefesselt dem neuesten Thriller oder Horrorfilm folgen oder sich durch eine herzzerreißende Liebesgeschichte schluchzen.

Den meisten Geistern reicht diese emotionale Energie völlig aus. Ich werde jedoch nie vergessen, wie einer von ihnen versuchte, noch mehr Profit herauszuschlagen, indem er in einem Lichtspielhaus absichtlich für Unruhe sorgte. Ted und ich waren an einem Freitagabend in das Kino um die Ecke gegangen, hatten uns mit Süßigkeiten eingedeckt und noch zwei freie Plätze am Rand des überfüllten Kinosaals ergattern können.

Da bemerkte ich eine Frau, die stolperte. Popcorn wurde in hohem Bogen aus ihrem Eimer geschleudert. Sie drehte sich um, um herauszufinden, über was sie da soeben gefallen war, und ich bemerkte einen Teenager, der im Gang neben ihr stand. Mit einem breiten Grinsen stellte er sich vor eine andere Frau, die ebenfalls einen großen Eimer Popcorn in den Händen hielt. Er schlug gegen den Boden des Eimers, und die Frau sprang, erschreckt von dem plötzlichen Popcornregen, einen Schritt zurück und hätte um ein Haar das Gleichgewicht verloren.

Ich muss zugeben, dass ich zunächst amüsiert beobachtete, wie der Junge diesen Streich noch weiteren nichtsahnenden Gästen spielte. Eine Frau beschwerte sich sogar beim Geschäftsführer über den klebrigen Boden, auf dem sie offenbar ausgerutscht war. Doch dann wurde der Geist wirklich gemein: Er hatte sich eine Familie ausgesucht, und die Eltern waren mit den Nerven sowieso schon am Ende. Das älteste Kind trug einen großen Eimer Popcorn, dem der Geist einen ordentlichen Schlag verpasste. Der Eimer flog durch den Raum, und der Vater gab seinem protestierenden Sohn einen ziemlich festen Schlag auf den Kopf. Der Junge trieb seinen Unfug weiter, bis das Licht ausging und die Vorstellung begann. Als ein älterer Mann mit Gehhilfe den Gang hinunterkam und der Junge auf seine ebenfalls gebrechliche Frau zuging, die zwei kleine Tüten Popcorn in der Hand hatte, riss mir der Geduldsfaden. Ich sprach ihn lautlos, aber direkt an: »Hör sofort auf mit diesem Blödsinn«, sagte ich mit fester Stimme.

Der Geist starrte mich an. Seinem Gesichtsausdruck nach zu urteilen war es ihm äußerst peinlich, auf frischer Tat ertappt worden zu sein. »Ja, genau«, sagte ich. »Mit dir rede ich. Was du hier machst, findet keiner der Anwesenden besonders lustig.«

Offensichtlich hatte ihn die Unruhe, die er mit seinen Streichen im Publikum gestiftet hatte, mit einer großen Dosis Energie versorgt. Ich weiß nicht, ob er sich den Film noch angesehen hat oder nicht. Wahrscheinlich ging er, von seinem Kinobesuch mit frischer Energie ausgestattet, dahin zurück, wo er sich auch zu Lebzeiten am liebsten aufgehalten hatte.

Sag niemals nie

Die wichtigste Lektion, die ich durch meine Arbeit mit erd-gebundenen Geistern lernen durfte, ist, dass sich Geister nicht großartig von lebenden Menschen unterscheiden. Meine mehr als fünfzigjährige Erfahrung auf diesem Gebiet er-laubt es mir, das Verhalten bestimmter Arten von Geistern vorauszusagen. Doch selbst ich darf mich nicht zu sicher fühlen. Obwohl Jahre vergehen können, ohne dass ich einem besonders üblen, böswilligen Geist (mehr dazu in Kapi-tel 9) oder einem Inkubus beziehungsweise Sukkubus be-gegne, der mit den Lebenden Geschlechtsverkehr ausüben kann, bin ich mir doch stets ihrer Existenz bewusst.

Im Lauf der Jahre habe ich überall auf der Welt die verschiedensten Persönlichkeiten kennengelernt, und trotz-dem ist meine Faszination für Menschen und Geister nicht verschwunden. Deshalb überrascht es mich auch nicht, wenn ich einem Geist begegne, der völlig unerwartete Ver-haltensmuster an den Tag legt. Im Gegenteil, ich bin dank-bar für jede bis dahin unbekannte Erfahrung, die ich mit erdgebundenen Geistern machen kann. Außerdem bin ich inzwischen in der Lage, die Wahrheit über Geister von den Produkten allzu fantasiebegabter Medienleute zu unter-scheiden. Jede Begegnung mit einem Geist stellt für mich eine Quelle neuer Erkenntnisse und Informationen dar. Deshalb macht mir meine Arbeit auch nach dieser langen Zeit immer noch großen Spaß. Obwohl die Kommunika-tion mit Geistern, sofern man sie täglich betreibt, zu einer gewissen Routine werden kann, hält das Leben doch stets neue Überraschungen für mich bereit.

3 DAS WEISSE LICHT
Das Überschreiten der Schwelle

Bei meiner Tätigkeit auf dem Gebiet des Übersinnlichen spielt das weiße Licht eine wichtige Rolle. Ich benutze es seit Jahrzehnten für meine Zwecke und stehe damit in einer langen Tradition. Im siebzehnten Jahrhundert entdeckte Isaac Newton, dass weißes Licht entsteht, wenn man alle sichtbaren Lichtfarben zu gleichen Teilen kombiniert. Das Resultat ist eine reine Farbe, die große symbolische Bedeutung besitzt. In vielen Kulturen wird Weiß mit Reinheit, Klarheit und dem Guten assoziiert. Menschen, die auf metaphysischem oder spirituellem Gebiet tätig sind, nutzen das weiße Licht für bestimmte Heilungsprozesse. Auch beim Yoga oder in Meditationstechniken findet es seine Anwendung. Außerdem wird behauptet, es hätte schützende Fähigkeiten.

Ich kann mich noch erinnern, dass die Nonnen meiner katholischen Schule oft Bibelgeschichten erzählten, in denen grelle weiße Lichterscheinungen vorkamen. Man denke hier etwa an Moses und den brennenden Busch, der von Flammen umgeben ist, davon aber nicht eingeäschert wird. Für mich persönlich ist das weiße Licht eine Manifestation positiver Energie. In einem späteren Kapitel werde ich Ihnen Hinweise darauf geben, wie Sie die spirituellen Kräfte dieser gewaltigen Macht nutzen können.

Weißes Licht und erdgebundene Geister

In meiner alltäglichen Arbeit mit erdgebundenen Geistern spielt das weiße Licht eine besondere und enorm wichtige Rolle. Nach langer Beobachtung dieses Phänomens konnte ich bestimmte Schlüsse über seine Natur und seine Eigenschaften ziehen. Natürlich gibt es andere Spezialisten, die ebenfalls mit dem Licht arbeiten, es aber anders interpretieren oder nutzen. Ich gebe bereitwillig zu, dass ich bei Weitem nicht alles darüber weiß. Erst wenn ich selbst sterbe und die Gelegenheit erhalte, in das weiße Licht zu treten, werde ich alles über diese mächtige Kraft erfahren. Was mir über das Licht bekannt ist, stammt entweder aus meinen persönlichen Erfahrungen oder aus Gesprächen mit Geistern, die zwar die Gelegenheit hatten, es zu betreten, dies aber, aus welchen Gründen auch immer, ablehnten.

Das weiße Licht, das den Leuten nach ihrem Tod erscheint, erfüllt einen äußerst praktischen Zweck. Viele Menschen mit Nahtoderfahrungen berichten von einem langen, dunklen Tunnel, an dessen Ende ein blendendes weißes Licht wartet. Dort warten Freunde und Verwandte, die den Betreffenden in ihre Gemeinschaft einladen. Üblicherweise verspüren die Menschen, die eine solche Erfahrung machen, ein starkes Verlangen danach, ihren Lieben an diesen offensichtlich so einladenden und friedlichen Ort zu folgen. Obwohl sie ihre Körper verlassen haben, fühlen sie sich nicht im Geringsten unwohl oder schutzlos. Doch dann tritt plötzlich ein starker Zwang auf, in den eigenen Körper zurückzukehren – woraufhin das Licht verschwindet. Dieses Erlebnis bezeichnet die Medizin als Nahtoderfahrung, und die Ärzte, die übermenschliche Anstrengungen auf sich genommen haben, um eine offiziell für tot erklärte Person ins Leben zurückzurufen, werden ihren Erfolg dem Fortschritt auf dem Gebiet der medizinischen Forschung zuschreiben. Ich persönlich glaube, dass nur der freie Wille des Patienten entscheidet.

Seien Sie sich gewiss: Wenn Ihr letztes Stündlein geschlagen hat, wird das helle weiße Licht auch auf Sie warten. Es ist bereits um Sie, wenn Sie sich an der Schwelle des Todes befinden. Aus eigener Erfahrung weiß ich, dass es sich bereits um Menschen befindet, die etwa an lebenserhaltende Apparate angeschlossen sind. Ich bin überzeugt davon, dass auch Menschen, die an einer tödlichen Krankheit leiden, eine gewisse Zeit lang vom Licht umgeben sind. Vermutlich erscheint es etwa eine Woche vor ihrem Tod, und möglicherweise hilft es ihnen, ihre Angst zu überwinden, indem es sie wissen lässt, dass es nicht das Ende bedeutet, wenn ihr Körper seine Funktion einstellt. Pfleger in Hospizen berichten, dass Patienten, die im Sterben liegen, oft unter Jammern und Stöhnen mit einer unsichtbaren Präsenz im Raum sprechen. Wenn man sie danach fragt, antworten sie beispielsweise: »Mein Bruder Ralph steht gleich dort drüben.« Die Patienten scheinen die Gegenwart dieser Personen fast real zu spüren, was nicht nur ihnen, sondern auch den Pflegekräften oder Angehörigen Trost spenden kann – obwohl diese genau wissen, dass Ralph seit Jahren tot ist.

Jeder Geist, mit dem ich darüber gesprochen habe, hat mir versichert, dass er bestimmte Personen im weißen Licht sehen kann. Wenn ich selbst in das Licht schaue, kann ich niemanden dort erkennen – nur einen grellen Schein. Interessanterweise können Menschen, die im Sterben liegen, mit den Personen, die sie im Licht sehen, kommunizieren.

Wenn sie jedoch verstorben sind und ihre Körper verlassen haben, können sie nicht länger mit Geistern reden, die die Schwelle zum Jenseits bereits überschritten haben. »Weshalb reden sie nicht mehr mit mir?«, werde ich oft von Geistern auf Beerdigungen gefragt. »Gestern habe ich noch mit ihnen gesprochen, aber jetzt höre ich kein einziges Wort mehr. Ob sie wütend auf mich sind?«

Ich erkläre den Geistern, dass sie jetzt, wo sie gestorben sind, ebenfalls ins Licht gehen müssen, um sie wiedersehen zu können. Meiner Meinung nach bieten die vertrauten Gesichter und Stimmen, die dem Sterbenden erscheinen, Hilfe und Trost in einem Moment der Ungewissheit und Angst. Wenn die Seele erst einmal den Körper verlassen hat, ist es ihre freie Entscheidung, ob sie ins weiße Licht gehen und damit ins Jenseits treten will.

Ich selbst besitze nicht die Fähigkeit, mit jenen Geistern zu sprechen, die bereits im Licht sind. Doch ich habe eine Reihe von Freunden und Bekannten, die dies tun können. Es ist eine Tatsache, dass die Geister, die die Schwelle überschritten haben, den Lebenden im Traum erscheinen können – was für einen erdgebundenen Geist so gut wie unmöglich ist. Außerdem weiß ich aus Gesprächen mit Geistern, die ihre Lieben im weißen Licht gesehen haben, dass sich diese makellos und in jugendlicher Schönheit zeigen. Menschen, die zum Zeitpunkt ihres Todes alt oder entstellt waren, erscheinen unversehrt und in der Blüte ihrer Jahre. Ich erinnere mich an ein besonders erschütterndes Erlebnis, das ich mit dem Geist einer reizenden älteren Dame hatte, der schon seit vielen Jahren erdgebunden war.

Wie üblich erlaubte ich es dem Hausbesitzer, dem Geist einige Fragen zu stellen, bevor ich ihn ins Licht schickte. Wir erfuhren, dass die Frau im Alter von dreiundneunzig

Jahren nach einem langen und erfüllten Leben gestorben war. Ihr Ehemann war bereits zehn Jahre zuvor verschieden, und während der Unterhaltung mit ihr wurde klar, dass sie ihren langjährigen Lebensgefährten noch immer sehr vermisste. Ich war mir sicher, dass sie die Gelegenheit, ins weiße Licht zu treten und ihre wahre Liebe wiederzusehen, freudig ergreifen würde.

Doch zu meiner Überraschung lehnte sie mein Angebot rundheraus ab. »Ich bin das erste Mal nicht gegangen und werde es auch jetzt nicht tun«, sagte sie unbeirrt. All mein Bitten und Betteln half nichts.

»Wollen Sie Ihren Ehemann denn nicht wieder in die Arme schließen?«, fragte ich.

Es brach mir das Herz, als ich sah, wie Tränen ihre Wangen hinunterliefen. »Ich habe ihn im Licht gesehen«, sagte sie. »Er war so jung und schön.«

Sie streckte ihre dünnen Arme aus und sah auf ihre zitternden Hände herab. »Ich dagegen bin eine alte Frau. Sehen Sie mich doch an: Ich bin verrunzelt, grau und kann nur noch gebückt gehen. Was sollte mein schöner Mann mit so einer alten Vettel wie mir anfangen?«

Ich verstand ihre Bedenken und versicherte ihr, dass sie ebenfalls wieder in voller Blüte erstrahlen würde – ganz genau wie ihr Mann. »Sie werden wieder ein wunderschönes Paar abgeben«, versprach ich ihr, während ich das Licht für sie schuf.

So aufrecht, wie es ihr möglich war, ging sie darauf zu. Ich glaube aus tiefstem Herzen, dass sie inzwischen erneut die Liebe und das Glück einer frisch verheirateten Frau verspürt.

Das weiße Licht und der richtige Zeitpunkt zum Übertritt

Viele Geister sind bereit, ins Jenseits überzuwechseln, sobald sie ihre Körper verlassen haben. Aber üblicherweise haben sie keine Eile damit. Wie Sie in Kapitel 5 erfahren werden, bleiben viele Geister zumindest lange genug, um ihre eigene Beerdigung mitzuerleben.

Als ich noch jünger war und meine Großmutter regelmäßig zu Beerdigungen begleitete, fragte ich mich, was die Geister wohl vor der eigentlichen Zeremonie taten, an deren Ende sie in das weiße Licht treten würden, das über ihrem Grab auf dem Friedhof schwebte. Vielleicht hatten sie noch eine unerledigte Aufgabe zu erfüllen oder wollten sich persönlich darum kümmern, bei jeder einzelnen Person und jedem Ort nach dem Rechten zu sehen, bis alles zu ihrer Zufriedenheit war.

Andererseits ist das Überqueren der Schwelle manchmal einfach eine Frage des richtigen Timings. Nachdem wir einige Jahre verheiratet waren, zogen Ted und ich mit unseren beiden jungen Töchtern in ein kleines Haus in einer ruhigen Seitenstraße. Direkt gegenüber befand sich der St.-Bridget-Friedhof, und ein anderer Friedhof lag gleich am Fuß eines Hügels an einem Feldweg, der ebenfalls an unserem Haus vorbeiführte. Als wir das Haus kauften, hatte ich keine Bedenken, in der Nähe von zwei Friedhöfen zu wohnen. Schließlich sind diese kein Versammlungsplatz für Geister. Da sie die Energie lebender Wesen benötigen, fühlen sie sich in erster Linie von Menschenmengen angezogen. Ein Friedhof ist ihnen einfach zu still und verlassen.

Eines Tages kam ich aus dem Keller und sah zu meiner Überraschung drei Geister, die um meinen Esstisch herum saßen. Bis jetzt waren noch niemals Geister in eines meiner Häuser eingedrungen (und seitdem ist mir das auch nur noch einmal passiert). Sie erregten meine Neugier. »Hey! Wer seid ihr und was wollt ihr hier?«, fragte ich sie.

Üblicherweise sind Geister verblüfft, sobald sie begreifen, dass ich sie sehen kann. Diese jedoch zuckten nicht einmal mit den Wimpern. Sie sahen zu mir auf, ohne ein Wort zu sagen. Ich sah, dass sie vom weißen Licht umgeben waren, also konnten sie noch nicht lange verstorben sein.

Während ich in die Küche ging, um das Abendessen zuzubereiten, fragte ich mich, ob einer meiner Bekannten verstorben war und ein Gespräch mit mir suchte. Da wir jedoch neu in der Gegend waren, fiel mir beim besten Willen niemand ein. Einige Zeit später ging ich wieder ins Esszimmer hinüber, um den Tisch zu decken – die Geister waren verschwunden.

In dieser Nacht saßen Ted und ich, nachdem wir die Kinder zu Bett gebracht hatten, im Wohnzimmer. Es war ein ganz gewöhnlicher Abend: Ich las in der Tageszeitung, während Ted in seinem Sessel vor sich hin döste. Da klingelte das Telefon in der Küche, und ich musste durch das Esszimmer gehen. Meine drei geisterhaften Besucher waren zurück, doch dieses Mal würdigten sie mich keines Blickes. Sie saßen einfach nur um den Esstisch herum und starrten ins Leere.

Gedankenverloren hatte ich die Zeitung mit in die Küche genommen. Nach dem Anruf warf ich einen Blick in die Todesanzeigen, die mit Fotografien der Verstorbenen versehen waren. Ich verglich die Bilder mit den Gesichtern der Geister – und tatsächlich, zwei der soeben Dahingeschiedenen saßen in meinem Esszimmer. Ich las mir die entsprechenden Todesanzeigen durch und erfuhr, dass die Beerdigungen an diesem Tag von 18 bis 21 Uhr stattgefunden hatten. Weshalb waren sie ihnen ferngeblieben? Sie waren in Altersheimen gestorben, also hatten sie womöglich keine Familie mehr gehabt und somit auch nicht viele Besucher erwartet. Oder – schlimmer noch – sie hatten befürchtet, dass niemand kommen würde, um von ihnen Abschied zu nehmen.

Als ich zu Bett ging, saßen die Geister immer noch an meinem Esstisch. Am nächsten Morgen waren sie zwar verschwunden, doch solange wir in diesem Haus wohnten, bekamen wir regelmäßig Besuch von verschiedenen Geistern. Es war, als würden sie unser Esszimmer als Wartesaal benutzen, in dem sie die Zeit bis zur Beerdigung totschlagen konnten.

Aber das ist nur Spekulation. Zu meiner großen Enttäuschung gelang es mir nicht, auch nur einen der Geister, die ihre letzten Tage auf Erden an meinem Tisch verbrachten, in ein Gespräch zu verwickeln. Nicht ein einziges Mal.

Aus der Teilnahme an unzähligen Beerdigungen kann ich schlussfolgern, dass das weiße Licht etwa 72 bis 80 Stunden bei einem Geist bleibt. Findet ein Begräbnis getrennt von der eigentlichen Beerdigungszeremonie statt, weil jemand in der Fremde gestorben ist, kann sich diese Frist auf bis zu eine Woche und mehr ausdehnen. Dann nimmt das Licht allmählich an Intensität ab, und die Geister können es nicht mehr betreten.

Bis zum Ende dieser »Schonfrist« kann ich die Geister sehen und mit ihnen reden. Doch erst wenn das Licht verschwunden ist, gilt ein Geist offiziell als erdgebunden. Auch diesen kann ich so deutlich wie jede lebende Person erkennen. Um mit ihm zu kommunizieren, muss ich nicht laut sprechen – die Unterhaltung findet in völliger Stille statt, weshalb das, was ich tue, für diejenigen, die eine große parapsychologische Show erwarten, so unglaublich *enttäuschend* ist. Geister können keine Gedanken lesen, sind aber sehr wohl in der Lage, jedes laut ausgesprochene Wort zu verstehen. Vergessen Sie das nicht, wenn Sie das nächste Mal auf die Beerdigung einer bösen alten Tante gehen, die Sie noch nie leiden konnten – vielleicht werden Sie dem Drang widerstehen können, den anderen Familienmitgliedern einige pikante Anekdoten zu erzählen.

Grundsätzlich gilt auf Beerdigungen: Wenn Sie nichts Nettes zu sagen haben, sagen Sie besser gar nichts. Unter Garantie befindet sich der Geist des Verstorbenen im Raum und hört jedes Wort mit. Ich war auf genug Beerdigungen, um zu wissen, dass der Geist üblicherweise am Fußende des Sarges steht, die Menge beobachtet, die Blumengebinde begutachtet und konzentriert dem leisen Flüstern der Trauergäste lauscht.

Warum Geister bleiben

Natürlich gibt es so viele Gründe, erdgebunden zu bleiben, wie es Individuen gibt. Eine Faustregel ist jedoch, dass die Menschen auch im Tod alle ihre Charakterzüge behalten. Verantwortungsbewusste Menschen bleiben, weil sie glauben, den Lebenden helfen zu können; Kontrollfreaks bleiben, weil sie sich mit der Vorstellung nicht abfinden können, dass sich ihr Umfeld nach ihrem Ableben verändern wird; Menschen mit großem Ego bleiben, weil sie glauben, dass sie von den anderen zu sehr vermisst werden; diejenigen mit einem schlechten Gewissen haben

Angst vor Verurteilung und Strafe; Plaudertaschen bleiben, weil sie ihre Beerdigung nicht verpassen wollen – schließlich sind sie ja der Ehrengast. Wenn dann alle nach Hause gegangen und zu ihrem alltäglichen Leben übergegangen sind, ist das Licht ebenfalls verschwunden, und sie sitzen fest. Schnüffler, Spitzel und andere neugierige Leute bleiben, weil sie von der Möglichkeit, überallhin zu gelangen, alles zu sehen und zu hören, sehr angetan sind – für sie eine unwiderstehliche Gelegenheit. Die Wahrheit ist jedoch, dass es keinen Grund gibt, erdgebunden zu bleiben. Meine Aufgabe ist es, genau das den Geistern zu vermitteln.

Ich erinnere mich an den Geist eines kleinen Mädchens. Die Mutter einer vierjährigen Tochter rief mich, um ihr Haus von einem Geist zu befreien, der Lana, so der Name ihrer Tochter, belästigte. Aus dem einst freundlichen und unternehmungslustigen Kind war ein stilles und zurückgezogenes Mädchen geworden, das stundenlang in ihrem Zimmer saß und mit ihrer »besten Freundin« Suzy redete.

Zuerst vermutete Donna – Lanas Mutter –, dass es sich bei Suzy um einen imaginären Spielgefährten handelte, eine Ausgeburt der lebhaften Fantasie ihrer Tochter. Doch je mehr Lana von Suzy erzählte, desto besorgter wurde Donna: Suzy war ihr und ihrer Babysitterin vom Spielplatz nach Hause gefolgt, hatte ihr verboten, ihre Mutter oder die Großeltern in ihr Zimmer zu lassen, und hatte – was am beunruhigendsten war – Lana damit gedroht hatte, das Haus niederzubrennen, wenn sie jemandem ihre Anwesenheit verraten würde.

Außerdem litt Lana fast ständig an Erkältungen – eine war heftiger als die vorhergehende. Sie zog sich noch weiter zurück und wurde sehr ängstlich: Alles Symptome, die auf die Anwesenheit eines erdgebundenen Geistes hindeuten. Ihre Mutter musste etwas unternehmen, und so zog sie mich hinzu.

Als ich das Haus betrat, sah ich Suzy schmollend auf der Treppe sitzen. »Sie ist hier«, bestätigte ich den besorgten Eltern.

Suzy war etwa sieben oder acht Jahre alt zu. Dunkles Haar fiel in Locken um ihr rundliches Gesicht. Sie hatte die Hände zu Fäusten geballt und funkelte mich unter buschigen Augenbrauen böse an. Offensichtlich hatte sie zu Lebzeiten gerne andere Kinder schikaniert – das war nicht schwer zu erkennen, schließlich habe ich zwei Kinder aufgezogen, viele andere in Pflege gehabt und verstehe sie fast so gut wie Geister.

Es dauerte nicht lange, um herauszufinden, dass Suzy in den späten Vierzigerjahren in einem Feuer gestorben war. Doch weshalb war sie nicht ins Licht gegangen?

»Sind deine Eltern auch bei dem Brand gestorben?«, fragte ich.

Suzy nickte.

»Sind Sie ins weiße Licht gegangen? Hast du sie dabei gesehen?«

Suzy nickte erneut.

»Konntest du noch jemanden sehen?«, hakte ich nach.

»Meine Oma«, sagte sie schließlich.

»Würdest du deine Eltern nicht gerne wiedersehen?«, fragte ich vorsichtig.

Zu meiner Überraschung runzelte Suzy die Stirn, schob die Unterlippe vor und schüttelte entschlossen den Kopf.

Meiner Erfahrung nach muss man Kinder, die nicht ins Licht gehen wollen, sehr vorsichtig behandeln. Vielleicht haben sie im Licht eine Person gesehen, vor der sie Angst haben – ihre Mutter, die Alkoholikerin war, ihren Vater, der sie missbraucht hat, oder besonders grausame Großeltern. Dann hält sie die Furcht davon ab, die Schwelle zu überschreiten.

»Was ist mit deiner Oma?«, fragte ich.

Suzys Miene entspannte sich. »Die würde ich gerne wiedersehen«, flüsterte sie.

»Aber deine Eltern nicht?«, fragte ich nach.

Suzy schwieg minutenlang. »Sie sind sauer auf mich«, sagte sie endlich kleinlaut. »Wenn sie mich wiedersehen, gibt's Ärger.«

Sie tat mir leid. »Warum glaubst du das?«

Unter Tränen erzählte Suzy, dass ihre Eltern im Haus gestorben und ins Licht gegangen waren, dass sie ihnen jedoch nicht gefolgt, sondern weggelaufen war. Wie jedes kleine Kind, das sich verirrt hat, war sie verwirrt gewesen und – ehe sie sich versah – war das Licht auch schon wieder verschwunden.

»Oh, Kleines«, sagte ich. »Wie sehr sie dich vermissen müssen. Sie werden dir verzeihen. Das weiß ich genau, ich habe nämlich selbst zwei kleine Töchter.«

»Aber ich war kein braves Kind. Ich war gemein zu den anderen. Nicht nur zu Lana«, sagte Suzy und ließ den Kopf hängen.

Es überraschte mich nicht, dass Suzy von Haus zu Haus gezogen war, immer auf der Suche nach einer Familie und gleichaltrigen Spielgefährten. Wenn ein Mensch stirbt, ist sein Geist so alt wie der Betreffende zu Lebzeiten. Kindergeister suchen Kinder auf und bleiben bei ihnen, bis diese größer werden. Dann ziehen sie weiter auf der Suche nach einem anderen Ort, an dem sie sich heimisch fühlen können.

Das Leben eines Kindergeistes ist hart, und ich tue alles, was in meiner Macht steht, um sie zu ermutigen, die Schwelle zu übertreten. Was sie für gewöhnlich auch tun, und Suzy machte hier auch keine Ausnahme. Ich versicherte ihr noch einmal, dass ihre Eltern ihr vergeben würden, dann ließ ich das weiße Licht erscheinen. »Geh schon. Keine Angst«, sagte ich, als sie sich ihm näherte. »Deine Oma wird deinen Eltern sicher alles erklären.«

Doch nicht nur Kinder zögern, ins Licht zu treten. Besonders die Geister von Selbstmördern haben große Angst davor, im Jenseits für ihre Tat bestraft zu werden.

Natürlich frage auch ich mich, was uns im Licht erwartet. Ich habe Experten auf diesem Gebiet gefragt, ob sich erdgebundene Geister im Fegefeuer oder in der Hölle befinden und was mit ihnen geschieht, sobald sie in das Licht treten. Doch bis jetzt habe ich noch keine zufriedenstellende Antwort erhalten können. Worauf sich alle einigen können, ist jedoch, dass es keinesfalls die Bestimmung der Geister ist, hier auf Erden zu wandeln.

Obwohl ich katholisch bin, glaube ich an die Wiedergeburt. Solange ein Geist erdgebunden bleibt, kann sich die Seele weder spirituell noch emotional weiterentwickeln und die höhere Bewusstseinsstufe erreichen, die – da bin ich mir ganz sicher – uns erwartet, sobald wir ins Licht schreiten. Die Geister, die auf unserer Erde festsitzen, können den Lebenden keinesfalls helfen und wissen auch nicht mehr als wir über das, was hinter der Grenze liegt.

Was uns im Licht erwartet

Ich zögere niemals, das weiße Licht für die Geister zu erschaffen, die ihre Chance verpasst haben, ins Jenseits überzuwechseln. Schließlich umgibt das Licht zum Zeitpunkt des Todes jeden Menschen. Doch was gibt mir das Recht, diese Entscheidung zu treffen? Meiner festen Überzeugung nach ist es meine Bestimmung, Verstorbenen den Übergang zu ermöglichen, damit eine höhere Macht die Entscheidung treffen kann, was danach mit ihnen geschehen soll. Nachdem der Geist im Jenseits ist, lasse ich das Licht wieder verschwinden. Sollten sie in den Himmel oder an einen anderen schönen Ort kommen, umso besser. Müssen sie aber in die Hölle, will ich mit Sicherheit nicht diejenige sein, die ihnen ein Hintertürchen offen lässt, durch das sie wieder zurückkehren können. Soweit es mich betrifft, ist der Weg ins Licht eine Einbahnstraße! Da ich es noch nie erlebt habe, dass ein Geist aus dem Licht zurückgekehrt wäre, nehme ich an, dass auch sie nicht genau wissen, wo die Reise hingehen wird. Wenn sie auch gute Gründe haben, eine Bestrafung zu fürchten, und wie viel Kraft es mich auch kostet, sie zu überreden – sobald sich die Geister einmal entschlossen haben, ins Licht zu treten, gehen sie bereitwillig.

Ich kann mich beispielsweise an die zutiefst beunruhigende Begegnung mit einem verurteilten Mörder erinnern, den ich ins Licht schickte. Die Frau, die mit mir Kontakt aufgenommen hatte, lebte in einem sehr vornehmen Haus in einem wohlhabenden Wohnviertel in der Nähe von Chicago. Sie war Antiquitätenhändlerin und äußerte die Vermutung, Geister in ihrem Heim zu haben. Was nicht unwahrscheinlich war: Geister sind oft an besonders wertvolle Möbelstücke, Juwelen oder Sammelobjekte gebunden. Es überraschte mich deshalb nicht, dass ich in ihrem viktorianischen Gebäude auf sechs Geister von Männern und Frauen unterschiedlichen Alters stieß. Sie alle waren mit Antiquitäten gekommen, die die Eigentümerin ersteigert hatte. Keiner der Geister kannte die Frau persönlich, und alle gingen bereitwillig ins Licht.

Nachdem die sechs verschwunden waren, bemerkte ich einen weiteren Geist, der lauernd in einer Ecke des Esszimmers stand und mich anstarrte. Als ich seinen Blick sah, lief es mir eiskalt den Rücken hinunter. Ich muss gestehen, dass ich äußerst beunruhigt war. Selbst die Hausbesitzerin spürte die Spannung, die in der Luft lag.

»Es ist noch jemand hier, nicht wahr?«, fragte sie.

Ich warf einen weiteren Blick auf den Mann in der Ecke. Er war groß und sehr dünn. Sein ungekämmtes Haar fiel in langen Strähnen über seine Stirn. Er trug eine seltsame Aufmachung, die an eine Mischung aus Pyjama und Uniform erinnerte. Am meisten verunsicherte mich der unbarmherzige Blick, mit dem er mich anstarrte. Seine Augen hatten eine seltsame blaue Farbe und schienen frei von Gefühl oder Wärme zu sein.

»Ja, es ist noch jemand hier«, antwortete ich. »Und das gefällt mir gar nicht.«

»Wer ist es?«, fragte die Frau nervös.

Der Geist blinzelte zum ersten Mal. Ein Lächeln erschien auf seinem Gesicht, was ihn jedoch nicht freundlicher erscheinen ließ.

»Sie weiß, wer ich bin«, sagte er. »Jeder kennt Harold Blakely.«

Nun, ich für meinen Teil hatte noch nie etwas von Harold Blakely gehört, wollte diesem offensichtlich größenwahnsinnigen Kerl aber auch nicht widersprechen. Also nickte ich.

»*Sagen Sie es ihr*«, forderte er mich auf und deutete auf die Frau, die mir gegenübersaß. »Sagen Sie ihr, dass ich hier bin.«

»Was ist los?«, fragte die Frau, sichtlich beunruhigt über mein Schweigen.

»Ich glaube, dass er geistig etwas labil ist«, sagte ich. »Trotzdem behauptet er, dass Sie ihn kennen.«

Ich sagte ihr seinen Namen. Sie zuckte erschrocken zusammen.

»Himmel … also kennen Sie ihn?« Ich war verblüfft.

Die Frau nickte. Ihre und Harolds Mutter waren befreundet gewesen, als ihre Familie noch in Kentucky gelebt hatte. Nach dem Umzug waren die beiden in ständigem Kontakt geblieben. Nachdem die Frau das College abgeschlossen hatte, wollten die Mütter sie und Harold miteinander verkuppeln.

Ich ließ meinen Blick von der eleganten, erfolgreichen Frau, die mir gegenübersaß, zu der unheimlichen Gestalt in der Ecke wandern und hob erstaunt die Augenbrauen.

Die Frau nickte verstehend. Sie hatte sich tatsächlich einverstanden erklärt, sich mit Harold zu treffen. Doch dieses eine Mal hatte ihr gereicht. Harold hatte sie zu Tode erschreckt, obwohl sie nicht genau sagen konnte, weshalb. Danach hatte sie kein einziges Wort mehr mit ihm gewechselt.

»Ich habe meinen Instinkten vertraut – was mir wahrscheinlich das Leben gerettet hat.«

Das verstand ich nicht und sah sie dementsprechend verwirrt an.

»Erinnern Sie sich nicht an den Kerl, der vor fünfzehn Jahren seine Mutter umgebracht, zerstückelt, gekocht und aufgegessen hat?«, fragte sie.

Ich konnte nicht anders – ich musste mich zu dem Geist umdrehen.

Er starrte mich weiter mit diesen fürchterlichen, ausdruckslosen Augen an. »Meine Mutter hatte nichts dagegen«, sagte er ruhig.

Die Frau erzählte mir den Rest der Geschichte, wobei Harold immer wieder ergänzende Bemerkungen machte. Den Rest seines Lebens hatte er in einer Anstalt für kriminelle Geisteskranke verbracht, bis er sich vor wenigen Jahren erhängt hatte. Seitdem befand er sich in diesem Haus.

»Seit ich hier bin, hat sie sich mit keinem anderen Mann getroffen«, sagte er zufrieden.

Ich hatte keine Ahnung, wovon er redete, doch als ich diesen Kommentar an die Frau weitergab, lachte sie trotz der bedrückenden Umstände auf.

»Sie haben gerade herausgefunden, warum mich schon lange kein Mann mehr zu einer zweiten Verabredung eingeladen hat«, sagte sie.

Normalerweise frage ich nach, bevor ich den Geist ins Jenseits schicke. Doch in Harolds Fall wusste ich genau, was ich zu tun hatte. Seine Zeit auf Erden war definitiv abgelaufen. Trotzdem spukten einige Fragen in meinem Kopf herum: Würde er seine Mutter im Licht wiedersehen? Würde sie dann Angst vor ihm haben? Wütend sein? Ihm vergeben? Ich wusste es nicht. Alles, was im Augenblick zählte, war, dass Harold verschwinden und das Leben dieser Frau nicht noch weiter zerstören konnte. Also sagte ich ihm, dass ihn seine Mutter gerne wiedersehen würde, und schickte ihn ins Licht.

Man kann mich jetzt natürlich dafür kritisieren, dass ich einen unbarmherzigen Mörder ins Jenseits geschickt habe. Aber das ist nun mal mein Job. Wer bin ich, dass ich darüber urteilen könnte? Es gibt ja schließlich keine Regeln dafür, welche erdgebundenen Geister ins Licht treten dürfen und welche nicht, also habe ich gezwungenermaßen meine eigenen Grundsätze aufgestellt. Und einer davon lautet, dass jeder Geist die Gelegenheit haben sollte, diese Erde zu verlassen.

Allein um mein Gewissen zu beruhigen, muss ich daran glauben, dass es eine höhere Macht am Ende des Lichts gibt, die entscheidet, was mit den Geistern geschieht, nachdem sie dort angelangt sind. Vor dem Licht sind alle gleich, Mörder, Kriminelle, Lügner und Diebe genauso wie reizende alte Großmütter und unschuldige Kinder. Doch ich bezweifle, dass sie danach alle zu demselben Ort gelangen werden.

Wie und wann ich das Licht erscheinen lasse

Natürlich spaziere ich nicht einfach umher und lasse das Licht willkürlich erscheinen. Üblicherweise werde ich um Hilfe gebeten, wenn es um ganz bestimmte Probleme geht – so etwa Krankheiten, Fehlfunktionen von Haushaltsgeräten oder endlose Streitereien in einer Partnerschaft. Da ich von Ferne beurteilen kann, ob ein Geist dahintersteckt oder nicht, weiß ich, wann ich in Aktion treten und den Betroffenen die Möglichkeit geben muss, mit ihrem Geist zu reden. Sie wollen Bestätigung erhalten, dass es wirklich ein Geist war, der die Sparbücher oder Autoschlüssel verlegt oder die ständigen Probleme mit der Heizung, dem Stromnetz oder dem Wagen verursacht hat. Manchmal kennen die betreffenden Personen den Geist persönlich – in den meisten Fällen ist das jedoch nicht der Fall.

Nachdem meine Klienten ihre Fragen gestellt haben, bitte ich sie um Erlaubnis, den Geist ins Jenseits schicken zu dürfen. Die meisten Menschen sind natürlich sehr froh über die Aussicht, wieder ihr alltägliches Leben führen zu können, also beschwöre ich das Licht herauf, genau wie es mich meine Großmutter gelehrt hat, und lasse die Geister hindurchgehen. Es ist so, als würde jemand in einem sehr grell ausgeleuchteten Tunnel verschwinden. Manche gehen langsam, andere rennen, manche winken mir noch einmal zu, und einige schwierige Fälle haben sich sogar die Frechheit herausgenommen, mir den Finger zu zeigen. Sobald ich ihre Gestalten nicht mehr erkennen kann, schließe ich das Licht. So einfach ist das meistens. Aber manchmal kann das Ganze auch sehr kompliziert sein.

Am Anfang hatte ich noch kein Verständnis dafür, warum manche Geister erdgebunden bleiben und wie man sie überzeugen kann, ins Licht zu treten. Ich ließ einfach das Licht erscheinen, deutete auf meine Großmutter und sagte: »Oma will, dass Sie jetzt gehen.« Damals kam es nicht selten vor, dass die Geister daraufhin den Kopf schief legten. »Ist sie nicht süß? Sie erzählt ihrer Oma, was ich sage.« Diese Geister redeten in dem herablassenden Ton mit mir, von dem manche Menschen glauben, dass er bei Kindern angebracht wäre. Andere waren verwirrt. Es war zwar offensichtlich, dass ich sie sehen konnte, doch weshalb hätten sie Anweisungen von einem Kind entgegennehmen sollen? Erst ein Blick auf meine Großmutter ließ sie gehorchen. Um ehrlich zu sein, kann ich mich an keinen Geist aus meiner Kindheit erinnern, der sich geweigert hätte, ins Licht zu gehen.

Als Teenager regten mich Geister, die Widerspruch einlegten, immer tierisch auf. Ich bildete mir viel auf meine damals schon jahrelange Erfahrung ein. Jeder, der einmal mit Teenagern zu tun hatte, weiß, dass sie immer hundertprozentig davon überzeugt sind, das Richtige zu tun. Genauso war es mit mir – ich wusste stets genau, was das Beste für den Geist war. Erst als ich reifer wurde, begriff ich die vielen, oft sehr komplizierten Beweggründe, die einen Geist dazu veranlassen, im Diesseits zu verweilen. Ich musste lernen, sture Geister zu manipulieren, um ihnen meinen Willen aufzwingen zu können.

Inzwischen kann ich das weiße Licht vorzüglich kontrollieren. So bin ich in der Lage, es so lange erscheinen zu lassen, um auch mehrere Geister hindurchschleusen zu können. Ich kann es größer und kleiner werden lassen, und außerdem bin ich inzwischen viel geübter darin, einen zögernden Geist zu überreden, die Schwelle zu überschreiten – oder es ihm zu befehlen. Ich glaube, dass mich jüngere Geister als Respektsperson betrachten, während die älteren mich als gleichrangig beurteilen. Die meisten gehen dann auch freiwillig.

Manchmal soll ich einer bestimmten Person eine Botschaft übermitteln – was jedoch in den meisten Fällen schlechterdings unmöglich ist. Aus verständlichen Gründen weigere ich mich, jemand wildfremden anzurufen und ihm zu erzählen, dass ich eine Nachricht von einem Geist hätte. Wenn diese Nachrichten jedoch eine Straftat betreffen, leite ich sie an die zuständigen Behörden weiter. Das Wichtigste jedoch ist, dass der Geist das Jenseits erreicht – auch wenn ab und an eine kleine Notlüge vonnöten ist, um ihn dazu zu bewegen. Manchmal ist der Empfänger dieser Nachrichten seit vielen Jahren tot. Dann sage ich dem Geist, dass es einfacher wäre, wenn er ins Licht treten und die Nachricht selbst überbringen würde.

Sobald die Geister die schockierende Tatsache, dass ich sie sehen und hören kann, verarbeitet haben, sind sie sehr dankbar für die Gelegenheit, das Diesseits verlassen zu können. Meistens muss ich der Person, die mich gerufen hat, ihren Dank übermitteln. Manchmal drücken sie ihre Wertschätzung auch nur durch einen letzten freundlichen Blick aus.

Es ist erstaunlich, dass Geister auch beim Betreten des Lichts die Verhaltensweisen lebender Menschen an den Tag legen. Damen wird der Vortritt gelassen, und Kinder werden an die Hand genommen, um sie sicher hinüberzuleiten. Einmal weigerte sich ein alter Rassist, gemeinsam mit einem Menschen anderer Hautfarbe das Licht zu betreten. Gesetzestreue Bürger wollen das Licht nicht mit Ganoven und Kriminellen teilen. Solche Situationen löse ich dadurch, dass ich das Licht erscheinen, wieder verschwinden und erneut erscheinen lasse.

Das weiße Licht zu schaffen, stellt für mich weder eine körperliche Anstrengung noch eine besondere Schwierigkeit dar. Nur wenn ich es für eine sehr lange Zeit erscheinen lassen muss, kann sich eine gewisse geistige Erschöpfung einstellen. Vor einigen Jahren wurde ich zu einem der vielen altehrwürdigen Theatergebäude in Cleveland gerufen. Theater sind immer ein bevorzugter Aufenthaltsort von Geistern, seien es die von Bühnenarbeitern, die ihren Arbeitsplatz nicht verlassen wollen, Darstellern, die nicht aus dem Scheinwerferlicht treten wollen, aufstrebenden Jungschauspielern, die immer noch auf ihren großen Durchbruch warten, oder Gästen, die den freien Eintritt zu jeder Premiere genießen. Wenn es sich also um ein Theater handelt, richte ich mich von vornherein auf eine ganze Armee von Geistern ein.

Ich verbrachte den ganzen Morgen damit, das Licht in drei- bis vierminütigen Abständen zu erschaffen. Glücklicherweise waren die meisten der Geister durchaus zur Zusammenarbeit bereit. Das Theater hatte seine großen Tage lange hinter sich und würde bald renoviert werden. Auch der Großteil der Geister hatte begriffen, dass ihre Zeit abgelaufen war. Männer mit Zylindern und Frauen in weiten Abendkleidern gingen an mir vorbei. Manche musste ich sogar ein paar Minuten vertrösten, um wieder Kräfte zu sammeln. Als der Abend angebrochen war, war ich erschöpft und das Theater leer.

Bei einem Auftrag dieser Größenordnung habe ich nicht die Zeit, mich mit den Geistern zu unterhalten, doch natürlich bemerke ich – wie in jeder Menschenmenge – einige auffällige Personen. Einige Monate später wurde ich in einen weiteren dieser alten Schauspielsäle gerufen. Amüsiert und mit Überraschung erkannte ich einige der Geister. Sie waren schon im anderen Theater gewesen. Offensichtlich hatten sie sich entschieden, einfach das Etablissement zu wechseln, anstatt ins Jenseits zu treten.

Wenn Geister nicht ins Jenseits können – oder wollen

Es gibt natürlich auch Fälle, in denen sich weder der Hausbesitzer noch der Geist besonders kooperativ verhalten. Nicht nur einmal erschien ich zu einem vereinbarten Termin, nur um mir von dem Eigentümer des Hauses sagen zu lassen, dass er seinen Geist lieber behalten würde. Diese

Einstellung ist mir völlig unverständlich. Die Menschen rufen mich um Hilfe, weil ihnen irgendetwas in ihrer Umgebung Probleme bereitet. Die Entscheidung, die Energie, die diese Schwierigkeiten verursacht, weiter um sich haben zu wollen, ist schlicht und einfach töricht. Genau wie die Annahme, man könne von Geistern »Hilfe« oder sogar »spirituelle Anleitung« erhalten.

Wenn der Eigentümer des Hauses den Geist nicht aufgeben will, verzichte ich darauf, das weiße Licht zu erschaffen, weil ich die freie Willensentscheidung der Lebenden und der Toten akzeptiere, selbst wenn sie für die Menschen bedeutet, dass sie sich ihr eigenes Leben durch einen Geist in ihrer Nähe unnötig schwer machen.

Ich wiederhole noch einmal in aller Deutlichkeit: Geister, die wirklich die Schwelle überqueren wollen, müssen einfach nur eine Beerdigung aufsuchen. Dort werden sie das weiße Licht des soeben Verstorbenen vorfinden. Ich hoffe, dass viele Geister diesen Rat befolgen und sich so vom Diesseits lösen werden.

Dann gibt es natürlich noch die Geister, die überhaupt kein Interesse daran haben, unsere Welt zu verlassen. Zum Großteil handelt es sich dabei um Geister, die einen Groll gegen jemanden oder etwas hegen – und das oft schon seit Jahrzehnten. Diese Geister sind sich der Probleme, die sie verursachen, sehr wohl bewusst. Es scheint sich bei ihnen eine gewisse Befriedigung einzustellen, wenn sie das Leben bestimmter Menschen ebenso zur Hölle machen können wie ihre eigene Existenz.

Ich erinnere mich an eine Familie, die sehr unter dem Groll litt, den ein Verstorbener gegen seinen noch lebenden Bruder hegte. Als ich ihnen zu Hilfe eilte, wurden sie bereits schon seit Jahren von mysteriösen Vorfällen gepeinigt, die besonders die Söhne der Familie und ihre Fahrzeuge in Mitleidenschaft zogen. Es waren fünf Brüder, von denen jeder einzelne schreckliches Pech mit seinen Autos hatte: elektronische Fehlfunktionen, mechanische Defekte und auffällig viele Blechschäden. Ihr Vater rief mich an, da vier der fünf Jungen innerhalb kürzester Zeit sehr schwere Unfälle gehabt hatten. Nach und nach gaben die Söhne zu, dass sie kurz vor der Kollision aus den Augenwinkeln einen jungen Mann auf der vorher leeren Rückbank gesehen hatten. Und was noch seltsamer war: Sie alle stimmten darin überein, dass die Erscheinung große Ähnlichkeit mit ihrem Vater gehabt hatte, als dieser im Teenageralter gewesen war.

»Ob es mein jüngerer Bruder ist?«, fragte mich der Vater am Telefon. »Er ist doch schon seit vierzig Jahren tot.«

Ich besuchte die Familie in ihrem Haus. Der Vater war etwa sechzig Jahre alt, und seine »Jungen« waren im Alter von fünfunddreißig bis einundzwanzig. Außerdem bemerkte ich einen sehr mürrisch dreinblickenden Geist, der etwa achtzehn oder neunzehn sein musste. Ich fragte den Vater, wie sein Bruder gestorben war.

»Er war achtzehn und ich einundzwanzig«, sagte er. »Wir lieferten uns ein Wettrennen, als sich sein Wagen überschlug und gegen einen Baum prallte. Ich hätte das niemals zulassen dürfen.«

Der Geist schüttelte angewidert den Kopf.

»Er dachte immer, er wäre besser als ich«, sagte der Geist verächtlich. »Aber ich hätte das Rennen nach allen Regeln der Kunst gewonnen, wenn er nicht das Steuer herumgerissen und versucht hätte, mich von der Straße zu drängen.«

»Er sagt, dass Sie ihn von der Straße drängen wollten«, wiederholte ich.

Das Gesicht des Mannes verzog sich. »Ich erinnere mich, dass das Auto ausbrach«, sagte er und schloss die Augen. »Ich dachte, ich würde die Kontrolle darüber verlieren, aber ich konnte es gerade noch abfangen. Als ich schließlich zum Stehen kam, war Joes Auto bereits gegen den Baum gekracht.«

Er öffnete die Augen und sah mich an. »Ich hätte ihn niemals fahren lassen dürfen.«

Der Geist grunzte verächtlich. »Man könnte zumindest erwarten, dass er sich dafür entschuldigen würde, seinen einzigen Bruder umgebracht zu haben.«

Offensichtlich war der überlebende Bruder selbst nach all den Jahren und dem Unglück, das der Geist über die Familie gebracht hatte, schrecklich geknickt über den Todesfall. Der Geist dagegen war so verstockt und von Hass auf seinen Bruder und seine Neffen erfüllt, dass er wohl niemals aufhören würde, ihnen Kummer zu bereiten.

Er wollte auf keines der Argumente eingehen, mit denen ich versuchte, ihn ins weiße Licht zu locken. Also wandte ich meine Aufmerksamkeit der Familie zu. Nachdem ich absolut sicher bin, dass sich kein Geist mehr in einem Haus befindet, überreiche ich meinen Klienten üblicherweise spezielle Quittensamen von meinen Verwandten aus Italien. Die Samen der Quitte, einer Frucht, die mit dem Apfel und der Birne verwandt ist, werden von meinen Verwandten mit Energie aufgeladen – bis heute ist es mir jedoch leider nicht gelungen, herauszufinden, wie sie dies bewerkstelligen. Wenn man diese Samen an Türstöcken befestigt, hindert man einen Geist daran, ein Haus erneut zu betreten. Umgekehrt wirken sie jedoch genauso gut,

und jeder anwesende Geist wäre für alle Ewigkeit eingesperrt. Man sollte die Macht dieser Samen also nicht un-
terschätzen. Später werden Sie noch mehr über ihren Gebrauch erfahren.

Sobald geklärt war, dass der rachsüchtige Teenager nicht
freiwillig ins Licht gehen würde, verteilte ich Quittensamen
unter den Anwesenden. »Tragen Sie sie ständig bei sich –
wie einen Talisman«, erklärte ich. »Sie werden Sie vor der
negativen Energie des Geistes beschützen.«

»Sie können mich nicht davon abhalten, ihre Leben zu
zerstören. Genau wie sie meins zerstört haben.«

Trotz seiner Wut beachtete ich ihn nicht weiter. Da ich
selbst rebellische Teenager großgezogen habe, wusste ich
ziemlich genau, was als Nächstes passieren würde. Fast hätte
mir der arme Junge sogar leidgetan. Schließlich hatte er
mit ansehen müssen, wie sein Bruder erwachsen geworden war und eine Familie gegründet hatte, etwas, das ihm
selbst nie vergönnt gewesen war. Kein Wunder, dass er darüber verbittert wurde.

Der Geist warf mir eine Reihe von Kraftausdrücken an
den Kopf, die ich hier unmöglich wiedergeben kann, riss
die Tür auf und stürmte aus dem Haus. Er ließ die Tür so
heftig ins Schloss fallen, dass sie in ihren Angeln erzitterte.
Sie haben es sicher schon erraten – im Handumdrehen
hatten wir jeden Eingang zum Haus mit Quittensamen ge-
sichert.

Manchmal frage ich mich, ob er immer noch irgendwo
herumspukt. Ich glaube nicht, dass er meinen Rat beher-
zigt und eine Beerdigung aufgesucht hat, um im weißen
Licht des Verstorbenen die Schwelle zu überschreiten.

Das weiße Licht ist für alle da

Am Ende des Lebens wartet das weiße Licht auf alle Kreaturen – egal, ob Mensch oder Tier. Ich arbeite schon so lange mit dem Licht, dass ich seine schützenden und mildtätigen Kräfte sehr zu schätzen gelernt habe. Ich glaube fest daran, dass jede Seele, die ich ins Licht schicke, die nächste Etappe ihrer langen Reise antreten kann. Natürlich weiß ich nicht, ob die Verdammnis oder das Paradies auf diejenigen wartet, die ins Licht treten. Trotzdem ist es eine mächtige Quelle der Kraft und Zuversicht für diejenigen, die dem Tod nahe sind. Ich weiß, dass die Geister, die die Schwelle überqueren – »zum Licht werden« und wieder in der Blüte ihrer Jahre erscheinen.

Für mich persönlich ist das weiße Licht ein zentraler Bestandteil meiner Arbeit, und genau wie es mich meine Großmutter gelehrt hat, habe ich auch meiner Tochter Tara, die ebenfalls mit erdgebundenen Geistern kommunizieren kann, beigebracht, wie man es herbeiruft. Ich selbst habe nie versucht, ins Licht zu treten. Zum einen weiß ich, dass ich als lebendiges Wesen nicht dorthin gehöre. Zum anderen ist das Licht ein reines Energiephänomen, das ich, da ich aus Materie bestehe, überhaupt nicht betreten könnte. Obwohl es den Lebenden unmöglich ist, durch das Licht in die Geisterwelt hinüberzuwechseln, können sie doch von seiner schützenden und heilenden Macht profitieren. In Kapitel 13 werde ich näher auf die Fähigkeit des Lichts, einen Schutz vor schädlichen und negativen Energien zu bieten, eingehen.

4 WARUM MANCHE SEELEN ERDGEBUNDEN BLEIBEN

Und wie ich sie überzeugen kann,
die Schwelle zu überqueren

Sobald eine Seele ihren Körper verlässt, ist es ihre Bestimmung, ins Licht zu treten. Jeder erdgebundene Geist, mit dem ich gesprochen habe – von kleinen Kindern bis zu alten Menschen, von Universitätsprofessoren bis hin zu eher einfach gestrickten Zeitgenossen –, weiß, dass er im Licht geliebte Menschen wiedersehen wird, die an jenem unbekannten Ort weitab von unserer Welt auf ihn warten. Doch das Wissen darüber, dass sie diese Erde verlassen und auf eine neue Existenzebene wechseln sollten, bedeutet noch lange nicht, dass sie das auch tun.

Erdgebundene Geister verlieren nichts von der Individualität, die sie auch zu Lebzeiten besaßen, und viele haben gute Gründe, das Jenseits nicht zu betreten. Man kann dieses Verhalten gutheißen oder nicht – meiner Erfahrung nach sind ihre Beweggründe wenigstens für sie immer logisch und einleuchtend.

Es gibt viele Gründe für einen Geist, erdgebunden zu bleiben. Viele entscheiden sich aus freien Stücken dafür, einige wenige jedoch hatten die feste Absicht, ins Licht zu gehen, verpassten jedoch die Gelegenheit und sind nun ratlos, wie sie es wiederfinden sollen.

Normalerweise zeigen sich die Geister, nachdem ich erst einmal mit ihnen geredet habe, einsichtig und gehen bereitwillig ins Licht. Natürlich habe ich im Laufe der Jahre gewisse Strategien entwickelt, um auch weniger vernünftige Geister zum Aufbruch zu bewegen. Oft braucht es nicht viel mehr als ein offenes Ohr für ihre Beschwerden oder Ängste und etwas Verständnis und Zuversicht. Nach solchen Sitzungen fühle ich mich manchmal fast wie eine parapsychologische Therapeutin. Es ist natürlich im Interesse aller, wenn ein Geist – auch durch sanften Druck, wenn nötig – diese Welt verlässt. Deshalb erzähle ich den Geistern, die entweder aus guten Gründen oder einfach aus Boshaftigkeit bleiben, genau das, was sie hören wollen, um sie zu überzeugen. Zugegeben – ab und an sind auch einige kleine Notlügen vonnöten.

Manchmal übernehme ich auch die Rolle des Mittelsmannes, der den Lebenden die Wünsche oder Beschwerden des Geistes mitteilt und beiden Parteien dabei hilft, einen Kompromiss zu finden, damit der Geist in Frieden ins Licht schreiten kann.

Manche Geister müssen davon überzeugt werden, bestimmte Orte oder Dinge endgültig hinter sich zu lassen. Andere haben Angst davor, verurteilt und bestraft zu werden, und wieder andere sind anfangs davon überzeugt, dass ihre Anwesenheit für ihre Lieben hilfreich und nicht schädlich ist. Ich bin Geistern begegnet, die Rache oder Gerechtigkeit einforderten, und solche, die ein Kind oder andere Angehörige oder Freunde beschützen wollten. Wenn ich sehe, dass ein schwieriger Geist beabsichtigt, weiter im Diesseits Unruhe zu stiften, tue ich alles, was in meiner Macht steht, um ihn ins Licht zu schicken.

Trotz der vielen Geister, mit denen ich gesprochen habe – und der vielen Beweggründe, erdgebunden zu bleiben, die ich gehört habe –, kann ich nicht behaupten, alle Motive zu kennen. Im Folgenden werde ich jedoch einige häufig vorgebrachte Argumente vorstellen:

Bindung an Orte oder Gegenstände

Es kommt vor, dass Geister aufgrund ihrer starken Verbundenheit mit Orten oder Gegenständen erdgebunden bleiben. Offensichtlich haben diese Geister noch nie von dem alten Sprichwort »Das letzte Hemd hat keine Taschen« gehört. Wenn die Familien der Verstorbenen wissen wollen, warum diese das Diesseits nicht verlassen können, stellt sich oft heraus, dass sie einfach nicht von bestimmten Wertgegenständen wie etwa Juwelen lassen können und sie am liebsten mitnehmen würden – oft äußern sie den Wunsch, mit dem jeweiligen Schmuckstück begraben werden zu wollen. Tatsächlich wissen diese Verstorbenen, ob ihr Leichnam das Geschmeide trägt oder nicht. Wenn er damit begraben wird, kann ich deutlich sehen, dass auch der Geist die Halskette, den Armreif, den Ring oder die Uhr trägt. Trotz noch so deutlicher Anweisungen kommt es jedoch nicht selten vor, dass ein Familienmitglied etwa ein Diamantenarmband von Mutters Handgelenk zieht, kurz bevor sich der Sarg zum letzten Mal schließt – im Glauben, dass der Dahingeschiedene es schon nicht merken wird. Doch wenn die Diamanten im Umlauf bleiben, wird man auch ihre Eigentümerin nicht so leicht loswerden!

Andere Menschen wollen das Haus, das sie mit eigenen Händen erbaut und wo sie ihre Kinder großgezogen haben, nicht verlassen. Manche können sich ein Leben ohne den geliebten Sportwagen oder das begehrte Schmuckstück nicht vorstellen. Vielleicht ertragen sie auch die Vorstellung nicht, es in den Händen eines anderen zu sehen.

Bindung an Schmuckstücke

Ich erinnere mich an einen gewissen Sammler, der nach seinem Tod nicht nur eine, sondern gleich zwei Familien ins Unglück stürzte, weil sie in den Besitz seiner wertvollen Armbanduhren gelangt waren. Die Familien waren sehr eng befreundet. Hätte ich sie vor dem Erwerb dieser Uhren (und des daran gebundenen Geistes) kennengelernt, hätte ich es nie für möglich gehalten, dass einmal Streitigkeiten zwischen ihnen ausbrechen könnten.

Donna und Stu Johnson waren Geschwister, die gegenüber von Jeff und Maureen Wilson aufwuchsen. Die vier waren unzertrennliche Freunde, und niemand war überrascht, als sich Donna und Jeff sowie Stu und Maureen während der Highschool-Zeit näherkamen. Jeff und Stu besuchten dasselbe College, machten gemeinsam ihren Abschluss in Maschinenbau und fanden Arbeit in einer Stadt nicht weit von ihrem Geburtsort. Sie heirateten ihre Jugendlieben und wohnten, genau wie in ihrer Kindheit, einander genau gegenüber. Donna und Maureen machten ihr Hobby, das Sammeln und Ersteigern von Antiquitäten, zu ihrem Beruf und eröffneten ein kleines Geschäft in einem angesehenen Stadtviertel. In ihren Mittdreißigern standen die Paare finanziell so gut, dass sie sich entschlossen, ein Zweifamilienhaus miteinander zu teilen.

Donna und Maureen riefen mich an, da Geister in ihrem Laden Probleme verursachten. Ich nahm mir das Geschäft vor und trieb die Geister aus, die an verschiedene ersteigerte oder aus Nachlässen zusammengekaufte Möbelstücke gebunden waren.

Donna und Maureen liebten Auktionen. Bei einer Versteigerung entdeckten sie eine Sammlung von Rolex-Uhren, die aufgelöst werden sollte. Da ein runder Hochzeitstag anstand (natürlich hatten die vier auch eine Doppelhochzeit gefeiert), entschieden sie, ihren Ehemännern jeweils eine dieser alten Uhren zu schenken und boten energisch und schließlich erfolgreich auf die Stücke, die sie sich ausgesucht hatten.

Die Uhren waren etwa gleich alt, vom selben Modell und unterschieden sich nur in winzigen Details. Auf dem Nachhauseweg beglückwünschten sie sich zu ihrer Neuerwerbung. Dann bemerkte Donna, dass ihr zwar die Uhr, die sie gekauft hatte, gefiel, sie jedoch Maureens Etui schöner fand. Da es sich bei Maureen genau umgekehrt verhielt, tauschten sie die Etuis aus und überreichten die Uhren ihren Männern noch am selben Abend nach einem gemeinsamen Festessen.

Von diesem Augenblick an ging alles schief. Sie wohnten in einem Neubau, hatten jedoch plötzlich mit einer Reihe von baulichen Problemen zu kämpfen: Der Keller stand unter Wasser, die Heizung ging kaputt, und in den Decken zeigten sich Risse. Es war, als würde das neue Haus vor ihren Augen zusammenfallen. Und als ob das noch nicht genug gewesen wäre, fingen die vier Freunde auch noch an, so heftig zu streiten, dass Brüder und Schwestern sich entschlossen, zueinander zu ziehen.

Donna und Maureen betrieben ihr Geschäft jedoch weiterhin, und eines Tages fiel ihnen auf, dass sie in ihrem Laden bei Weitem nicht so wütend aufeinander waren wie in ihren eigenen vier Wänden. Also entschlossen sie sich, mich anzurufen, da sie einen Geist in ihrem Haus vermuteten.

Noch am selben Abend besuchte ich sie und entdeckte auch prompt den Unruhestifter: Es war der Geist des ursprünglichen Eigentümers der Uhren. Und er entpuppte sich als wahre Krämerseele! Nicht nur, dass er mir lang und breit erzählte, wie viel Arbeit er zeit seines Lebens in seine Sammlung investiert hatte, er äußerte auch die etwas seltsame Besorgnis, dass sich seine Uhren in den falschen Schachteln nicht wohlfühlen könnten.

»Die Seriennummern der Uhren stehen auch auf der Schachtel, müssen Sie wissen«, sagte er händeringend.

Ich wünschte, alle meine Fälle wären so einfach zu lösen. Ich musste den Frauen nur die Anweisung geben, vor den Augen des Geistes die Schachteln zu vertauschen. Dann ließ ich das Licht erscheinen, das er dann auch zufrieden betrat.

Bindung an Autos

Es kommt oft vor, dass ein Mann, der sich nicht von seinem geliebten Fahrzeug trennen kann, deshalb zu einem erdgebundenen Geist wird. Ich kann Ihnen gar nicht sagen, wie oft ich schon von einer Witwe gehört habe: »Ich schwöre bei Gott, dass er diesen Buick/dieses Oldsmobile/ diese Corvette ebenso geliebt hat wie mich.« Meistens bringe ich es nicht übers Herz, der Trauernden zu sagen, dass sie damit vollkommen Recht hat.

Einmal rief mich eine Frau an, deren Mann sie zum Wahnsinn trieb. Sie vermutete, dass er eine Affäre hatte und sie aus dem Haus ekeln wollte. Es war mehrere Male vorgekommen, dass sie, als ihr Mann gerade auf Geschäftsreise war, laute Geräusche aus der Garage gehört hatte. Als sie hinunterging, um nachzusehen, hatte das Garagentor weit offen gestanden. Einmal war sogar die Verbindungstür zwischen Garage und Haus, die sie immer abschloss, geöffnet. Eines Nachts war der Krach in der Garage so laut, dass die Frau aus lauter Angst die Polizei rief.

Als die Beamten eintrafen, war die Alarmanlage bereits aktiviert worden. Die Frau hatte sich in ihrem Schlafzimmer versteckt, als die Polizisten nach ihr riefen. Offensichtlich hatten Eingangs- und Hintertüren und auch das Garagentor sperrangelweit offen gestanden. Mit zitternder Stimme trug die Frau ihre Theorie vor: Ihr Mann wollte sie so verzweifelt aus dem Haus vertreiben und es für sich und seine Geliebte reklamieren, dass er jemandem die Schlüssel gegeben hatte, der sie erschrecken sollte, während er unterwegs war. Ich fragte sie, ob sie ihren Mann wirklich für fähig hielt, ihr etwas derart Schreckliches anzutun.

»Meine Freunde bezweifeln das und rieten mir, Sie anzurufen«, sagte sie. »Sie vermuten, dass ich einen Geist im Haus habe.«

Ihre Freunde hatten höchstwahrscheinlich Recht. Ein Geist konnte durchaus für die geöffneten Türen und den falschen Alarm verantwortlich sein – und auch für ihre Eheprobleme.

»Manchmal erkenne ich ihn überhaupt nicht wieder«, sagte sie. »Zuerst glaubte ich, er hätte eine Midlife-Crisis. Er kaufte sich ein Corvette-Cabriolet und fuhr jeden Tag damit herum. Alles drehte sich nur noch um dieses verdammte Auto. Er hat dem Wagen sogar eine neue Garage gebaut. Jetzt bin ich mir jedoch sicher, dass es nicht mehr um das Auto geht, sondern dass er mich mit einer anderen betrügt. Er ist immer ziemlich lange unterwegs, und wenn er nach Hause kommt, dann ist er immer sehr gereizt und gemein zu mir. Er bricht einen Streit vom Zaun, doch eine halbe Stunde später ist er dann wieder die Freundlichkeit in Person. Ich glaube wirklich, dass er versucht, mich in den Wahnsinn zu treiben.«

Die arme Frau war mit ihrem Latein am Ende. Leider spürte ich während unseres Gespräches keinen Geist im Haus, doch ich hatte den Eindruck, dass bis vor Kurzem einer anwesend gewesen war. Inzwischen hatte ich eine ziemlich deutliche Vorstellung von dem, was sich hier abspielte.

»Ist Ihr Ehemann im Haus?«, fragte ich sie.

»Nein«, sagte sie mit eher zorniger als trauriger Stimme. »Er fährt mit diesem verfluchten Auto durch die Gegend.«

Ich teilte ihr meine Vermutung mit: Wahrscheinlich war tatsächlich ein erdgebundener Geist die Quelle allen Übels, und bat sie, mich zu benachrichtigen, sobald ihr Mann zurück war. Meine Theorie bestätigte sich. Als sie anrief, befand sich ein männlicher Geist zusammen mit ihrem Mann bei ihr in der Küche. Ich sagte ihr, dass der Geist wahrscheinlich an das Auto gebunden war und fragte sie, ob ich mit ihm reden sollte. Sie willigte ein.

Als ich ankam, erwarteten sie mich schon an der Tür. Ihr Mann wirkte sehr charmant, war entspannt und sehr freundlich. Während seine Frau in die Küche ging, um Kaffee zu kochen, nahm er mich beiseite und erklärte mir, dass er alles tun würde, um seine Frau davon zu überzeugen, dass er keine Affäre hatte. Er war sehr wütend darüber, dass sie ihm nicht vertraute. »Ich schwöre Ihnen, dass ich mich nie mit einer anderen einlassen würde«, sagte er und erzählte mir seine Version der Geschichte. Er hatte eigentlich vorgehabt, mehr Zeit mit seiner Frau zu verbringen und deshalb versucht, sie zu überreden, ihn auf seinen Spritztouren zu begleiten. Doch sie wollte nichts mit seinem Wagen zu tun haben. »Sie hasst ihn richtiggehend«, sagte er und musste zugeben, dass die feuerrote Corvette, sein ganzer Stolz, zu einem ständigen Zankapfel zwischen ihnen geworden war.

Während ich ihm zuhörte und bestätigend nickte, ließ ich den Geist, der hinter ihm in der Küchentür stand, nicht aus den Augen. Er erinnerte mich an einen Playboy aus einem Siebzigerjahre-Film: lockiges Haar, das ihm bis zum Kragen reichte, eine Lederjacke über einem weißen Hemd, das fast bis zum Bauchnabel offen stand, und eine Pilotenbrille. Äußerst aufschlussreich, dass sich gerade so einer zwischen den Mann und seine Frau gedrängt hatte.

»Er liebt das Auto genau so sehr wie ich«, erzählte mir der Geist, als wir zur Frau in die Küche gingen.

Während wir am Küchentisch saßen, lehnte der Geist lässig am Türrahmen gelehnt und plapperte in einem fort drauflos. Es dauerte nicht lange, und ich wusste genau, dass er für die Probleme des Ehepaars verantwortlich war. Er war der Vorbesitzer des Wagens gewesen – und seine Frau hatte ihn ebenfalls gehasst. Als er plötzlich verstarb, musste er voll Zorn mit ansehen, dass seine Frau als Erstes seine geliebte Corvette verkaufte. Zwar bemerkte er mit Genugtuung, dass sich der neue Besitzer sehr liebevoll um das Auto kümmerte, war jedoch der Meinung, dass seine Frau zu viele Ähnlichkeiten mit seiner Witwe hatte – sie konnte einfach nicht verstehen, dass ein solcher Wagen eben besondere Aufmerksamkeit verdiente.

Selbst nachdem ich den beiden alles erzählt hatte, spürte ich, dass die Frau noch nicht völlig davon überzeugt war, dass ihr Mann keine Affäre hatte. Also fragte ich den Geist, weshalb er sie terrorisierte, statt einfach nur die Fahrten mit dem Mann zu genießen.

»Einer Freundin gestand sie, wie sehr sie es bedauert, dass ihr Mann dieses Auto gekauft hat, und dass sie ihn vor die Wahl stellen würde: entweder sie oder der Wagen. Ich wusste natürlich genau, dass ihr Mann sich für sie entscheiden würde. Also muss sie gehen.«

Der Frau fiel die Kinnlade herunter. »Das habe ich *tatsächlich* einer Arbeitskollegin erzählt.« Sie wandte sich ihrem Mann zu. »Hat er Recht?«, fragte sie. »Würdest du dich wirklich für mich entscheiden?«

Der Mann nickte und umarmte sie. Ich fragte sie, ob ich den Geist für sie austreiben sollte, und sie nickten eifrig.

Um die Wahrheit zu sagen, hatte ich erwartet, dass der Geist nicht so leicht davon zu überzeugen wäre, das Jenseits zu betreten – besonders angesichts der Tatsache, dass er es gewesen war, der die Türen geöffnet und den Alarm ausgelöst hatte. Doch solche Aktivitäten kosten einen erdgebundenen Geist eine Menge Energie, und bald sah er ein, dass es ihm trotz aller Anstrengung nicht gelungen war, das Paar auseinanderzutreiben. Sobald ich das Licht erscheinen ließ, ging er friedlich hinein.

Ein paar Wochen später erfuhr ich, dass das Ehepaar sich ausgesprochen hatte und die Frau versuchte, die Begeisterung ihres Mannes für seinen Sportwagen zu teilen. Sie waren gerade von einem Corvette-Clubtreffen gekommen, und die Frau gab zu, die Heimfahrt genossen zu haben – ohne unliebsame Passagiere!

Bindung an Orte

Erdgebundene Geister hegen manchmal starke Gefühle für einen bestimmten Ort und können sehr ungemütlich werden, wenn »ihr« Platz nicht nach ihren Vorstellungen gepflegt und erhalten wird.

Eine Frau hinterließ mir einmal eine Nachricht auf dem Anrufbeantworter: Sie wurde von einem *Bett* heimgesucht. Neugierig rief ich zurück. Sie arbeitete als Innenarchitektin und war auf der Suche nach einigen besonderen Möbelstücken für einen Auftraggeber gewesen. Obwohl ich keinen erdgebundenen Geist in ihrer Umgebung spüren konnte, wollte ich mir ihre Geschichte doch anhören.

Die Frau erzählte, dass sie nach einigen antiken Möbeln Ausschau gehalten hatte, als sie ein wunderschönes Himmelbett aus Mahagoni mit geschnitzten Pfosten und einem mit Fransen besetzten Baldachin entdeckt hatte. »Ich musste dieses Bett einfach haben«, sagte sie. »Nicht für meinen Klienten, sondern für mich selbst – obwohl so etwas normalerweise überhaupt nicht mein Geschmack ist.«

Kurz nachdem sie das Bett erworben hatte, ließ sie die Tatsache, dass sie das dazugehörige Nachtkästchen nicht ebenfalls gekauft hatte, nicht mehr los. Wie unter Zwang ging sie zu dem Antiquitätenhändler zurück, nur um zu erfahren, dass das Kästchen bereits verkauft war. »Ich dachte ernsthaft darüber nach, den neuen Eigentümer ausfindig zu machen«, gab sie zu. »Andererseits bemerkte ich, dass sich die ganze Sache zu einer regelrechten Obsession auswuchs.«

Stattdessen tapezierte sie ihr Schlafzimmer in einem zarten Blumenmuster, das sie vorher nie im Leben ausgesucht hätte. Außerdem erstand sie einen geflochtenen Läufer und einen Schaukelstuhl. Trotzdem musste sie ständig an dieses Nachtkästchen denken. Einige Wochen später schaute sie wieder bei dem Antiquitätenhändler vorbei – und da stand es! Wie sie erfuhr, hatte sich die Frau, die es erstanden hatte, bitter darüber beschwert, dass es nicht zu ihrer übrigen Einrichtung passte und was für ein großer Fehler es gewesen war, es überhaupt gekauft zu haben. »Schließlich hatte er die Klagen der Frau sattgehabt und ihr das Geld dafür zurückgegeben. Überglücklich nahm ich das Nachtkästchen noch am selben Tag mit nach Hause.«

»Dann wurde es wirklich merkwürdig«, fuhr sie fort. »Sobald ich das Zimmer fertig eingerichtet hatte, hielt ich es dort nicht mehr aus. Jedes Mal, wenn ich den Raum betrete, bekomme ich grässliche Kopfschmerzen. Alle Bekannten, die mich besuchen, finden das Zimmer ganz reizend, doch bis jetzt hat noch niemand eine angenehme Nacht darin verbracht.«

Da die Frau über ihr Mobiltelefon mit mir sprach, bat ich sie, mich von zu Hause aus anzurufen, damit ich zweifelsfrei feststellen konnte, ob sich ein Geist dort befand – und so war es auch. Die Frau bat mich, so schnell wie möglich vorbeizukommen, um der Sache auf den Grund zu gehen.

Das kleine Gästeschlafzimmer im zweiten Stock stand in krassem Gegensatz zu ihrem sonst mit eleganten Möbeln und kräftigen Farben wunderschön und modern eingerichteten Haus. Das Gästezimmer mit seiner Blümchentapete, dem Himmelbett und dem Nachtkästchen samt Spiegel schien direkt aus einem Einrichtungskatalog der Zwanzigerjahre des vorigen Jahrhunderts zu stammen.

Es überraschte mich nicht, den Geist einer zierlichen alten Frau im Schaukelstuhl sitzen zu sehen. Sie hatte ihr weißes Haar zu einem Dutt geflochten, lächelte selbstzufrieden und sah sich mit besitzergreifendem Blick um. »Was sie mit dem Rest meines Hauses angestellt hat, ist wirklich *entsetzlich*«, sagte der Geist. »Aber wenigstens hat sie *mein* Zimmer annehmbar eingerichtet.«

Ich fragte die Innenarchitektin, was sie über die Geschichte des Hauses wusste. Sie und ihr Mann hatten es von dem letzten überlebenden Neffen derjenigen Frau gekauft, die es einst besessen hatte. »Wir sind erst die zweite Familie, die hier lebt«, sagte sie. »Sie hätten das Haus mal sehen sollen, als wir eingezogen sind … ich musste es praktisch von Grund auf neu renovieren.«

Der Geist richtete sich auf, umklammerte die Lehnen des Stuhls und funkelte sie wütend an. Ich hielt es für besser, das Thema zu wechseln. »Erinnern Sie sich, wie dieser Raum früher ausgesehen hat?«, fragte ich.

»Ja, da gab es so eine Blumentapete«, sagte sie nachdenklich. »Beim Ausräumen haben die Arbeiter ein altes Fotoalbum mit Bildern des Hauses aus den Zwanziger-, Dreißiger- und Vierzigerjahren gefunden.« Während sie das Album holte, unterhielt ich mich mit dem Geist. Die alte Frau war in diesem Haus geboren, aufgewachsen und auch gestorben. Zu ihrer großen Enttäuschung hatte ihr Neffe, der das Anwesen geerbt hatte, darauf verzichtet, dort einzuziehen. Stattdessen hatte er es fünf Jahre lang leer stehen lassen und schließlich zum Verkauf angeboten. Danach hatten es die Innenarchitektin und ihr Mann etwa zwei weitere Jahre lang renoviert, bevor sie eingezogen waren.

Ich fragte den Geist, was er in den letzten sieben Jahren getan hatte. Die Alte sagte, dass sie in der Nachbarschaft herumgezogen und ihr altes Heim so oft wie möglich besucht hatte. Es war eine schwere Zeit für sie gewesen. Sie hatte sich nirgendwo so richtig wohlgefühlt, und ihr Haus war nur noch ein Abglanz seiner selbst gewesen.

»Sobald sie mit der Renovierung anfingen, fühlte ich mich wieder richtig lebendig«, sagte sie. »Ich folgte ihr überallhin, sogar zum Einkaufen.«

Sobald die Arbeiten beendet waren, zog der Geist wieder mit ein. Der ständige Strom von Arbeitern und Handwerkern hatte die kleine alte Frau mit ungeheurer Energie versorgt – die sie dafür eingesetzt hatte, die neue Eigentümerin bei jeder sich bietenden Gelegenheit zu beeinflussen. Genau wie alte Ehepaare dazu neigen, die Vorlieben und Abneigungen ihres Partners anzunehmen oder sogar dessen Sätze zu beenden, können auch Geister ihre Energie dazu benutzen, Menschen, mit denen sie lange zusammen waren, für sie unmerklich zu manipulieren. Und diese reizende alte Dame hatte alle Kraft darauf verwendet, in der Innenarchitektin den unerklärlichen Zwang hervorzurufen, den Raum nach genau ihren Vorstellungen einzurichten.

Dann erschien die neue Eigentümerin mit einem alten Fotoalbum. Wir blätterten es gemeinsam durch, während mir die Frau erklärte, welche Veränderungen sie in den einzelnen Räumen hatte vornehmen lassen. Wir entdeckten ein Bild, das höchstwahrscheinlich um 1940 herum entstanden war. Die Frau erschrak, der Geist lächelte, und auch ich konnte meine Überraschung kaum verbergen. Es war eine Aufnahme des kleinen Schlafzimmers, und ich übertreibe nicht, wenn ich sage, dass wir in einem Zimmer standen, das dem Foto bis ins letzte Detail glich.

Offensichtlich war die alte Frau auch nach dem Tod nicht bereit gewesen, ihr Haus zu verlassen, und hatte nur darauf gewartet, dem Ort, an dem sie so viele glückliche Stunden verlebt hatte, noch einmal seine alte Pracht zurückzugeben. Am Ende gelang es mir mit ein wenig Überzeugungskraft, ihr zu versichern, dass es im Licht ebenso gemütlich sein würde. Als sie verschwunden war, konnte die neue Eigentümerin den Raum endlich nach ihren Wünschen gestalten.

Angst vor Verurteilung oder Strafe

Viele Geister bleiben im Diesseits, weil sie Angst vor dem haben, was sie im Licht erwartet. Diese Ängste sind nicht unbegründet. Geister, deren Leben von Gewalt und Verbrechen bestimmt war, fürchten natürlich, für ihre Taten zur Verantwortung gezogen zu werden. Andere, die Selbstmord begingen oder stark religiös waren, sind der Meinung, dass sie ihre Missetaten nicht ausreichend gesühnt und deshalb einen negativen Urteilsspruch zu erwarten hätten. Kinder dagegen wollen »keinen Ärger bekommen«, wenn sie ihre Eltern zurücklassen müssen, oder dass sie – wenn die Eltern mit ihnen gestorben sind – Schelte dafür kassieren, da sie das Licht nicht sofort betreten haben.

Diese erdgebundenen Geister empfinden also sehr menschliche Gefühle wie Reue oder Angst vor dem Unbekannten, die sie davon abhalten, ihren Frieden zu finden. Sie sind häufig am schwierigsten davon zu überzeugen, die Schwelle zu übertreten.

Selbstmörder

Vor einiger Zeit bat mich eine Frau um Hilfe, da sie vermutete, ihr verstorbener Vater wäre immer noch erdgebunden. Er hatte vor zehn Jahren Selbstmord begangen, indem er das Haus der Familie verlassen und im Winter in den Lake Erie gegangen war. Er sollte nie mehr nach Hause zurückkehren. Die Polizei fand ihn in der Nähe des Ufers. Er steckte bis zur Hüfte im Eis, als wäre er einfach in das Wasser des Sees gegangen und dort stehen geblieben.

Diese Tat gab der Frau immer noch Rätsel auf. »Wir waren eine glückliche Familie«, beharrte sie. »Mein Vater liebte meine Mutter und alle seine Kinder.«

Obwohl sie von zu Hause anrief, konnte ich keinen Geist spüren. Ich fragte sie deshalb, wieso sie vermutete, dass ihr Vater noch im Diesseits verweilen würde. Da er Selbstmord begangen hatte, hatte ihm der katholische Pfarrer ihrer Gemeinde die Sterbesakramente verweigert und verboten, ihn auf einem katholischen Friedhof zu bestatten. »Wir sind alle sehr gläubig und gehen jeden Sonntag zur Kirche«, sagte sie. »Ich mache mir große Sorgen um seinen Seelenfrieden.«

Als die Frau erwähnte, dass ihre Mutter einige Jahre nach ihrem Vater verstorben war, ahnte ich, dass sie hoffte, die beiden wären glücklich im Jenseits vereint. Ich fragte, ob sie oder eines ihrer Geschwister je von ihrem Vater geträumt hätte, da Geister, die das Licht betreten haben, oft durch Träume mit den Lebenden in Verbindung treten.

»Wir reden oft über unseren Vater«, sagte sie, »doch so etwas hat noch keiner von uns erwähnt.«

Es bestand also die Möglichkeit, dass sich ihr Vater noch im Diesseits befand. Meiner Erfahrung nach haben viele Selbstmörder Angst davor, zur Hölle zu fahren, sobald sie das Licht betreten. Ich bat die Frau, mit ihren Geschwistern Kontakt aufzunehmen. Sie sollten jeder eine Nachricht an ihren Vater mit dem Inhalt schreiben, dass er, sofern er noch anwesend war und mit ihnen reden wollte, sich zu einer bestimmten Zeit in seinem alten Haus einfinden sollte. Dann würde ich dort anrufen, um festzustellen, ob er wirklich noch da war. Der Grund für die schriftliche Kommunikation ist Folgender: Wenn man direkt mit einem Geist spricht oder einfach nur seine Anwesenheit anerkennt, versorgt man ihn mit Energie. Und je mehr Energie einem erdgebundenen Geist zur Verfügung steht, desto stärker kann er bestimmte Personen oder seine Umgebung beeinflussen.

Die fünf Geschwister waren bereit, auf meinen Vorschlag einzugehen, obwohl zwei davon die arme Frau schlichtweg für verrückt erklärten. Am vereinbarten Tag rief ich dort an und spürte sofort die Präsenz eines Geistes. Ich beschrieb den Anwesenden den großen, dunkelhaarigen Mann mit gepflegtem Bart und buschigen Augenbrauen. »Es ist Dad!«, platzte die Frau heraus und brach in Tränen aus.

Wir vereinbarten einen Termin, den sie laut wiederholte, sodass ihn auch ihr Vater mitbekam. Als ich zum besagten Zeitpunkt dort ankam, warteten bereits der Geist und drei ihrer Geschwister auf mich. Da die arme Frau zehn

Jahre lang an nichts anderes als an das Wohlergehen ihres Vaters gedacht hatte, hielt ich mich nicht lange mit Nebensächlichkeiten auf und kam gleich zum Kern der Sache. Ich fragte den Geist, weshalb er Selbstmord begangen hatte.

»Habe ich nicht«, sagte er. »Es war ganz anders.«

Er erzählte, dass er eines Abends auf der Couch eingeschlafen war. Verlegen gab er zu, dass er nach dem Essen wohl einen Brandy zu viel gekippt hatte. Da hörte er eine Stimme, die ihn rief.

»Sie klang wie die meiner Mutter«, sagte er. »Also stand ich auf und ging in die Nacht hinaus. Ich weiß nicht, ob ich schlafwandelte oder nicht recht bei Sinnen war, denn ich nahm weder eine Jacke noch eine Taschenlampe mit. Ich ging einfach zur Tür hinaus und folgte dem Klang der Stimme bis zum See hinunter.«

Er schüttelte den Kopf, als wäre er immer noch verblüfft über seine eigene Dummheit.

»Ich erinnere mich nicht daran, dass ich auf den See hinausging, an das Knacken des Eises und das Wasser darunter jedoch sehr wohl. Ich war erstaunt, da das Wasser nicht so kalt war, wie ich es erwartet hatte. Ich wollte mich nur einen Augenblick ausruhen, und dann bin ich wohl eingeschlafen.«

Er sah seine Kinder an, die schweigend auf die Fortsetzung seiner Geschichte warteten. »Sagen Sie ihnen, dass es mir leidtut. Niemals hätte ich sie oder ihre Mutter freiwillig verlassen.«

Das rief bei seinen Kindern große Erleichterung hervor. Trotzdem war seine Tochter noch besorgt. »Fragen Sie ihn, ob er glücklich ist«, drängte sie mich. »Und ob er mit meiner Mutter zusammen ist.«

Der Geist schüttelte den Kopf. »Warum sind Sie nicht ins Licht gegangen?«, fragte ich ihn.

»Ich habe die Sterbesakramente nicht erhalten«, erklärte er. »Sollte ich etwa zur Hölle fahren und meine Familie allein hier zurücklassen? Diese Wahl fiel mir nicht schwer.«

Ich fragte seine Kinder, ob sie damit einverstanden waren, dass ihr Vater diese Welt verließ. Einstimmig waren sie dafür, und ich überzeugte den Geist davon, dass er nicht in die Hölle kommen würde. Wir alle wussten, dass er nicht vorgehabt hatte, sich umzubringen. Dann ließ ich das weiße Licht erscheinen, und er sah hinein.

»Da sind meine Eltern!«, rief er. »Und meine Frau!«

Nachdem er das Licht betreten hatte, sprachen mir alle Familienmitglieder ihren Dank aus, ganz besonders die Frau, die mich angerufen hatte. »Vielen Dank«, sagte sie. »Jetzt können wir endlich in Frieden leben.«

Obwohl viele Geister Angst vor dem Unbekannten haben, das im Licht auf sie wartet, bin ich auch Geistern begegnet, die erdverbunden blieben, da sie genau wussten, wen sie dort wiedersehen würden.

Einmal wurde ich zur Beerdigung eines Mannes hinzugezogen, der im Leben der erfolgreiche Teilhaber einer Finanzdisposition gewesen war. Als ich dort ankam, fand ich den Geist todunglücklich vor. Ich fragte ihn, ob er bereit wäre, ins Licht zu treten.

»Niemals«, entgegnete er. »Ich kann ihn dort sehen.«

Ich fragte, um wen es sich handelte: Es war sein ehemaliger Geschäftspartner Joe, ein wesentlich älterer Mann, der mehrere Jahre zuvor gestorben war. Da ich auch seine Beerdigung besucht hatte, wusste ich, dass er die Schwelle übertreten hatte.

»Warum wollen Sie Joe nicht wiedersehen?«, fragte ich.

Der Geist erzählte mir, dass Joe ihn kurz vor seinem Tod besucht hatte. Offensichtlich hatte sich Joe auch nach seinem Ableben um das Unternehmen gekümmert. Da er sich bereits im Jenseits befand, konnte er nach Belieben kommen und gehen, ohne dass es den Lebenden auffiel.

Sein Partner jedoch begann sofort, nachdem er die Firma übernommen hatte, große Summen abzuziehen. Joe wurde wütend, da das Geld eigentlich seinen Erben vorbehalten war. Also hatte er sich Zugang zu den Träumen seines ehemaligen Geschäftspartners verschafft. »Dafür werde ich dich zur Rechenschaft ziehen«, hatte er gesagt. »Wenn du stirbst, wird abgerechnet.«

»Was wird er nur mit mir anstellen, wenn ich einmal dort bin?«, fragte der Geist und spähte ins Licht. Ich versicherte ihm, dass Joe ihm keine Schwierigkeiten machen würde, wenn er nur Manns genug wäre, seine Fehler einzugestehen. Doch dieser Kerl war ein erbärmlicher Feigling, der beim besten Willen nicht dazu zu bringen war, ins Licht zu treten. Ich denke, dass er es bis zum heutigen Tag noch nicht gewagt hat.

Manche Geister spazieren ohne Gewissensbisse direkt ins Licht, ohne auch nur einen Gedanken an die Schandtaten zu verschwenden, die sie zu Lebzeiten begingen. Andere dagegen glauben, dass es nur einer Todsünde bedarf, um sie für alle Ewigkeit in die Verdammnis zu stürzen.

Rachedurst und die Suche
nach Gerechtigkeit

Es gibt viele Geister, die bleiben, um sich an jemandem zu
rächen. Andere erdgebundene Seelen wurden Opfer eines
Mordes und wollen nun den Täter seiner gerechten Strafe
zuführen. Es ist sehr mühsam, diese Geister davon zu überzeugen, das Licht zu betreten. Die meisten glauben, dass sie
erst gehen dürfen, nachdem sie ihre Aufgabe erfüllt haben.

Rachedurst

Vor ein paar Jahren rief mich ein Mann mit starkem sla-
wischen Akzent an, da er der Meinung war, ein Lebender hätte ihm »die Geister« auf den Hals gehetzt, um ihn
heimzusuchen und zu bestrafen. Wie bereits erwähnt, weiß
ich durch meine italienische Herkunft, dass solche Vorstellungen in Europa nicht nur weit verbreitet, sondern
auch oft durchaus gerechtfertigt sind. Während ich mit
dem Mann sprach, spürte ich tatsächlich die Anwesenheit
eines Geistes, also verabredete ich mich mit ihm.

Der slawische Gentleman lebte etwa eine Stunde von mir
entfernt in einem der wohlhabendsten Viertel von Cleveland. Sein majestätisches Anwesen bedeckte fast die Flä-
che eines ganzen Wohnblocks und schien mehr ein Denkmal
seines Reichtums denn eine gemütliche Wohnstatt zu sein.
Als ich klingelte, öffnete mir ein Butler wortlos die Tür.
Ich fühlte mich, als wäre ich in die Kulisse eines Films
über den europäischen Geldadel geraten.

Ich wurde in ein düsteres Zimmer geführt. Der alte
Mann saß hinter einem gewaltigen Schreibtisch, umgeben

von teuren, auf Hochglanz polierten Möbeln aus dunklem Holz. Der Achtzigjährige bat mich, ihm gegenüber in einem Ohrensessel Platz zu nehmen, und erzählte mir seine Geschichte.

Er hatte den Großteil seines Arbeitslebens im Import-Export-Geschäft zugebracht, und bald wurde mir klar, dass er sich dabei auch illegaler Mittel bedient hatte. Er gab nicht nur zu, mit »hartgesottenen Zeitgenossen« zu tun gehabt zu haben, sondern deutete auch an, selbst jemanden umgebracht zu haben. Unwillkürlich sah ich mich nach einem Fluchtweg um – da bemerkte ich den Geist, der etwa fünfundvierzig Jahre alt zu sein schien.

Noch bevor ich ihn auf mich aufmerksam machen konnte, ließ er eine Litanei von Schimpfwörtern vom Stapel, die an den alten Mann gerichtet war und mit den Worten »Mörder« und »Hurensohn« endete. Der Geist redete in einer fremden Sprache, doch meine Fähigkeit, mit Geistern zu kommunizieren, setzt sich über alle Sprachbarrieren hinweg. Ich konnte also alles verstehen. Schließlich muss ich mich nicht laut mit den Geistern unterhalten, sondern erspüre ihre Worte sozusagen – und sie umgekehrt auch meine. Ich erkenne eine mir fremde Sprache daran, dass die Worte anders klingen – sie vibrieren auf besondere Weise. Auch diesen Aspekt meiner Gabe habe ich noch nicht vollständig verstanden.

Nachdem er seine Tirade beendet hatte, wandte sich der Geist mir zu. »Dieser ehrenwerte alte Mann hat mich ermordet«, sagte er mit vor Sarkasmus triefender Stimme. »Ich war ein professioneller Brandstifter und habe viele Gebäude in seinem Auftrag in Flammen aufgehen lassen.« Der Geist erzählte mir, dass er versucht hatte, seinen Arbeitgeber zu erpressen. Im Gegenzug hatte der alte Mann

ihn umbringen lassen. Seine Leiche war in einen aufgege-
benen Brunnen auf einem verlassenen Grundstück geworfen und niemals entdeckt worden. Da der Tote weder Familie noch Freunde besessen hatte, wurde er auch nie als
vermisst gemeldet. Nur sein Geist war geblieben, um sich
an dem alten Mann für seine Taten zu rächen. Und das
seit zwanzig Jahren.

»Anfangs nahm er das Ganze noch auf die leichte Schulter«, sagte er, »doch mit dem Alter wird er langsam mürbe.
Früher habe ich noch mit den elektrischen Kabeln herum-
experimentiert, doch inzwischen habe ich herausgefunden, dass ich viel mehr Schaden anrichten kann, wenn ich
ihn einfach nur anschreie.«

Der alte Mann wurde kreidebleich, als ich ihn auf die
Probleme mit der Elektrik ansprach. »Warum fragen Sie?«

»Geister verursachen durch ihre bloße Anwesenheit Störungen im Stromkreislauf. Das ist also ein sicherer Hinweis darauf, dass es hier spukt.«

»Das stimmt«, warf der Geist ein. »Sobald ich das einmal herausgefunden hatte, musste ich einfach nur neben
ein paar alten ausgefransten Kabeln warten, bis ein Feuer
ausbrach.«

»In Ihrem Fall«, sagte ich, »war sich der Geist dessen
bewusst und versuchte absichtlich, einen Kabelbrand herbeizuführen. Wenn Ihr Haus dann abgebrannt wäre, hätte
die Feuerwehr den Brand auf ein paar alte Leitungen zu-
rückgeführt und der eigentliche Täter wäre ungeschoren
davongekommen.«

»Woher wissen Sie das?«, fragte der alte Mann, der jetzt
sichtbar zitterte.

Als ich den Namen des Geists laut aussprach, wurde
der Mann leichenblass. Der Butler erschien aus dem Nichts

und reichte ihm schnell einen Inhalator. Sobald sich die Verfassung des Alten wieder einigermaßen stabilisiert hatte, richtete sich der Butler auf und sah mich streng an.

»Woher kennen Sie diesen Namen?«, fragte er mich ruhig.

»Sein Geist steht hier neben mir. Er hat mir alles erzählt«, antwortete ich.

Der alte Mann gewann seine Fassung zurück. Noch einmal blitzte seine alte Willensstärke auf, als er den Butler aus dem Raum beorderte und mich dann unverwandt anstarrte. »Also wissen Sie über alles Bescheid.«

Ich nickte.

»Sagen Sie ihm, dass ich keine Angst mehr vor ihm habe«, befahl der alte Mann.

»Er lügt«, sagte der Geist.

»Sie können ihn austreiben.« Es klang mehr nach einer Anweisung als nach einer Frage.

»Ich kann es versuchen«, sagte ich und hoffte, dass es mir gelingen würde, diesen Geist ins Jenseits zu schaffen. Dabei zitterten mir ganz schön die Knie, das kann ich Ihnen verraten. Schließlich hatte ich den Geist durch einige kleine Lügen davon überzeugt, dass er noch mächtiger sein würde, wenn er das Licht erst einmal betreten hätte, und dadurch auch viel mehr Unheil anrichten könnte. Er erklärte sich bereit, das Haus und den alten Mann zu verlassen.

Sobald der Geist verschwunden war, überreichte ich dem alten Mann ein paar Quittensamen und erklärte ihm, wie er sie zu benutzen hatte. Der Alte nickte, offensichtlich zufrieden damit, seinem ehemaligen Handlanger entkommen zu sein, und rief nach dem Butler, der mich schweigend zur Tür begleitete.

Für die nächste Zeit studierte ich aufmerksam die Tageszeitung auf Hinweise auf einen Brand im Anwesen des alten Mannes, doch ich konnte nichts entdecken. Was mich jedoch auch nicht weiter verwunderte.

Die Suche nach Gerechtigkeit

Ein Geist bittet mich – wie bereits erwähnt – nur selten von sich aus um Hilfe. Eigentlich kann ich mich nur an einen erinnern, der mich direkt ansprach, da er auf der Suche nach Gerechtigkeit war und sofort wusste, dass ich womöglich die einzige Person war, die ihm dabei helfen konnte.

Ich hatte keinen Grund zur Annahme, dass in dieser Nacht etwas Außergewöhnliches passieren würde. Ted und ich waren zur üblichen Zeit zu Bett gegangen, ich hatte noch ein paar Minuten gelesen und dann das Licht ausgeschaltet. Ich weiß nicht, wie lange ich geschlafen habe, als ich plötzlich aufwachte. Ich spürte, dass sich außer uns noch jemand im Raum befand. Dieses Gefühl war mir nicht neu – als Mutter war ich es gewohnt, dass meine Kinder nachts aufwachten, sich in unser Schlafzimmer schlichen und schweigend neben dem Bett standen, bis ich aufwachte. Obwohl unsere Kinder inzwischen längst erwachsen waren und das Haus verlassen hatten, funktionierte mein »Mama-Radar« immer noch bestens.

Ich öffnete meine Augen und erschrak – ziemlich heftig sogar, um ehrlich zu sein. Neben dem Bett stand ein Mann. Da Geister mein Haus nur sehr selten aufsuchen, dauerte es einige Minuten, bis ich mich wieder berappelt hatte. »Wer sind Sie?«, flüsterte ich.

»Ich bin's, Sal. Der Agent von der Drogenbehörde«, antwortete der Geist.

Ich richtete mich auf, setzte meine Brille auf und erkannte sofort den Geist des stämmigen Agenten mit der grauen Kurzhaarfrisur. Vor drei Jahren hatte ich mit ihm und seinem Partner bei einem Fall zusammengearbeitet. »Du lieber Himmel, Sal«, sagte ich traurig. »Was ist passiert?«

Sal sprach gehetzt, wie jemand, der nicht viel Zeit hat. »Ich arbeitete als verdeckter Ermittler. Ich flog auf«, sagte er. »Hör gut zu, Mary Ann, sie wollen meine Leiche verschwinden lassen. Du musst meinen Partner anrufen, damit er sie auf frischer Tat ertappen kann. Sag ihm, wo mein Leichnam ist. Meine Frau … soll ordentlich von mir Abschied nehmen können.«

Dann nannte er mir mehrere Namen. »Die musst du ihm nennen. Er muss diese Kerle unbedingt dingfest machen.«

Er gab mir eine Telefonnummer. »Ich muss los«, sagte er. »Bitte, ruf schnell an.« Dann war er auch schon wieder verschwunden.

Ich warf einen Blick auf den Wecker. Es war 2.30. Ich nahm an, dass Agenten der Drogenbehörde an nächtliche Anrufe gewohnt waren, und eilte sofort zum Telefon in der Küche, um Ted nicht zu wecken.

»Hallo, Dennis?«, sagte ich, sobald ich eine Stimme am anderen Ende der Leitung hörte.

»Wer spricht da?« Der Mann, der das Telefon abgehoben hatte, klang nicht im Geringsten verschlafen, sondern im Gegenteil wachsam und misstrauisch.

»Hier ist Mary Ann. Ich habe mit Ihnen bei dem Mordfall mit dem Geist zusammengearbeitet.«

»Weshalb rufen Sie an?«, fragte Dennis.

»Sal hat mit mir gesprochen.«

Es folgte eine lange Pause, während Dennis bewusst wurde, was diese Nachricht bedeutete.

»Oh, verdammt«, sagte er schließlich und seufzte.

»Dennis, ich muss Ihnen etwas von Sal übermitteln. Sie müssen schnell handeln.« Ich wiederholte, was Sal mir gesagt hatte: Wo sich seine Leiche befand und wie die Kerle hießen, die Dennis verhaften sollte. Dennis wiederholte diese Informationen, schenkte mir ein knappes »Danke« und legte auf.

Ich stand in meiner Küche, starrte auf das Telefon und hoffte, dass Dennis rechtzeitig kommen würde und Sals Frau seinen Leichnam ordentlich begraben konnte. Ich betete, dass Dennis genug Beweise sammeln würde, um Sals Mörder dem Arm des Gesetzes übergeben zu können.

Ich weiß nicht, wie die ganze Sache ausging. Sals Leichnam wurde jedenfalls gefunden – ich war auf seiner Beerdigung, wo er sich vielmals bei mir bedankte. Ob seine Mörder gefasst und verurteilt wurden, entzieht sich meiner Kenntnis. Von Sal selbst habe ich nie wieder etwas gehört.

Die Lebenden beschützen

Die Geister von Eltern bleiben, um ihre Kinder zu beschützen; Ehepartner bleiben, weil ihre Lebensgefährten nicht wissen, wie sie ohne sie weitermachen sollen. Diese Geister wurden also aus den besten Absichten heraus erdgebunden, so zum Beispiel, wenn sie einen Menschen vor schädlichen Einflüssen wie Drogen oder Alkohol schützen wollen.

Besonders, wenn ich mit jungen Ehepaaren oder Eltern arbeite, begegnen mir oft die Geister von Menschen, die lange vor der Zeit gestorben sind. Ich erinnere mich an einen jungen Vater, der bei einem Autounfall umgekommen war und nicht ins Licht gehen wollte. Er blieb, um seine Frau und die Kinder zu beschützen. »Wer sonst kann meinen Kindern ein Vater sein?«, fragte er mich. »Und was, wenn sich meine Frau neu verliebt?«

Geistern, die so argumentieren, rufe ich in Erinnerung, welche Probleme sie ihrer Familie bereiten werden. Sie können ihre Liebe viel stärker beweisen, wenn sie unsere Welt verlassen. Die meisten hören auch auf mich und gehen ins Licht.

Doch besonders ältere Ehepaare können sehr stur sein, oft mit verheerenden Konsequenzen. Wenn sich beispielsweise der Geist eines verstorbenen Ehemanns verpflichtet fühlt, erdgebunden zu bleiben, um sich um seine Frau zu kümmern, kann man davon ausgehen, dass sich ihr Gesundheitszustand verschlechtert und sie unter Umständen in ein Altersheim umsiedeln muss.

Lebende können dafür sorgen, dass ein Geist das Jenseits nicht betreten will, weil er sich sonst schuldig fühlt. Dies geschieht besonders häufig, wenn jemand schnell und unerwartet stirbt. Ich erinnere mich an einen tragischen Fall, in dem ein junger Vater sich auf der Jagd versehentlich mit seiner Armbrust erschoss. Seine Frau, die mit drei Kindern – allesamt nicht älter als drei Jahre – und einem vier Monate alten Baby zurückblieb, war untröstlich.

Die Schwester des Verstorbenen bat mich, bei der Beerdigung anwesend zu sein, um den Geist nach den genaueren Umständen seines Ablebens zu befragen. Er beteuerte, dass sein Tod ein Unfall gewesen war. »Ich komme mir wie ein Idiot vor«, sagte er und erklärte mir, wie sich die Armbrust an einem Baumstamm verfangen hatte, sodass sich der Pfeil gelöst und in seinen Rücken gebohrt hatte. »Ich muss hierbleiben, um alles wiedergutzumachen.«

Ich erklärte ihm, dass das seiner Familie nur Schwierigkeiten bereiten würde. Er musste ins Licht treten. Seine Frau jedoch, die neben dem Sarg stand, beschwor ihn unter Tränen, sie nicht zu verlassen. Ich verstand ihre Trauer, doch es war das Beste für alle, wenn er die Schwelle überquerte. Trotz bester Absichten würde er als erdgebundener Geist nur Chaos anrichten und womöglich ihr oder ihren Kindern Schaden zufügen. Dann verließ ich die Beerdigung, ohne zu wissen, ob er meinen Rat nun befolgt oder dem herzzerreißenden Flehen seiner Frau nachgegeben hatte.

Einige Monate später rief mich die Witwe an. »Sie hatten Recht«, sagte sie. »Es ist grauenhaft. Ist er noch bei uns?«

Sie hatte richtig vermutet. Als ich ankam, erklärte er, dass er sich den Bitten seiner Frau nicht hatte verschließen können. Die beiden hatten jedoch nicht bedacht, welch ungesunden Einfluss sein Bleiben auf die Kinder hatte. So schmerzhaft es auch für sie war, ihn ziehen zu lassen, ließ sie es doch zu, dass ich das Licht erschuf, damit er hindurchgehen konnte.

Nachdem er verschwunden war, fragte mich die Witwe, warum ich nicht schon bei der Beerdigung darauf bestanden hatte, ihn heimzuschicken. Ich erklärte ihr, dass es mein fester Grundsatz ist, nur Empfehlungen auszusprechen. Mein Wort ist jedoch keinesfalls Gesetz.

Neugierige Geister

Die harmlosesten unter den erdgebundenen Geistern stellen wohl diejenigen dar, die einfach nur aus Neugier bleiben. Sie haben keine bösen Absichten und wollen auch niemanden verletzen – ich bin sicher, dass auch Sie solche Zeitgenossen kennen: Den Nachbarn, der durch Ihr Fenster späht und der immer dann »zufällig« auftaucht, wenn Sie gerade das Haus verlassen, um Sie in ein Gespräch zu verwickeln. Oder der Partygast, der heimlich einen Blick in Ihr Medizinschränkchen wirft. Geister solcher Art sind überglücklich darüber, dass sie nun plötzlich ohne Einschränkungen überall herumschnüffeln können.

Natürlich hegen manche von ihnen auch etwas unlauterere Absichten. Spanner können ihre Opfer in ihren intimsten Augenblicken beobachten. Eifersüchtige Liebhaber verfolgen ihre Expartner auf Schritt und Tritt. Dagegen sind verstorbene Nachbarn, die einfach nur mal sehen wollen, wie sie ihre Küche neu renoviert haben, oder ihre Tante Millie, die sie bei ihrem ersten Date mit einer neuen Bekanntschaft begleitet, relativ harmlos.

Viele der erdgebundenen Geister dieser Kategorie begreifen mit der Zeit von selbst, dass sie nicht mehr in die Welt der Lebenden gehören. Besonders, wenn ich sie auf frischer Tat ertappe, sind sie so peinlich berührt, dass sie ohne große Widerrede ins Licht gehen. Denjenigen, die sich widersetzen, drohe ich damit, sie mit Hilfe von Quittensamen für den Rest ihres erdgebundenen Daseins an ein und demselben Ort festzuhalten. (Ich möchte betonen, dass ich diese Drohung nie wahrgemacht habe. Es wäre ein großer Fehler, einen Geist an einen bestimmten Ort zu binden. Trotzdem gibt es für einen notorisch neugierigen

Geist keine größere Strafe, als an einem uninteressanten Platz festzusitzen – meistens lässt er sich so überzeugen, die Schwelle zu überqueren.)

Irrige Vorstellungen über die Fähigkeiten erdgebundener Geister

Ab und an kommen mir Geister unter, die davon überzeugt sind, besondere Fähigkeiten zu erlangen, wenn sie erdgebunden bleiben. Ich weiß nicht, vielleicht haben sie zeit ihres Lebens zu viele Horrorfilme gesehen, doch Tatsache ist, dass man als Geist zwar bestimmte Fähigkeiten besitzt, die die Lebenden nicht haben – Superkräfte erlangt man jedoch nicht.

Ich habe Geister kennengelernt, die blieben, um ihren Familien die Lottozahlen der nächsten Woche zu übermitteln, und tief enttäuscht waren, dass sie die Ergebnisse der Ziehung weder beeinflussen noch vorhersagen konnten. Lotto ist eben im Leben genau wie im Tod ein Glücksspiel.

Das Gleiche gilt für mediale Fähigkeiten. Wenn es Ihnen zu Lebzeiten unmöglich war, die Zukunft vorauszusehen, werden sie auch nach dem Tod kein Glück damit haben. Geister können menschliche Gefühle nicht »kontrollieren«, wenngleich sie ihre Anwesenheit (und ihre Energie) dazu nutzen können, Emotionen und Spannungen zu verstärken oder Menschen zu manipulieren. Für einen Geist ist es relativ einfach, negative Energien heraufzubeschwören, indem er etwa wichtige Dokumente oder Schmuckstücke versteckt, Haustiere belästigt oder auf andere Art und Weise für Irritationen sorgt. Jede Art von Stress bewirkt die Entladung emotionaler Energie, die der Geist in sich aufnehmen kann. Es ist natürlich nicht überraschend, dass sich damit auch die Energie des Geistes ins Negative verkehrt. Allein die Nähe zu einem erdgebundenen Geist kann bei Lebenden eine ganze Reihe von psychischen und physischen Reaktionen hervorrufen – ein Teufelskreis, von dem nur der Geist profitiert, der Lebende jedoch durch den ständigen Kontakt mit der negativen Energie des Geistes dauerhaft geschädigt werden kann. Von sehr wenigen Ausnahmen abgesehen können Geister keinen physischen Kontakt zu lebenden Menschen aufnehmen. Außerdem ist es ihnen nicht möglich, sich nach Belieben sichtbar zu machen.

Die Wesenszüge einer bestimmten Person ändern sich nicht mit dem Tod. Wenn jemand zu Lebzeiten nicht gerade der Hellste war, wird er auch als Geist kein Einstein sein. Mürrische alte Männer bleiben mürrisch, rebellische Teenager werden niemals zu reifen Erwachsenen heranwachsen und aus Kontrollfreaks werden keine Zen-Meister. Aufgrund meiner jahrelangen Erfahrung bin ich zu dem Schluss gekommen, dass sich Seelen nur weiterentwickeln und höhere Bewusstseinszustände erreichen können, wenn sie in das Licht gehen und sich auf das einlassen, was sie dort erwartet.

5 BEERDIGUNGEN

Sie werden auf Ihrer eigenen anwesend sein

Für die meisten Menschen sind Totenwachen, Leichen-schauen und Beerdigungen traurige Ereignisse. Zu diesen Anlässen kommen Familien und Freunde zusammen, um sich gegenseitig Trost zu spenden, der Toten zu gedenken und den Lebenden ihre Hilfe anzubieten. In den meisten Kulturen sind Beerdigungen ein Ritus, mit dessen Hilfe man Lebewohl sagt und den Lebenden ihren inneren Frie-den zurückzugeben versucht.

Ich persönlich sehe Beerdigungen mit ganz anderen Augen – schließlich steht mir meistens eine interessante, manchmal aufwühlende und leider ab und an unangenehme Begegnung mit einem Geist bevor. Tatsache ist: Bereiten Sie sich darauf vor, bei Ihrer eigenen Beerdigung anwe-send zu sein. Vergessen Sie nicht, dass das weiße Licht vom Zeitpunkt Ihres Todes an mehrere Tage lang um Sie ist. Es kommt nur selten vor, dass man einen Geist nicht bei sei-ner eigenen Beerdigung antrifft – mit Ausnahme von Kin-dern. Kindern unter drei oder vier Jahren bin ich noch nie bei ihrem Begräbnis begegnet.

Das Verhalten der Geister
während ihrer Beerdigung

Inzwischen weiß ich ziemlich genau, wie sich Geister verhalten, obwohl ich einige Male in meinem Leben überrascht, ja sogar schockiert war. Üblicherweise geschieht Folgendes: Die Trauergäste treten nach und nach vor den Sarg, in dem der Leichnam mit dem Kopf nach links und den Füßen nach rechts aufgebahrt ist. Der Geist steht normalerweise am Fußende des Sargs – was ja auch Sinn ergibt: So kann er alle Kommentare hören, die die Trauernden von sich geben, wenn sie am Sarg vorbeigehen. Außerdem kann er so die Frisur, das Make-up und die Kleidung des toten Körpers genau kontrollieren. Besonders weibliche Geister legen manchmal sehr großen Wert auf diese Dinge.

Manche Geister bewegen sich auch durch den Raum, belauschen Unterhaltungen oder inspizieren die Blumengestecke, wobei sie sich genau merken, wer wie viel ausgegeben hat. Männliche Gäste werfen auch oft einen Blick aus dem Fenster, um zu sehen, wie viele Autos wohl am Trauerzug zum Friedhof teilnehmen werden.

Auch die Geister eingeäscherter Leichname sind während der Zeremonie anwesend. Mir ist aufgefallen, dass immer dann, wenn die Beerdigung genau den Wünschen des Verstorbenen entspricht, der Geist zufrieden das Licht betritt – üblicherweise auf dem Friedhof, unmittelbar nach dem Gottesdienst. Komplizierter wird die Sachlage, wenn der Familie die letzten Wünsche des Toten nicht bekannt sind. Ich kann Ihnen gar nicht sagen, wie viele Anrufe ich von Töchtern erhalten habe, die unsicher waren, in welchem Kleid ihre Mütter begraben werden wollten –

oder wie viele Beschwerden wütender Geister ich mir anhören musste, die entsetzt darüber waren, in welch schrecklichem Aufzug ihre Familie ihren Leichnam präsentierte!

Nach all den Jahren bin ich immer noch amüsiert darüber, wie überrascht die Geister sind, wenn sie bemerken, dass ich sie sehen kann.

Einmal nahm ich an der Beerdigung eines eleganten, silberhaarigen Gentlemans teil, dessen Geist durch den Raum schwebte, um die Blumen zu bewundern. Seine Töchter hatten mich gerufen, da sie nirgendwo ein Testament finden konnten – eine Nachlässigkeit, die ihrem Vater, der immer alles peinlich genau geregelt hatte, gar nicht ähnlich sah.

Ich zwängte mich durch die Menge, bis ich neben dem vornehmen alten Herrn stand, der gerade ein besonders schön zusammengestelltes Blumengebinde betrachtete.

»Schön, nicht wahr?«, fragte ich.

Er wirbelte herum. »Sie können mich sehen?«, fragte er erschreckt.

Zuerst fand ich es lustig, dass so ein manierierter älterer Herr die Fassung verlor.

Doch als ich ihm zunickte, verlor er die Beherrschung. Schockiert beobachtete ich, wie Tränen seine Wangen hinunterliefen. »Gott sei Dank«, sagte er. »Ich wüsste nicht, was ich ohne Sie tun sollte.«

Wie sich herausstellte, hatte der Anwalt der Familie das Vertrauen und die Freundschaft des Mannes ausgenutzt und kurz nach seinem Ableben wichtige Dokumente aus einem Safe verschwinden lassen. Der Geist erzählte mir, dass der Anwalt vorhatte, die Papiere zu fälschen und das Erbe der gemeinsamen Firma zu überschreiben, dessen einziger verbliebener Geschäftspartner er selbst war. Glücklicherweise konnte ich die Töchter des Mannes vor dem Betrüger warnen und das Geheimnis des fehlenden Testaments aufklären. Nachdem diese Angelegenheit geregelt war, konnte der Geist nach der Beerdigung ruhigen Gewissens ins weiße Licht treten.

Meine Aufgabe bei Beerdigungen

Meine frühesten Erinnerungen an Gespräche mit erdgebundenen Geistern stammen von den Beerdigungen, die ich gemeinsam mit meiner Großmutter besuchte. Ich stellte dem verstorbenen Nachbarn, der Tante oder dem Cousin alle Fragen, die die weitverzweigte Familie an sie richtete.

Heute nehme ich nur noch an den Beerdigungen mir fremder Personen teil. Früher besuchte ich sie auf Bitten des großen Freundeskreises, den meine Großmutter noch aus Europa kannte. Jetzt komme ich nur auf persönliche Einladung eines nahen Familienmitglieds des Verstorbenen. Einladungen von Cousinen, entfernten Nichten oder eines neugierigen Nachbarn »mit den besten Absichten« lehne ich ab.

Die einzige Ausnahme, die ich mache, ist, wenn jemand direkt am Arbeitsplatz gestorben ist. In diesem Fall komme ich auf Wunsch des Arbeitgebers zur Beerdigung, und auch nur, um dem Geist eine bestimmte Frage zu stellen: Wie lautet das Passwort Ihres Firmencomputers?

Man sollte es nicht für möglich halten, wie viele Menschen vergessen, ihrem Vorgesetzten dieses Passwort mitzuteilen, und wie schwer es selbst für Experten ist, ohne dieses Passwort an persönliche Benutzerdaten zu gelangen. Andererseits wird es Sie auch nicht überraschen, dass mir viele Geister auf meine Anfrage hin ins Gesicht lachen und mir stattdessen ihrem vormaligen Chef Botschaften übermitteln, deren Inhalt ich hier nicht wiedergeben will und kann.

Die Leute sind nicht besonders kreativ, wenn es darum geht, sich ein Passwort auszudenken. Deshalb habe ich für den Fall, dass ein Arbeitgeber das Passwort, sagen wir, eines älteren Mannes erfahren will, einige Vorschläge auf Lager, die ich schon des Öfteren gehört habe. Sie werden nicht glauben, wie viele Männer zwischen fünfundfünfzig und fünfundsechzig besonders in den USA *Rosebud* als Passwort wählen. Jedenfalls ist meine Erfolgsquote inzwischen ziemlich hoch.

Als meine übersinnlichen Fähigkeiten auch über meine Heimatstadt hinaus bekannt wurden, musste ich meinen Beerdigungsbesuchen gewisse Beschränkungen auferlegen. Beispielsweise verzichte ich darauf, zur eigentlichen Zeremonie zu erscheinen. Sobald die Trauergäste Wind davon bekommen haben, wer ich bin, kommen alle möglichen Menschen – und nicht nur Familienmitglieder – auf mich zu und wollen wissen, ob der Verstorbene ihnen ganz persönlich eine Botschaft zu übermitteln hat. Und plötzlich bin ich in der unangenehmen Lage, einer erwartungsvollen Menge zu erklären, dass ich nicht gekommen bin, um mit dem Geist Schwätzchen zu halten oder für jeden Anwesenden stille Post zu spielen. Es kann auch vorkommen, dass sich der Pfarrer oder Priester, der für den Verstorbenen die letzten Gebete sprechen will, von meiner Anwesenheit gestört fühlt, da sich die Familie plötzlich mehr dafür interessiert, ob Vater der Sarg auch gefällt, statt Rosenkränze herunterzubeten.

Wenn ich also einer Beerdigung beiwohne, dann nur, um ganz bestimmte Informationen zwischen dem Verstorbenen und seiner Familie zu übermitteln. Außerdem versuche ich, zwischen der eigentlichen Zeremonie und meinem Einsatz einige Zeit verstreichen zu lassen. Wenn sich die anfängliche Aufgewühltheit der Angehörigen erst einmal gelegt hat, ist es leichter, vernünftig mit ihnen zu reden.

Ist mir jedoch bewusst, dass die Beerdigung sehr gut besucht oder eine äußerst traurige Angelegenheit werden wird – beispielsweise nach dem tragischen Tod einer jungen Person –, versuche ich, ihr möglichst unerkannt beizuwohnen, die Aufmerksamkeit des Geistes auf mich zu lenken, ihn auszufragen und diese Informationen dann hinterher den Familienmitgliedern zukommen zu lassen. Diese Methode ist nicht immer zufriedenstellend – oft werfen die Antworten des Geistes weitere Fragen auf –, doch in manchen Fällen ist es die einzige Möglichkeit, die mir zur Verfügung steht.

Leider bitten mich die meisten Hinterbliebenen nur aus einem Grund zu einer Beerdigung: Sie wollen herausfinden, ob der Verstorbene Geld, Schmuck oder sonst etwas Wertvolles versteckt und vergessen hat, es ihnen gegenüber zu erwähnen. Die Wahrheit ist jedoch, dass die meisten Menschen sterben, ohne vorher Unsummen unter ihrer Matratze zu deponieren. Manche entscheiden sich auch dafür, ihre Geheimnisse mit ins Grab zu nehmen.

Man könnte meinen, dass mich inzwischen, was Beerdigungen angeht, nichts mehr überraschen könnte. Doch obwohl ich viel gesehen und gehört habe, gibt es doch immer wieder Situationen, die absolutes Neuland für mich sind.

Die häufigsten Fragen der Lebenden und die häufigsten Beschwerden der Verstorbenen

Bis auf wenige Ausnahmen fallen alle Menschen, die mich zu einer Beerdigung hinzuziehen, um mit einem verstorbenen Verwandten zu sprechen, in einige wenige Grundkategorien. Seltsamerweise haben auch die Geister, mit denen ich dann spreche, ebenfalls die immer gleichen Absichten. Sobald beide Seiten begriffen haben, dass sie sich durch mich miteinander verständigen können, folgt üblicherweise die immer gleiche Litanei aus Beschwerden und Beschwichtigungen.

Gibt es da noch etwas, das wir wissen sollten?

Das ist wohl die häufigste Frage, die mir die Hinterbliebenen bei einer Beerdigung stellen: Hat uns der Verstorbene noch etwas mitzuteilen? (Was meistens bedeutet: »Wo hat Oma ihr Tafelsilber versteckt und wie können wir es uns am schnellsten unter den Nagel reißen?«) Manchmal ist es wirklich so, dass der Geist auf das Versteck wertvoller Besitztümer hinweist, die auch wirklich für die Familie bestimmt sind, doch meistens ist es beschämend, wenn man die Reaktionen der Hinterbliebenen beobachtet, wenn sie bemerken, dass es keine »Belohnung« für ihre Teilnahme an der Beerdigung gibt. Es ist kein Wunder, dass diese Habgier auch den Geist ziemlich wütend macht.

Manche Leute dagegen sind wirklich besorgt, ob dem Toten noch etwas auf dem Herzen liegen könnte, das er gerne noch zu Lebzeiten losgeworden wäre. Dann helfe ich natürlich gerne – auch wenn das, was mir der Geist erzählt, nicht immer den Erwartungen der Hinterbliebenen entspricht.

Einmal rief mich eine Frau an und lud mich mit der Erlaubnis ihres Ehemannes zur Beerdigung ihres Schwiegervaters ein. Das Paar hatte drei Söhne: einen Anwalt, einen Arzt und einen Armeeoffizier. Der jüngste Sohn – der Anwalt – hatte sich in den letzten (und sehr schweren) Jahren um seinen Vater gekümmert und ihn aufopfernd gepflegt, nachdem dieser einen Schlaganfall erlitten hatte. Nun fand er es ungerecht, dass sein Vater seinen Söhnen das Erbe zu gleichen Teilen vermacht hatte, da schließlich er es gewesen war, der ihn bei sich zu Hause aufgenommen und eine Pflegekraft angestellt hatte.

Während seiner letzten Lebensjahre war es dem Kranken noch möglich gewesen, durch Briefe und E-Mails mit seinen Söhnen zu kommunizieren. Dann war plötzlich zwischen dem alten Mann und seinem jüngsten Sohn ein Streit ausgebrochen. Die anderen Söhne hatten sich auf die Seite des Vaters geschlagen – was wahrscheinlich die einfachere Lösung gewesen war, schließlich hatte er ja nicht bei ihnen gewohnt. Kurz darauf verstarb ihr Vater.

Die Frau des Anwalts rief mich an, da sie ihren Schwiegervater trotz seines fordernden Wesens sehr gemocht hatte. Obwohl sein Sprachvermögen durch den Schlaganfall beeinträchtigt gewesen war, hatte er sich nicht nur ihr, sondern auch seinem Pfleger Daniel durchaus verständlich machen können. Wie sich herausstellte, lag Daniel etwas auf dem Herzen, obwohl er steif und fest behauptete, keine letzten Geheimnisse von dem alten Mann erfahren zu haben. Da der Anwalt sowieso nicht an meine Fähigkeiten glaubte, erteilte er seiner Frau guten Gewissens die Erlaubnis, mich zurate zu ziehen.

Aufgrund dieser komplizierten Geschichte überraschte es mich nicht im Geringsten, einen überaus wütenden Geist vorzufinden. Sofort erzählte er mir, dass sein Sohn nach dem Streit ein neues Testament aufgesetzt hatte – was ihm als Anwalt natürlich ein Leichtes war –, das ihn praktisch zum Alleinerben machte. Bevor es mit seinem Vater zu Ende gegangen war, hatte er ihm das Dokument unter einem Vorwand untergeschoben und unterzeichnen lassen.

»Aber diesem Halunken hab ich's gezeigt!«, sagte der Geist des Vaters.

Während seiner letzten Wochen hatte er Daniel gebeten, ihm einen neuen Anwalt zu besorgen. Er hatte schon vorher kein gutes Gefühl dabei gehabt, dass sein Sohn seine rechtlichen Angelegenheiten regelte, und ihr Streit schlug sozusagen dem Fass den Boden aus. Mithilfe seines Pflegers war es dem Vater gelungen, gemeinsam mit dem neuen Anwalt ein weiteres Testament aufzusetzen. Dieser Anwalt war schlau genug gewesen, einen Arzt hinzuzuziehen, der die völlige geistige Zurechnungsfähigkeit des Alten bestätigte. Der Geist zweifelte nicht daran, dass dieses Testament hieb- und stichfest war.

»Daniel weiß, wo sich das Testament befindet«, sagte der Geist. »Sorgen Sie dafür, dass meine Jungen den Unsinn lassen und aufhören, sich zu streiten.«

Ich sah zu seinen Söhnen hinüber, die sich gerade ein erbittertes Wortgefecht lieferten. Als ich näher kam, hörte ich, wie der Jüngste sagte: »Er hat mir alles vermacht, weil ich derjenige war, der ihn all die Jahre gepflegt hat.« Seine Frau, die mich hinzugezogen hatte, nahm mich beiseite und fragte, ob ich die Streithähne nicht irgendwie beruhigen könne. »Sie sind sehr erbost über das veränderte Testament, wie Sie sich sicher vorstellen können«, sagte sie. »Hat ihr Vater gesagt, weshalb er es geändert hat?«

Können Sie sich vorstellen, wie unangenehm mir diese Situation war? Sollte ich dieser Frau, die mich im Interesse ihrer Familie um Hilfe gerufen hatte, erzählen, dass ihr Mann ein Lügner und Dieb war und sich dadurch den Zorn seines Vaters zugezogen hatte?

Es gab nur eine Möglichkeit: Ich musste den Pfleger des alten Mannes befragen. Obwohl ich ihn eigentlich nicht in die Sache hineinziehen wollte, ging ich doch zu ihm hinüber und wies ihn höflich darauf hin, dass er der Familie noch etwas mitzuteilen hatte. Sobald er anfing zu reden, entschuldigte ich mich. Obwohl ich der Familie behilflich sein konnte, die Wahrheit herauszufinden, hat das das Verhältnis der Hinterbliebenen untereinander sicher nicht einfacher gemacht.

Bist du mit der Beerdigung zufrieden?

Viele Familien befürchten, dass die Verstorbenen mit der Beerdigung an sich, den Rahmenbedingungen oder dem Verlauf der Zeremonie nicht zufrieden sein könnten. Dann muss ich dafür sorgen, dass ein mürrischer, streitsüchtiger Onkel verspricht, friedlich auf die andere Seite zu wechseln, oder den Hinterbliebenen den Dank des Toten für die schöne Feier übermitteln.

Manchmal sind die Anliegen, mit denen man an mich herantritt, mehr als ungewöhnlich. Vor einiger Zeit rief mich eine Frau an, die mit zitternder Stimme ihre Sorge zum Ausdruck brachte, dass ihr Mann mit den Vorbereitungen, die sie für seine Beerdigung getroffen hatte, nicht zufrieden sein könnte.

Als ich den Raum betrat, in dem die Leiche aufgebahrt war, war ich trotz meiner jahrelangen Erfahrung überrascht.

Der Sarg des Mannes lehnte leicht schräg an der Wand, aufrecht, aber so, dass er nicht umfallen konnte. Die Arme des Leichnams waren vor der Brust verschränkt. Er trug einen edlen schwarzen Anzug und ein friedliches Lächeln auf den Lippen.

Ich war so verblüfft, dass ich mich nicht einmal nach dem Geist umsah, sondern direkt auf die Witwe zuging. »Was ist denn hier passiert?«, fragte ich. »Hat man sich da einen üblen Scherz mit Ihnen erlaubt?«

Die Frau erklärte mir, dass sie drei verschiedene Bestattungsunternehmen hatte aufsuchen müssen, bevor ihr ihre sehr ungewöhnliche Bitte erfüllt worden war.

»Aber wieso?«, fragte ich. »Wieso haben Sie den Sarg senkrecht aufrichten lassen?«

Die Frau sagte, dass ihr Mann längere Zeit schwer krank gewesen war. In den letzten Monaten vor seinem Tod bat er sie darum, aus seiner Beerdigung keine große Sache zu machen – keinen Gottesdienst, keine Prozession zum Friedhof, kein offener Sarg. Gleichzeitig brachte er jedoch auch seine Zweifel zum Ausdruck, dass sie ihm seinen letzten Wunsch auch wirklich erfüllen würde. Schließlich wusste er, dass sie tun und lassen konnte, was sie wollte, wenn er erst einmal gestorben war.

Ich hatte immer noch keine Ahnung, was hier gespielt wurde. Gerade, als ich mir nähere Auskünfte erbeten wollte, bemerkte ich den Geist, der den Raum durchquert hatte und nun neben dem Sarg stand. Als ich auf ihn zuging, sah ich, dass er über beide Ohren grinste. Zweifellos schien ihn die Situation sehr zu amüsieren.

Ich sah erst den Sarg, dann den Mann selbst an. »Also gut, Sie haben mich kalt erwischt. Ich hoffe, Sie haben eine Erklärung dafür.«

Der Mann brach in Gelächter aus. Vor lauter Lachen schien er nicht einmal erstaunt zu sein, dass ich ihn sehen konnte.

»Sie überrascht mich immer wieder«, sagte er und deutete mit dem Kinn auf seine Frau. »Wir waren sechsunddreißig Jahre lang verheiratet, und ich dachte all die Jahre über, dass sie mir nie zuhört. Tja, da habe ich mich wohl geirrt.«

Jetzt war ich wirklich neugierig. »Und was genau haben Sie ihr gesagt, dass sie Ihren Leichnam auf diese Weise hat aufbahren lassen?«

»Ich sagte ihr, dass sie mich nach meinem Tod auf keinen Fall in einen offenen Sarg legen soll«, kicherte er.

»Okay«, sagte ich und wartete darauf, dass er fortfuhr.

»Tja«, sagte er. »Und das hat sie auch getan. Haben Sie mir nicht zugehört?«

»Doch«, sagte ich. »Sie wollten nicht in einem offenen Sarg gelegt ...«

»Verstehen Sie?«, unterbrach er mich.

Ich verstand. Die Witwe stellte sich neben mich vor den Sarg.

»Was hat er gesagt?«, fragte sie. »Ist er einverstanden?«

Ich sagte ihr, dass ihr Mann nicht nur einverstanden war, sondern sich über ihre Idee auch noch köstlich amüsierte. Nicht nur, weil sie ihn nicht in einen Sarg *legte*, sondern auch, weil sie ihm zeit seines Lebens tatsächlich zugehört hatte.

Eine Sache muss ich noch loswerden

Manchmal haben die Lebenden das starke Bedürfnis, den Toten noch etwas mitzuteilen, üblicherweise eine Entschuldigung für etwas, das sie ihnen zu Lebzeiten angetan haben. In diesem Fall brauche ich mich nicht eigens zur Beerdigung zu bemühen, sondern den Trauernden nur den guten Rat zu geben, ihre Entschuldigungen bei der Beerdigung leise flüsternd vor dem Sarg vorzutragen. Der Geist wird in ihrer Nähe sein und sie hören. Doch sie dürfen ihr Anlegen nicht nur denken, sie müssen es – wenn auch leise – aussprechen; wenn die dahingeschiedene Tante Florence in ihrem Leben keine Gedankenleserin war, wird sie es auch im Tod nicht sein. Aber manchen Leuten reicht das nicht. Sie wollen die Bestätigung, dass ihre Entschuldigung auch angenommen wurde. In solchen Situationen muss man sehr vorsichtig vorgehen – manchmal verfolgen die Geister mit ihrer Antwort eine gewisse Absicht, und es ist notwendig, die beiden Seiten der Geschichte zu kennen, bevor man eine Botschaft übermittelt, die bei den Empfängern große Trauer hervorrufen könnte.

Ich kann mich an die Beerdigung einer jungen Frau erinnern, die bei einem tragischen Autounfall zu Tode gekommen war. Ihre Eltern zogen mich hinzu, da sie wissen wollten, was genau passiert war. Ihr Freund, der das Auto gefahren und den Zusammenstoß überlebt hatte, hatte ihnen nicht viel zum Hergang des Unfalls sagen können oder wollen.

Als ich bei der Beerdigung ankam, fand ich eine am Boden zerstörte Familie, den Freund, der immer noch unter Schock stand, und den extrem wütenden und rachsüchtigen Geist des Mädchens vor. Die junge Frau stand neben ihrem Sarg und schimpfte darüber, dass ihre Mutter ihr das Haar zurückgebunden hatte, wie sehr sie diese Frisur hasste und weshalb ihre Mutter jetzt in dieser Angelegenheit das letzte Wort haben sollte. »Deine Mutter ist vor Trauer nicht bei Sinnen«, versuchte ich sie zu besänftigen. »Siehst du nicht, wie verzweifelt deine Familie ist?«

Sie wirbelte herum und funkelte mich böse an. »Das hilft mir jetzt auch nicht mehr weiter!«, sagte sie mürrisch. »Außerdem ist es nicht meine Schuld, dass ich gestorben bin, sondern seine.« Sie deutete auf ihren trauernden Freund.

Da dies eine ziemlich ernste Anschuldigung war, bat ich sie, mir mehr darüber zu erzählen. Sie berichtete von einer wilden Party und dass ihr Freund unter dem Einfluss illegaler Substanzen gefahren war. Ihrer Meinung nach sollte ihr Freund jetzt tot und sie bei seiner Beerdigung sein. »Sagen Sie ihm ruhig, dass es seine Schuld ist«, forderte sie mich auf. »Sagen Sie ihm, dass er mich umgebracht hat.«

Wenn ich Informationen erhalte, die ich nicht bestätigen kann und die lebende Menschen verletzen können, wenn ich sie unbedacht weitererzähle, bringt mich das in eine äußerst unangenehme Situation. Ihre Eltern hatten mich nach den Umständen ihres Todes gefragt. Und jetzt hatte ich etwas sehr Heikles herausgefunden.

Aber ich hatte noch einmal Glück. Ich hatte bei einem anderen Fall mit einigen örtlichen Polizisten der Stadt, in der die Beerdigung stattfand, zusammengearbeitet. Einer der Beamten war ebenfalls zur Beerdigung erschienen, um seine Anteilnahme auszudrücken. Ich nahm ihn beiseite und bat ihn, mir zu verraten, ob ein an dem Jungen durchgeführter Drogentest erfolgreich gewesen war – mehr nicht.

Der Polizist sagte mir, dass der Junge absolut sauber gewesen war. Was den Stand der Ermittlungen betraf, so sagte er mir, dass das Mädchen zu Tode gekommen war, weil sie – im Gegensatz zu ihrem Freund – ihren Sicherheitsgurt nicht angelegt hatte. Seiner Meinung nach handelte es sich hundertprozentig um einen tragischen Unfall ohne kriminelle Begleitumstände. Da marschierte der Geist des Mädchens wutentbrannt auf mich zu.

»Sehen Sie sich das mal an«, sagte sie.

Ich folgte ihr, und sie deutete auf ihren Freund, der bei einigen ihrer Klassenkameradinnen saß und mit ihnen redete. Eines der Mädchen tätschelte seine Hand, während er mit den Tränen kämpfte.

»Sehen Sie«, knurrte sie. »In ein paar Tagen hat er eine Neue. Und dann vergisst er mich, anstatt sich immer und ewig an mich zu erinnern.« Dann wechselte sie abrupt das Thema. »Haben Sie der Polizei alles erzählt?«

Ich begriff, dass sie sauer auf ihren Freund war und versuchte, ihm das Leben schwer zu machen, wobei sie auch vor Lügen nicht zurückschreckte. Ich versprach ihr, alles, was sie mir erzählt hatte, genau nachzuprüfen und es – falls es der Wahrheit entsprach – ihren Eltern mitzuteilen. Da ich aber vermutete, dass sie auf einem Rachefeldzug war und erdgebunden bleiben würde, um dem armen Jungen das Leben zur Hölle zu machen, fügte ich hinzu, dass sie ihren Freund am besten immer an sie erinnern könnte, wenn sie ihn in seinen Träumen besuchte. Dazu musste sie jedoch erst ins Licht gehen.

Irgendjemand musste ihrem Freund erzählt haben, wer ich war – gerade, als ich gehen wollte, kam er auf mich zu und fragte, ob ich tatsächlich mit seiner Freundin geredet hätte. »Sie ist hier«, sagte ich.

»Können Sie ihr eine Nachricht von mir übermitteln?«, fragte er. »Ich bin wirklich untröstlich darüber, dass ich nicht darauf bestanden habe, dass sie den Sicherheitsgurt anlegte. Aber sie konnte manchmal wirklich zickig sein, und ich wollte keine Scherereien mit ihr haben, wenn Sie verstehen.«

Ich war tief gerührt und versuchte, ihn zu beruhigen, indem ich ihm versicherte, dass die Polizei wusste, dass es sich um einen Unfall handelte. Seine Freundin hatte die Möglichkeit, die Schwelle zum Jenseits zu überqueren, und auch sein Leben würde weitergehen. Ich hoffe nur, dass sie meinen Rat befolgt hat.

Auch Geister haben manchmal eine letzte Entschuldigung oder andere wichtige Dinge vorzubringen, bevor sie in Frieden ziehen können. Wie viele es von diesen Geistern gibt, entzieht sich leider meiner Kenntnis. Schließlich haben sie ja keine Möglichkeit, mich darum zu bitten, bestimmte Botschaften zu überbringen – außer, ich bin bei ihrer Beerdigung zufällig anwesend. Im Allgemeinen neigen Geister, die glauben, noch eine wichtige Sache in Ordnung bringen zu müssen, dazu, erdgebunden zu bleiben. In manchen Fällen denke ich wirklich, dass ich dann eher dem Geist als den Hinterbliebenen helfe.

Ich kann mich an eine ältere Frau erinnern, die verstarb, nachdem es schon jahrelang mit ihrer Gesundheit nicht zum Besten stand. Ihre Töchter, die mich eingeladen hatten, erzählten, dass sie sich immer über diese oder jene Krankheit beschwert hatte, dass sie jedoch nie geglaubt hätten, eine davon würde zu ihrem Tode führen.

Sie hatte am Chronischen Erschöpfungssyndrom gelitten, und die ständigen Schmerzen in den letzten Jahren waren als Fibromyalgie diagnostiziert worden. Dann hatte sie sich wie aus heiterem Himmel eine schwere Infektion zugezogen, war innerhalb einer Woche erst ins Fieberdelirium und dann in ein Koma gefallen, aus dem sie nie wieder erwachen sollte. Ihre Töchter hatten dem unzusammenhängenden Gemurmel, das sie während des Deliriums von sich gegeben hatte, entnommen, dass sie etwas mit dem Medaillon, das sie ständig um den Hals trug, anfangen mussten.

»Sollen wir sie damit begraben?«, fragten sie mich. »Oder soll es eine von uns behalten? Ist es für uns alle gedacht?«

Bei diesem Medaillon handelte sich es um ein goldenes Herz, das zwei Haarlocken enthielt, die die Verstorbene ihren Töchtern abgeschnitten hatte, als sie noch Babys gewesen waren. Die Frauen waren natürlich sehr darauf bedacht, den wertvollsten Besitz ihrer Mutter angemessen in Ehren zu halten.

Ihre Mutter war mit dem Medaillon um den Hals in ihrem Sarg aufgebahrt. Der Geist stand daneben und rang verzweifelt die Hände.

»Ist das Medaillon für eine Ihrer Töchter bestimmt?«, fragte ich die alte Frau.

»Ich liebe meine Töchter und liebe meinen Mann«, erklärte der Geist inbrünstig.

Ich nickte und wartete darauf, dass sie fortfuhr.

»Aber die Schuld. Die Schuld hat mich krank gemacht«, flüsterte sie.

Es ist nichts Ungewöhnliches, dass Verstorbene bereitwillig Dinge erzählen, die sie zu Lebzeiten niemals einer

Menschenseele verraten hätten. Meistens weiß ich nicht, ob sie sich einfach etwas von der Seele reden müssen und gar nicht wollen, dass ihre Hinterbliebenen davon wissen. Also höre ich mir für gewöhnlich ihre Geschichten bis zum Ende an.

Die alte Frau erzählte mir, dass sie schwanger geworden war, noch bevor sie ihren Ehemann kennengelernt hatte. Das Baby hatte sie zur Adoption freigegeben, und der Vater, ein Soldat, wurde einberufen und war nie zu ihr zurückgekehrt. Viele Jahre später erfuhr sie, dass er gefallen war. Wenige Monate darauf lernte sie ihren zukünftigen Ehemann kennen und schenkte ihm zwei Töchter. Von ihrem ersten Kind verriet sie ihm nichts.

»Das Tragische war, dass das Baby von Leuten adoptiert wurde, die in unserer Stadt lebten. Manchmal ist mir meine Tochter sogar über den Weg gelaufen. Ich dachte oft daran, Kontakt zu ihr aufzunehmen, traute mich jedoch nicht. Jetzt müssen Sie mir einen Gefallen tun«, sagte sie.

»Nun, es gibt eigentlich keinen Grund, warum Ihr Ehemann jetzt, wo sie gestorben sind, davon erfahren sollte. Und ihre Töchter wollten eigentlich nur wissen, was Sie mit Ihrem Medaillon anstellen sollen. Warum die Sache also unnötig verkomplizieren?«, fragte ich.

»Weil sie eben kompliziert ist«, entgegnete sie und erklärte mir, dass ihre Töchter einem Irrtum aufsaßen – die Haarlocken im Medaillon gehörten in Wahrheit ihr selbst und ihrer erstgeborenen Tochter. Wenn sie nun das Medaillon an sich nahmen, würden sie für immer und ewig mit der Lüge leben. Die alte Frau dagegen wollte die Haarlocke ihrer ersten Tochter zurückgeben. »Sie muss erfahren, dass ich ihre Mutter bin«, sagte sie. »Ich weiß nicht, weshalb – aber sie muss es erfahren.«

Ich versprach, ihr zu helfen, doch dazu musste ich ihren Töchtern die Wahrheit auf der Stelle verraten, damit sie das Medaillon noch an sich nehmen konnten, bevor sich der Sarg endgültig schloss. Ob ihr Mann von der ganzen Sache erfuhr, wollte ich ihren Töchtern überlassen. Damit war sie zufrieden und dankte mir sehr herzlich.

Am Ende der Zeremonie traten die Töchter, die sich bis dahin um die Trauergäste gekümmert hatten, auf mich zu. Ich bat sie um ein ungestörtes Gespräch und legte ihnen die Sachlage dar. Wie nicht anders zu erwarten, starrten sie mich an, als hätte ich nicht alle Tassen im Schrank. Ich nannte ihnen den Namen der Frau, die das Medaillon erhalten sollte.

Sie starrten mich weiterhin wortlos an – was ich ihnen auch kaum verübeln kann. Die Neuigkeit schlug wie eine Bombe ein. In solchen Situationen muss ich die Menschen daran erinnern, dass ich nur der Bote bin, der die Nachrichten überbringt. Natürlich wäre es mir lieber zu sagen, »Jawohl, Ihre Mutter lässt ausrichten, dass in der untersten Schublade ihres Nachtkästchens noch fünfundzwanzigtausend Dollar liegen«, doch solche frohen Botschaften sind eher selten.

Etwa sechs oder sieben Monate nach dem Vorfall war ich gerade dabei, nach einem meiner Vorträge Bücher zu signieren, als eine Frau auf mich zukam. Ich erkannte sie sofort – sie war eine der beiden Töchter von der alten Dame mit dem Medaillon. »Erinnern Sie sich an mich?«, fragte sie.

Wie sich herausstellte, hatte sich alles zum Guten gewendet. Sie und ihre Schwester waren froh, den letzten Wunsch ihrer Mutter erfüllt zu haben. Sie hatten ihre Halbschwester aufgespürt und ihr das Medaillon überreicht.

Die drei Frauen hatten ein langes Gespräch über ihre gemeinsame Mutter geführt – gottlob, denn die erstgeborene Tochter hatte gesundheitliche Probleme und war heilfroh, nun etwas über ihren genetischen Hintergrund herausfinden zu können. Die beiden Schwestern hatten außerdem ihren Vater eingeweiht, der den Vorfall, der lange vor seiner Zeit geschehen war, mit Verständnis aufgenommen hatte.

Sie dankten mir noch einmal. »Ohne Sie hätten wir niemals unsere Schwester kennengelernt«, sagten sie. »Mutter ist jetzt bestimmt überglücklich.«

Hat es wehgetan? Hattest du Angst?

Noch niemals hat mir ein Geist erzählt, dass ihm der Tod Schmerzen bereitet hätte. Krankheit oder Verwundung ziehen natürlich Qualen nach sich, doch wenn es um den Tod an sich geht – der ist absolut schmerzfrei. Natürlich haben manche Menschen Angst davor, doch der Großteil berichtet nur Gutes über diejenigen, die dem Sterbenden im weißen Licht erscheinen, um ihm Trost und Zuversicht zu spenden.

Eine sehr erschütternde Erfahrung machte ich beim Begräbnis eines Soldaten, der im Irak gefallen war. In diesem Sommer waren allein zwanzig junge Männer und Frauen aus Cleveland, Columbus und Umgebung den Kämpfen im Irak zum Opfer gefallen, und die Beerdigungen waren jedes Mal eine sehr tragische Angelegenheit. Ich konnte kaum die richtigen Worte finden, um die Familien zu trösten. Die Geister der Soldaten versicherten mir, dass sie in Erfüllung ihrer Pflicht gestorben und stolz darauf waren, im Kampf gefallen zu sein. Das Einzige, was sie bedauerten, war, dass sie ihren Kameraden nicht mehr beistehen konnten. Als ich dies ihren Familien übermittelte, waren diese ebenfalls von Stolz erfüllt – wenn auch nicht gerade getröstet.

Auf einer dieser Beerdigungen erzählte mir ein junger Soldat – der nicht älter als zweiundzwanzig oder dreiundzwanzig war – etwas Außergewöhnliches. Er stammte aus einer Militärfamilie. Von seinem Urgroßvater an waren alle männlichen Familienmitglieder Soldaten gewesen. Als ich an seinen Sarg trat, sagte er mir, wie sehr er es bedauerte, seine Frau und seinen Sohn zurücklassen zu müssen. Ich versicherte ihm, dass er weiterhin nach ihnen sehen könnte, sobald er erst einmal im Licht war – er würde ihnen im Traum erscheinen und ihnen so möglicherweise Trost spenden können.

Ich bat ihn, ins Licht zu sehen und mir zu beschreiben, was er dort sah. Er starrte lange darauf. »Erstaunlich«, sagte er.

Dieses Phänomen beobachte ich oft. Aber auf das, was er als Nächstes sagte, war ich nicht vorbereitet.

»Ich kann meinen Großvater sehen«, sagte er. »Er sagt nichts, aber er trägt seine Uniform. Hinter ihm sind ganze Regimenter von Soldaten, ebenfalls uniformiert. Ich kenne keinen einzigen von ihnen, aber jeder Einzelne salutiert vor mir.«

Mir lief es kalt den Rücken hinunter.

»Ich kann mich an die Flaggen und die vielen Menschen erinnern, als sie meinen Leichnam vom Flugplatz hierhergebracht haben. Wenn ich ins Licht gehe, werde ich ein Held sein.«

Später erzählte ich seiner Mutter von unserer Unterhaltung, und ein Lächeln breitete sich auf ihrem Gesicht aus.

»Das sieht meinem Vater ähnlich – er wusste immer, wie er jemandem Trost spenden kann.«

Von dieser Mutter – und von jedem anderen Begräbnis – lernte ich die Lektion, immer das Beste aus jeder Situation zu machen. Sonst fällt man zwangsläufig – egal, ob lebendig oder tot – dem Unglück anheim.

6   MORDE UND SELBSTMORDE
Unnatürliche Todesfälle und erdgebundene Geister

Viele Geister, denen ich begegne, sind Opfer von Morden oder Selbstmorden. Wenn man genauer darüber nachdenkt, ist das nicht überraschend: Oft fordern sie Gerechtigkeit oder Vergeltung (im Falle derjenigen, die ermordet wurden), und entscheiden sich deshalb, nicht ins Licht zu gehen. Andere haben Angst davor, von einer höheren Macht bestraft zu werden, sobald sie ins Licht gehen (dies betrifft besonders Selbstmörder). Ich bin Geistern begegnet, die seit dem Zeitpunkt ihres Todes diejenige Person verfolgten, die ihnen Unrecht angetan hatte, und darauf warteten, es ihnen endlich heimzuzahlen. Andere Geister dagegen bemühen sich nach Kräften, den Anwalt des Übeltäters zu sabotieren, indem sie etwa Akten verlegen oder Nachrichten auf dem Anrufbeantworter löschen und so den Fortgang der Verhandlung stören.

Wenn ich mit diesen Geistern rede, sind sie normalerweise unendlich dankbar dafür, dass ich sie hören und ihre Geschichten an Familienmitglieder oder gar Behörden weitergeben kann.

Die Arbeit mit Gesetzeshütern

Da es sich bei manchen der erdgebundenen Geister, mit denen ich kommuniziere, um Mordopfer handelt, habe ich zwangsläufig Kontakt zu sowohl auf lokaler als auch auf nationaler Ebene operierenden Strafverfolgungsbehörden. Als ich das erste Mal einem Geist begegnet bin, der Opfer einer Gewalttat geworden war, zögerte ich nicht, alle Informationen an die örtliche Polizei weiterzuleiten. Da sich einige der Ermittler meiner Arbeitsweise gegenüber aufgeschlossen zeigten, entwickelte sich daraus eine regelmäßige Zusammenarbeit, die auch bald Früchte trug. Dank meiner Informationen waren die Ermittler in der Lage, in noch offenen Fällen Fortschritte zu erzielen. Mit der Zeit baten die Beamten mich außerdem, bestimmte Opfer im Auge zu behalten, sollte ich ihnen während meiner Arbeit zufällig begegnen.

Nach einem Vorfall mit einer jungen Prostituierten erhielt ich von der Polizei eine Datenbank mit über zweihundert Einträgen von Opfern ungeklärter Mordfälle. Die junge Frau – sie war erst neunzehn gewesen – war von einem gewalttätigen Freier ermordet worden. Ich erhielt einen Anruf von einer besorgten Mutter, der das in letzter Zeit ungewöhnliche Verhalten ihrer beiden Töchter Kummer bereitete. Die beiden Mädchen, vorher Muster an Höflichkeit und Gehorsam, waren auf einmal ungehobelt und respektlos. Der Geist, der sich in ihrer Nähe befand, hatte sie ebenso wie die Clique, der sie sich angeschlossen hatten, negativ beeinflusst. Auch ihr Kleidungsstil hatte sich verändert. Wo sie vorher adrette Jeans und Pullover und Polohemden in schönen Farben getragen hatten, bevorzugten sie jetzt ausschließlich die Farbe Schwarz, kombiniert mit zerrissenen Strumpfhosen. Ohne die Erlaubnis ihrer Mutter hatten sie sich Piercings und Tätowierungen zugelegt und das Haar ebenfalls schwarz gefärbt. Kein Wunder, dass auch ihre neuen Freunde ihrer Mutter äußerst suspekt waren.

Vielleicht lässt sich dieses Verhalten auf die Anpassungsschwierigkeiten der Teenager heutzutage zurückführen, doch ich kannte diese Familie lange bevor Musikvideos zu provokanter Kleidung aufriefen und der Gothiclook als Mode galt. Der einzige Grund für ihre Veränderung waren die unterschwelligen Botschaften, die die extrem negative Energie dieses erdgebundenen Geistes an sie richtete. Ihre Mutter vermutete mehr als nur das typisch rebellische Betragen von Teenagern, konnte ihre Kinder jedoch nicht dazu bringen, auf sie zu hören. In ihrer Not wandte sie sich also an mich.

Als ich bei ihr ankam, um mit den Töchtern zu sprechen, führte mich ihre Mutter in das Wohnzimmer. Das Erste, was mir ins Auge fiel, waren über einen Zeitraum von etwa zehn Jahren gesammelte Porträtaufnahmen der beiden Mädchen auf dem Kaminsims. Einige Minuten später erschienen die Töchter selbst, und hätte ihre Mutter sie nicht vorgestellt, so hätte ich sie niemals für die beiden Mädchen auf den Fotos gehalten. Die Ältere war etwa zwanzig und ging schon aufs College, während ihre Schwester gerade die Highschool abschloss. Sie ließen sich uns gegenüber auf die Stühle fallen und starrten uns herausfordernd an.

Ich hatte gerade angefangen, ihnen einige einfache Fragen zu stellen – Wo trieben sie sich normalerweise herum? Waren ihnen in letzter Zeit bestimmte Veränderungen aufgefallen? –, als der Geist einer zierlichen jungen Frau hereinstolziert kam. Sie war wirklich hübsch, wäre da nicht dieser grimmige Gesichtsausdruck gewesen. Als ich mit ihr sprach, bemerkte ich sofort, dass sie ein hartes Leben geführt hatte. Die meiste Zeit ihrer Jugend hatte sie auf der Straße verbracht. Ihre Mutter war Alkoholikerin mit ständig wechselnden, aber immer gewalttätigen Partnern gewesen, die sowohl sie als auch ihre Tochter terrorisiert hatten.

Bald bekam ich heraus, wo ihr Leichnam zu finden war (in einem namenlosen Grab, da sie niemand hatte identifizieren können), sowie die Art ihres Todes (sie war von einem Freier erschlagen worden). Sie fügte hinzu, dass sie seit etwa fünf Jahren tot war und diese Zeit in den Häusern mehrerer junger Mädchen verbracht hatte.

»Sie sind alle so schrecklich *gesund*«, sagte sie. »Und das bringt mich auf die Palme.«

Ich wollte sie wirklich überzeugen, ins Licht zu treten, da ich spürte, wie wütend sie war. Ich versicherte ihr, dass sie ihre Unschuld niemals zurückbekommen würde, egal, wie viele Häuser sie noch heimsuchte. Ich warf einen Blick auf die beiden Mädchen, die über den Tisch gebeugt dasaßen und den schwarzen Nagellack von ihren Fingern kratzten. »Die beiden sehen aber nicht besonders gesund aus«, sagte ich.

Der Geist zuckte mit den Schultern. »Ich übe wohl einen schlechten Einfluss auf sie aus.«

Ich sagte ihr, dass ich das Licht erscheinen lassen könnte, durch das sie ihren Frieden finden würde. Außerdem würde ich alles, was sie mir erzählt hatte, an die zuständigen Behörden weiterleiten – vielleicht konnten die Leute, die sie so verletzt hatten, ja noch zur Rechenschaft gezogen werden. Daraufhin schien sie sich besser zu fühlen. Da sie den Namen des Mannes, der sie ermordet hatte, nicht kannte, nannte sie mir stattdessen den ihres Zuhälters.

Sie verließ das Diesseits, und nach und nach wurden die beiden Mädchen wieder »gesund« – sehr zur Erleichterung ihrer Mutter. Wie versprochen sprach ich mit einer Kontaktperson bei der Polizei und nannte ihr die Nummer und den Standort des Grabes, in dem die junge Prostituierte lag. Der Polizist bat mich um eine Beschreibung des Mädchens, woraufhin ich einige Fotos von Vermissten durchsehen musste und den Geist auch identifizieren konnte. Auch die Grabnummern stimmten überein.

Seltsamerweise begegneten mir in den nächsten Monaten die Geister weiterer unidentifizierter Mädchen, die ich jedes Mal mit den Daten der Polizei verglich. Deshalb besitze ich jetzt die Akten vieler ungelöster Fälle der Jahre 1981 bis 1995, aufgrund derer ich inzwischen acht oder neun Mädchen identifizieren konnte. Nicht viel angesichts Hunderter vermisster Personen, doch immerhin ein Anfang.

Aufgrund dieser Erfahrung weiß ich jetzt, dass Polizisten verschiedener Reviere – und auch verschiedener Städte – regelmäßig Informationen austauschen. In den letzten Jahren machte jedenfalls das Gerücht, dass ich in bestimmten Fällen die letzte Rettung darstellen kann, die Runde, und inzwischen habe ich mit örtlichen, überregionalen und landesweiten Ermittlungsstellen zusammengearbeitet, von der Drogenbehörde bis hin zum FBI. Natürlich haben die Aussagen erdgebundener Geister vor Gericht keinen Bestand. Dieser Tatsache sind sich die zuständigen Ermittler jedoch durchaus bewusst.

Selbstverständlich muss ich stets vorsichtig sein, wem ich die Informationen, die mir ein erdgebundener Geist mitteilt, weitergebe. Diese Lektion habe ich vor vielen Jahren auf die harte Tour gelernt, als ich auf Anfrage der örtlichen Polizei einen Fall bearbeitete. Es ging um ein neunjähriges Mädchen, das in einem wohlhabenden Vorort aus dem Auto ihrer Mutter entführt worden war. Die Presse war noch nicht informiert worden, als mich eine Beamtin anrief, mit der ich vorher schon einmal zusammengearbeitet hatte. Obwohl die Leiche des Mädchens noch nicht aufgetaucht war, deutete doch alles darauf hin, dass sie bereits tot war. Ob ich in diesem Fall herausfinden konnte, ob sie bereits ins Licht getreten war?

Angesichts der Tatsache, dass ihre Eltern wohl in heller Aufregung waren, bezweifelte ich, dass das Kind besonnen genug gewesen war, um die Schwelle zu übertreten. Ich vermutete, dass sich ihr Geist zu Hause bei seiner Mutter befand. Doch um absolute Sicherheit zu haben, musste mich die Familie entweder anrufen oder zu sich einladen.

Einen solchen Termin zu vereinbaren, ist für einen Staatsbeamten eine heikle Sache. Man kann ja schlecht zur Familie des Opfers gehen und sagen: *Wissen Sie, wir haben da eine gewisse Frau an der Hand, die mit Geistern reden kann ...* Ich weiß bis heute nicht, wie die Polizistin die Mutter der Entführten überzeugen konnte, doch als diese mich schließlich anrief, spürte ich sofort die Anwesenheit des Geistes. Das kleine Mädchen war zweifellos tot.

Als ich die Familie besuchte, regte sich die Mutter so sehr auf, dass ich nur wenige Informationen von dem kleinen Mädchen erhalten konnte, die ich jedoch sofort an die zuständige Beamtin weiterleitete.

Diese heiße Spur führte dazu, dass der Leichnam des Mädchens gefunden wurde und das FBI den Fall übernahm.

Ich dachte nicht weiter über die Sache nach – solange mich die Mutter nicht ausdrücklich darum bat, mit ihrer Tochter zu reden, konnte ich nichts weiter tun.

Etwa eine Woche später bemerkte ich ein fremdes Auto, das vor dem Friedhof gegenüber von unserem Haus parkte. Ich weiß nicht, weshalb es mir auffiel, doch bald begriff ich, dass es jeden Tag dort stand. Als der Fahrer einmal ausstieg, um sich die Beine zu vertreten, sah ich, dass er ein Fernglas in der Hand hielt. Ich war schockiert. Mit Geistern habe ich kein Problem, doch mit Spannern ist es etwas ganz anderes!

Ich verschloss alle Türen und rief meinen Mann in der Arbeit an. Doch in der Leitung klickte es nur, und ich nahm an, dass die Verbindung – wie so oft in unserer ländlichen Gegend – wieder einmal gestört war. Als ich ihn schließlich doch erreichen konnte, glaubte er, ich litte an Verfolgungswahn.

Die ganze Woche beobachteten ich und der fremde Mann uns gegenseitig. Da erhielt ich einen Anruf von der Polizistin. Sie wollte sich privat mit mir unterhalten. Bei unserem Treffen fragte sie mich sofort, woher ich die Informationen bezüglich des vermissten Mädchens erhalten hatte.

»Das ganze Revier befindet sich in heller Aufregung«, sagte sie.

»Meinetwegen?«, fragte ich.

»Nein, nicht Ihretwegen«, sagte sie. »Jedenfalls nicht direkt.«

Offenbar hatten ihre Vorgesetzten einige der Hinweise, die ich ihr gegeben hatte, an das FBI weitergereicht. Es waren Informationen, die dem FBI bereits bekannt, den örtlichen Behörden aber vorenthalten worden waren.

»Und deshalb laden Sie mich zum Essen ein?«, fragte ich.

»Mary Ann, ich muss Ihnen leider mitteilen, dass Sie zum Kreis der Verdächtigen gehören«, sagte die Polizistin mit leiser Stimme. »Sie wissen zu viel. Seien Sie also nicht überrascht, wenn Sie verfolgt oder beobachtet werden und Ihr Telefon abgehört wird.«

Plötzlich ergaben die klickenden Geräusche in der Telefonleitung und der seltsame Mann, der mein Haus beschattete, einen Sinn, und ich teilte der Beamtin meine Vermutungen mit.

Schlussendlich stand ich insgesamt sechs Monate lang unter Verdacht, weil ich angeblich »zu viel wusste«.

Diese Episode lehrte mich, dass sich mein Verhältnis zu den Gesetzeshütern, egal, welcher Couleur, immer schwierig gestalten wird. Natürlich tue ich alles, was in meiner Macht steht, wenn mich eine Behörde um Hilfe bittet. Andererseits gebe ich Informationen über die Geister Ermordeter nicht freiwillig weiter. Schließlich will ich nicht mit denen in einen Topf geworfen werden, die viele Kriminalbeamte schlicht als »übergeschnappt« bezeichnen – oder, was noch schlimmer ist, ich könnte mich erneut selbst verdächtig machen.

Es wäre natürlich einfacher, wenn mich ein Ermittler in einem ungelösten Mordfall einfach anrufen und zur betreffenden Familie fahren würde, damit ich mit dem Geist reden und den Fall so lösen könnte.

In Wahrheit ist die Sache viel komplizierter. Zum einen kann der Vorschlag, mich hinzuzuziehen, sehr befremdlich auf die trauernde Familie wirken, selbst, wenn er vom ermittelnden Beamten kommt. Zum anderen sind bei vielen ungelösten Mordfällen die Angehörigen überhaupt nicht zu ermitteln, und ich habe daher auch nicht die leiseste Ahnung, wo ich nach dem Geist suchen soll.

Ein weiteres Problem besteht darin, dass nicht jeder erdgebundene Geist, der umgebracht wurde, seinen Mörder auch kennt. Wenn er ihn gesehen hat, kann ich zumindest eine Beschreibung erhalten – doch es ist ja schlechterdings unmöglich, mit dem Geist ins Polizeirevier zu spazieren, um Fahndungsfotos durchzugehen.

Und schließlich muss jeder Hinweis, den ich weiterreiche, sorgfältig geprüft werden. Wenn die Chance besteht, dadurch einen Fall zu lösen, müssen die betreffenden Ermittler genau darauf achten, bei der Beweisfindung den Dienstweg einzuhalten, damit diese vor Gericht auch Bestand hat und zu einer Verurteilung führen kann. Ich für meinen Teil kann nicht mehr tun, als das, was mir gesagt wird, weiterzugeben. Auf das, was die Behörden mit diesen Informationen anstellen, habe ich keinen Einfluss.

Die Suche nach Gerechtigkeit

Manchmal bleiben die Geister von Ermordeten erdgebunden, um einen Weg zu finden, ihre Mörder zur Rechenschaft zu ziehen. In solchen Fällen existiert häufig eine persönliche Beziehung zwischen Opfer und Täter. Einmal bearbeitete ich einen Fall, in dem das Opfer – Jenny – nur wenige Wochen vor ihrem Tod ihre Schwester benachrichtigt hatte und sie wissen ließ, dass, sollte ihr etwas zustoßen, ihr Lebensgefährte Connor der Schuldige sein würde. Dies sollte sie unbedingt der Polizei mitteilen.

»Ich weiß, dass Jenny nicht unter natürlichen Umständen gestorben ist«, sagte die Schwester mir am Telefon. »Sie wollte Connor verlassen und ihren gemeinsamen Sohn mitnehmen. Ich weiß, dass er sie umgebracht hat.«

»Was sagt die Polizei dazu?«, fragte ich.

Die Ärzte im Krankenhaus hatten festgestellt, dass Jenny einem Herzanfall erlegen war. Ob dabei auch Drogen und Alkohol im Spiel waren, würden erst die Ergebnisse der Autopsie zeigen. Ihre Schwester versicherte mir jedoch, dass Jenny – trotz ihrer Beschäftigung als Kellnerin – keine Drogen genommen und nur mäßig getrunken hatte.

Verdächtig erschien mir, dass auch Connors vorherige Frau an einem Herzanfall gestorben war. Leider befand sich der Geist der Toten nicht bei seiner Schwester, und ich vermutete, dass er sich in seinem Haus und in der Nähe seines Kindes aufhielt – ein für die Geister von Müttern nicht ungewöhnliches Verhalten.

Ich bot an, zur Beerdigung zu kommen, doch die Frau sagte mir, dass sich Jennys Leichnam noch immer im Leichenschauhaus in Denver – ihrem letzten Wohnort – befand. Connor drängte darauf, ihn so schnell wie möglich einzuäschern und die Urne ihrer Schwester zu schicken, um eine Autopsie nach Möglichkeit zu verhindern.

»Finden Sie das nicht merkwürdig?«, fragte ich. »Was sagt die Polizei dazu? Üblicherweise muss ein Leichnam doch bis zum Ende der Ermittlungen aufbewahrt werden.«

Die Frau ließ keinen Zweifel daran, dass ohne Autopsie keine weiteren Schritte seitens der Behörden unternommen werden würden. Sie wusste nicht, ob sie Connor von seinem Vorhaben abbringen konnte.

Aus ihrer Stimme hörte ich, dass sie nicht die Energie hatte, ihm noch länger Widerstand zu leisten. Ich empfahl ihr, sich mit dem Leiter der Ermittlungen in Verbindung zu setzen und alles zu wiederholen, was sie mir erzählt hatte. Und sie sollte alle Hebel in Bewegung setzen, um Jennys Leichnam vor dem Krematorium zu bewahren.

Die Frau rief mich eine Woche später an und sagte, dass ihre Schwester in der örtlichen Leichenhalle aufgebahrt war. Da ich den Leiter dieser Einrichtung kannte, erhielt ich ohne Schwierigkeiten Zutritt und konnte mich dort mit der Frau treffen.

Ich war nicht überrascht, dort einen Geist vorzufinden. Doch als ich ihn der Frau beschrieb, erfuhr ich zu meiner Verblüffung, dass es sich nicht um Jenny handelte. Der Geist hieß Laura und war vor etwa zehn Jahren bei einem Verkehrsunfall gestorben.

»Laura war Jennys beste Freundin«, schluchzte die Frau.

Der Geist sagte, dass Jenny in Denver geblieben war, um auf ihren Sohn aufzupassen, da sie Connor nicht über den Weg traute. Laura, deren Geist Jenny seit über zehn Jahren begleitet hatte, war mit dem Leichnam gekommen, um mir folgende Nachricht zu übermitteln:

Sie hatte Connor über Wochen hinweg dabei beobachtet, wie er Jenny jeden Morgen ein paar Tropfen einer Flüssigkeit aus einer Pipette in ihren Frühstückssaft getan hatte. Sie hatte einen Blick auf das Etikett der Flasche geworfen: Es war ein langsam wirkendes Gift, das unweigerlich zu Herzversagen führte. »Ich wollte sie warnen ...«, begann der Geist hilflos.

Jennys Schwester nahm diese Nachricht unter Tränen auf. Ich fragte Laura, wo Connor das Gift aufbewahrte, und sie nannte mir die Adresse eines Lagerhauses. Mit diesen Angaben gelang es Jennys Schwester, die Polizei von Denver zu überzeugen, dem Leichnam Gewebeproben zu entnehmen und diese nach Spuren dieses bestimmten Giftes zu untersuchen. Während sie auf das Ergebnis warteten, behielten die Beamten Connor genau im Auge.

Ein paar Wochen später rief Jennys Schwester erneut an, um sich zu bedanken. Die Autopsie ließ starke Zweifel an einer natürlichen Todesursache aufkommen, sodass der zuständige Ermittler den Fall wieder aufnahm – diesmal natürlich mit Connor als dem Hauptverdächtigen.

Laura blieb jedoch erdgebunden. Ich nahm an, dass sie Jenny noch einmal sehen wollte, deshalb riet ich ihr, danach auf einer Beerdigung nach dem weißen Licht Ausschau zu halten. Da Connor nun unter dringendem Tatverdacht stand, wurde Jennys Schwester das Sorgerecht für den Jungen zugestanden. Sie bat mich, sie zu Hause zu besuchen, wo ich auch Jennys Geist traf. Nachdem ich ihr versichert hatte, dass ihr Sohn in Sicherheit war, dankte mir Jenny von ganzem Herzen und trat ins Licht.

Mit den Toten zu sprechen kann gefährlich sein

Vor den Toten selbst habe ich niemals Angst, doch mit dem Geist eines Mordopfers zu sprechen kann manchmal ziemlich anstrengend sein. Geister haben nichts zu verbergen – sie erzählen einem alles frei von der Leber weg, was bei den Lebenden ja nicht immer der Fall ist. Wenn ich also einem Mordopfer begegne, das genau weiß, wo und durch wessen Hand es der Tod ereilt hat, kann ich mich ganz schnell in einer sehr haarigen Situation wiederfinden.

Eines meiner erschreckendsten und ungewöhnlichen Erlebnisse dieser Art hatte ich, als die Hinweise, die mir ein

Geist gab, dazu führten, dass sein Mörder, der sich im selben Raum wie ich, die Witwe des Geistes und andere Familienmitglieder befand, ein Geständnis ablegte.

Schon von Anfang an hatte ich ein ungutes Gefühl bei der Sache. Eine Frau rief mich an, die meine Nummer von einer Eheberaterin erhalten hatte, die sie nach dem Tod ihres ersten Mannes und während ihrer zweiten Ehe konsultiert hatte. Sie erzählte mir von den außergewöhnlichen Umständen, die ihre beiden Hochzeiten begleitet hatten.

Es ging um Folgendes: Die Frau – ich werde sie Ellen nennen – hatte während ihrer Kindheit und Jugend zwei sehr unterschiedliche beste Freunde. Die drei, die sich selbst die »Drei Musketiere« nannten, waren zusammen zur Highschool gegangen und hatten auch nach dem Abschluss Kontakt gehalten. Pete, der immer sehr strebsam gewesen war, schrieb sich am örtlichen College ein. Alex, ein hübscher, aber etwas rebellischer junger Mann, wurde Klempner, ohne auf sein wildes Partyleben zu verzichten. Ellen selbst wurde Kosmetikerin und fand eine Arbeitsstelle in ihrer Heimatstadt.

Die drei Freunde gingen weiterhin gemeinsam aus, und im Laufe der Zeit entdeckten Ellen und Alex, dass sie mehr als nur freundschaftliche Gefühle füreinander hegten. Bald beschlossen sie zu heiraten. »Pete warnte mich. Er hatte Angst, dass ich einen Fehler machen würde«, sagte Ellen. »Er behauptete, dass Alex ein Trinker und Schwerenöter war, der mir irgendwann das Herz brechen würde. Der arme Pete – er war so ein guter Freund und hat immer auf mich aufgepasst.«

Nichtsdestotrotz war Ellen schwer in Alex verliebt, stellte ihm aber bestimmte Bedingungen: Er musste hoch und heilig schwören, seinen Alkoholkonsum einzuschränken und keiner anderen Frau mehr hinterherzusteigen. Sie heirateten, und Pete war der Trauzeuge. Nach sechs Monaten fand Ellen heraus, dass sich Alex nicht an sein Wort gehalten hatte. Sie las ihm ordentlich die Leviten, und selbst Pete ermahnte Alex, sich wie ein vernünftiger Ehemann zu benehmen.

»Alex riss sich zusammen«, sagte Ellen, »und wir dachten sogar daran, eine Familie zu gründen.«

Kurze Zeit später starb Alex bei einem tragischen Autounfall. Er und Pete hatten ein Baseballspiel besucht und waren gerade auf dem Heimweg gewesen. Sie hatten den ganzen Tag über getrunken, und obwohl Pete das Steuer übernehmen wollte, hatte Alex darauf bestanden, selbst zu fahren. Bei dem Unfall wurde Pete aus dem Wagen geschleudert und überlebte wie durch ein Wunder, während Alex zusammen mit dem Auto eine Schlucht hinunterstürzte und zu Tode kam.

»Pete und ich waren untröstlich«, sagte Ellen. »Nach einigen Monaten fiel mir jedoch auf, was für eine große Stütze Pete mir in dieser schweren Zeit gewesen war. Als er mir einen Heiratsantrag machte, willigte ich ein – ich bildete mir ein, dass wir drei auf diese Weise weiterhin unzertrennlich sein würden.«

Aber Ellen wurde nicht glücklich mit Pete und wandte sich aufgrund der ständigen Streitereien und Spannungen an eine Eheberaterin. Sie wurde schwer depressiv und litt auch unter körperlichen Beschwerden. Der Eheberaterin gegenüber äußerte sie die Vermutung, einen Fehler gemacht zu haben. Sie wollte absolut sicher sein, dass Alex damit einverstanden gewesen wäre, dass sie Pete geheiratet hatte. Die Beraterin schließlich verwies sie an mich. Ellen hoffte, dass der Geist ihres ersten Ehemannes noch erdgebunden war und ihr einige Ratschläge darüber geben könnte, wie sie ihr Leben wieder in den Griff bekam.

Während ich mit ihr sprach, hatte ich die Vision eines Geistes. Es war ein attraktiver, dunkelhaariger Mann mit leuchtend blauen Augen. Ich beschrieb ihn ihr, und sie war fest davon überzeugt, dass es sich um Alex handelte. Wir verabredeten uns, und bevor sie auflegte, fragte sie, ob ich einverstanden wäre, wenn sie Pete hinzuziehen würde. »Ich denke, dass Alex' Segen zu unserer Heirat auch Pete viel bedeuten würde«, sagte sie.

Zwei Wochen vor dem verabredeten Zeitpunkt erhielt ich einen Anruf von Pete. Leider musste er den Termin absagen und würde später wieder anrufen, um eine neue Verabredung zu treffen. Ich hörte einen gewissen Unterton – so, als ob Pete nicht im Geringsten die Absicht hätte, sich noch einmal zu melden. Ich strich also dieses Treffen aus meinem Terminkalender.

Einige Wochen später traf ich zufällig die Eheberaterin, die Ellen meine Karte gegeben hatte. »Ich habe gehört, dass Sie im Krankenhaus waren«, sagte sie besorgt. »Ich hoffe, es geht Ihnen wieder besser. Wir haben uns große Sorgen gemacht.«

Ich hatte keine Ahnung, wovon sie redete. »Ellen sagte mir, dass Sie Ihr Treffen wegen einer dringenden Operation verschieben mussten«, sagte sie. »Ich hoffe, Sie sind wieder auf dem Damm.«

Ich wies die Frau darauf hin, dass ich mich die ganze Zeit über bester Gesundheit erfreut hatte und es Ellens Mann gewesen war, der den Termin abgesagt hatte. Nun war sie verwirrt und versprach, Ellen auf dieses Missverständnis anzusprechen, und hoffte, dass es doch noch klappen würde.

Als mich Ellen erneut kontaktierte, war ich natürlich sehr neugierig. Sie rief mich von ihrem Büro aus an, entschuldigte sich vielmals und beteuerte, dass sie keine Ahnung hatte, warum Pete sich mit mir in Verbindung gesetzt hatte, waren sie doch erst kürzlich auf einer Party gewesen, auf der Bekannte ihnen noch einmal von meinen Fähigkeiten vorgeschwärmt hatten.

Jetzt war ich natürlich alarmiert und schlug vor, dass Alex' Geschwister sich ebenfalls zum neuen Termin einfinden sollten. Wenn Pete irgendetwas zu verbergen hatte – oder der Meinung war, dass ich eine Betrügerin war –, so war es mir lieber, dass noch weitere Zeugen zugegen waren. Wir wollten uns einige Wochen später treffen.

Diesmal sagte niemand ab. Als ich dort eintraf, warteten Ellen, Pete und Alex' zwei Brüder und seine Schwester bereits auf mich. Auch Alex' Geist war anwesend – es dauerte nicht lange, bis er mir das erzählte, was ihm schon so lange schwer auf der Seele gelegen hatte. Als ich die Umstände seines Todes erfuhr, lief es mir kalt den Rücken hinunter. Ich wusste nun, dass sich die Person, die Alex umgebracht hatte, genau hier befand, im gleichen Raum wie ich selbst. Und ich hatte keine Ahnung, was ich jetzt tun sollte.

Ellen bat mich, ihrem verstorbenen Mann alle möglichen Fragen zu stellen: »Wieso musstest du dich ans Steuer setzen, obwohl du so viel getrunken hast? Wieso hast du Pete nicht fahren lassen?« Der Geist schüttelte jedes Mal heftig den Kopf, und alle starrten mich an und warteten gespannt, was ich zu sagen hatte.

»Vielleicht ist das, was er zu sagen hat, nicht für aller Ohren bestimmt«, schlug Pete schließlich vor. »Wie wäre es, wenn wir nach nebenan gehen, Sie mir alles erzählen und ich es Ellen dann schonend beibringe?«

Um Zeit zu schinden, willigte ich ein. Ich fragte Ellen, ob sie damit einverstanden wäre, woraufhin diese natürlich protestierte und darauf bestand, dass alle hörten, was Alex zu sagen hatte.

Pete war inzwischen kreidebleich geworden und schwitzte. Ich sah ihm direkt in die Augen. »Also gut – Alex sagt, dass er damit zufrieden ist, wie alles ausgegangen ist, und dass er froh ist, dass Sie versucht haben, Ellen zu trösten.« Ich gab einige weitere Details preis, die nur Alex wissen konnte, um alle Zweifel zu zerstreuen.

»Pete, Alex hat noch eine Frage an Sie: Er will wissen, warum Sie ihm an jenem Tag während des Baseballspiels eine Runde nach der anderen ausgegeben haben. Er sagt, dass Sie sonst nie so viel getrunken hätten. Können Sie ihm das erklären?«

Pete starrte eine Minute lang ausdruckslos vor sich hin. »Er hat Ihnen alles erzählt, nicht wahr?«, sagte er schließlich.

Ich nickte.

Pete vergrub den Kopf zwischen den Händen, schluchzte und gestand, seinen besten Freund ermordet zu haben. Er hatte ihn so schwer abgefüllt, dass Alex auf dem Nachhauseweg eingeschlafen war. Ohne nachzudenken hielt Pete, der in Wahrheit am Steuer gesessen hatte, an, zog Alex auf den Fahrersitz, löste die Handbremse und ließ den Wagen die Schlucht hinunterrollen. Dann sprang er hinterher, verlor das Bewusstsein und wachte erst im Krankenhaus wieder auf. Alex war tot.

Alle Anwesenden waren über die Maßen schockiert, und ich war gottfroh, sobald ich das Haus wieder verlassen konnte. Zuvor ließ ich jedoch Alex noch ins Licht treten. Pete wanderte ins Gefängnis, wo er sich meines Wissens bis heute befindet. Wenn Geister mir ihren Mörder verraten, ist das schon schlimm genug. Doch wenn dieser Mörder dann auch noch sein Geständnis vor meinen Augen ablegt, geht mir das wirklich an die Nieren.

Selbstmörder

Mit Geistern von Mordopfern zu reden kann aufregend und anstrengend sein, doch noch viel verstörender ist es, mit Geistern von Menschen zu sprechen, die ihrem Leben selbst ein Ende gesetzt haben. Das sind immer ganz besonders herausfordernde Situationen.

Manchmal begegne ich Geistern, die schon vor vielen Jahren Selbstmord begangen haben. Oft sind sie katholischen Glaubens und wissen, dass ihre Kirche Suizid als eine Todsünde ansieht. Sie glauben, dass sie verdammt sind und schnurstracks zur Hölle fahren werden. Sie bleiben erdgebunden, da sie nicht hoffen, im Licht Vergebung zu finden, und stattdessen mit ewiger Verdammnis rechnen müssen. Es erscheint ihnen als das kleinere Risiko, auf unserer Welt umherzuwandeln. Dann muss ich ihnen erklären, dass die katholische Kirche heutzutage Selbstmord als die Tat einer geistig verwirrten Person betrachtet und sie keine Angst haben müssen, zur Hölle zu fahren, woraufhin sie sich auch einsichtig und dankbar zeigen und ins Jenseits übertreten.

Doch im Wandel der Zeit scheinen sich auch die Gründe verändert zu haben, erdgebunden zu bleiben. Besonders in den jüngeren Generationen bemerke ich unter Selbstmördern einen alarmierenden Trend. Heutzutage scheinen viele Menschen unterhalb der fünfzig – und ganz besonders Teenager – keine Reue mehr darüber zu empfinden, dass sie sich das Leben genommen haben. Sie haben keine Angst vor der Verdammnis und fürchten sich auch nicht vor dem, was sie nach dem Tod erwartet. Für sie scheint der Freitod eher ein Akt der Rache oder Rebellion statt eine Verzweiflungstat zu sein. Manche entscheiden sich dafür, erdgebunden zu bleiben, andere dagegen, doch ihre Beweggründe sind nicht die Angst vor Verurteilung und Bestrafung. Diese unzufriedenen Seelen sehen den Tod eher als eine neue Erfahrung an, und viele bleiben einfach nur, um sich ein bisschen umzusehen. Wenn sie dann bemerken, dass das Leben nach dem Tod nicht so interessant ist, wie sie vielleicht gedacht haben, treten sie um einer weiteren Erfahrung willen ins Licht. Ich weiß nicht, was diese Einstellung über unsere heutige Jugend aussagt, aber ich weiß, dass sie den Umgang mit den Geistern von Selbstmördern stark verkompliziert.

Wohl aufgrund meiner Erfahrung mit toten Menschen werde ich oft von den Lebenden gefragt, was mit ihnen geschehen würde, wenn sie Selbstmord begehen. Darauf antworte ich immer: »Ich weiß es nicht. Ehrlich.« Was ich ihnen sagen kann ist, dass viele Geister von Selbstmördern versucht haben, ihre Entscheidung im letzten Moment ungeschehen zu machen – zu spät.

Interessant ist, dass Menschen, die sich das Leben nehmen, diese Welt zwar verlassen, jedoch nicht immer sofort die nächste aufsuchen wollen. Was ja bedeutet, dass der Betreffende noch nicht gänzlich mit allem abgeschlossen hat. Oft haben die Hinterbliebenen noch viele Fragen – egal, wie ausführlich der Abschiedsbrief gewesen sein mag. Viele Familien sind wütend und wollen verstehen, weshalb der Betroffene sich umgebracht hat.

Nicht selten nimmt auch die Polizei Kontakt zu mir auf, um in strittigen Fällen zu klären, ob es sich um Mord oder Suizid handelt. Von allen Todesarten schlägt wahrscheinlich gerade der Selbstmord die höchsten Wellen, da er einzig und allein aus egoistischen Gründen verübt wird und sich die Täter nicht im Geringsten um das scheren, was sie anderen damit antun.

Ich kann mich an einen Fall erinnern, in dem der angebliche Selbstmord eines Mannes alle, die ihn kannten, in unglaubliches Chaos stürzte. Die Polizei bat mich, einen Fall zu untersuchen, bei dem sie einfach nicht mehr weiterkam. Die Witwe behauptete, dass ihr Mann Selbstmord begangen hatte, obwohl einige Beweisstücke, die am Tatort gefunden worden waren, darauf hindeuteten, dass noch jemand anderes beteiligt gewesen war. Es gab sogar einen Hauptverdächtigen mit einem plausiblen Motiv, der jedoch für die Tatzeit ein wasserdichtes Alibi hatte.

Was diesen Fall so außergewöhnlich machte, war, dass dieser Hauptverdächtige der Zwillingsbruder des Selbstmörders war. Die Witwe behauptete steif und fest, dass ihr Schwager nichts mit dem Tod ihres Gatten zu tun hatte, obwohl sein Feuerzeug direkt zu Füßen des Leichnams auf dem Garagenboden gefunden worden war. Der Mann war erhängt worden, wobei seine Beine, nicht jedoch seine Arme gefesselt waren und es keinen Hinweis darauf gab, wie er es geschafft hatte, in diesem Zustand auf die hohen Dachbalken der Garage zu klettern. Außerdem vermutete die Polizei, dass die Witwe schon seit Längerem eine Affäre mit ihrem Schwager hatte, was der angebliche Selbstmörder wohl herausgefunden hatte.

Mit diesen Fakten im Hinterkopf besuchte ich den Tatort, doch vom Geist war keine Spur zu sehen. Die Witwe und ihr Schwager beteuerten felsenfest, dass es sich um einen Suizid handelte und waren sogar einverstanden, dass ich im Beisein der Polizei mit dem Geist sprach. Also verlegte ich die Unterredung in das Haus des Verstorbenen, wo ich seinen Geist vermutete.

Die Spannung war unglaublich. Die Ermittler sahen ihren Hauptverdächtigen finster an, während sich die Witwe und ihr Geliebter verstohlene Blicke zuwarfen und unter dem Tisch Händchen hielten. Wie gerne wäre ich einfach im Erdboden verschwunden. Endlich erschien der Geist in der Küche. Ich ließ ihn sofort wissen, dass ich ihn sehen und mit ihm reden konnte, und kam gleich auf den Punkt: »Wer hat Sie getötet?«

Der Geist besaß zumindest so viel Anstand, sich seiner Tat zu schämen. Er scharrte mit den Füßen und sah sich nervös um, während ich geduldig auf seine Antwort wartete. »Ich habe mich selbst umgebracht«, gestand er schließlich.

»Es war Selbstmord«, eröffnete ich der Gruppe.

»Aber wie?«, fragten die Anwesenden im Chor.

Nach und nach wurde klar, dass der Geist versucht hatte, seinem Bruder den Tod in die Schuhe zu schieben. »Ich wusste, dass sie eine Affäre hatten«, sagte er. »Zuerst wollte ich sie beide töten … doch dann dachte ich, dass ich mich genauso gut selbst umbringen konnte – nur, um sie so sehr zu verletzen, wie sie mich verletzt haben.«

Er hatte das Feuerzeug seines Bruders auf den Boden gelegt und die Schlinge über die Balken geworfen. Dann war er hinaufgeklettert, hatte sich selbst die Beine mit Klebeband gefesselt, das Seil fest an den Balken gebunden, sich die Schlinge um den Hals gelegt und war losgesprungen.

»Ich scheine euch nicht genug zu hassen, um euch wirklich dafür büßen zu lassen«, sagte der Geist, »trotzdem verachte ich euch zutiefst. Aber mich dafür umzubringen – das war es nicht wert. Das weiß ich jetzt.«

Danach konnte er es kaum erwarten, im Licht seinen Frieden zu finden. Es war, als würde er den Raum verlassen und die Tür heftig hinter sich zuknallen.

Obwohl manche Menschen glauben, dass sie ihrer Familie einen Gefallen tun, indem sie sich umbringen, rufen sie doch immer nur Schmerz und Verwirrung hervor. Vor einiger Zeit luden mich die erwachsenen Kinder eines Ehepaares, das gemeinsam in den Freitod gegangen war, zur Beerdigung ihrer Eltern ein. Die Kinder wussten nicht, dass bei ihrem Vater ein inoperabler Gehirntumor diagnostiziert worden war. Da ihm nicht mehr viel Zeit geblieben war, hatten die beiden ihre letzten Angelegenheiten mit peinlich genauer Sorgfalt geordnet. Sie teilten ihre Besitztümer unter ihren Kindern auf, brachten alle ihre finanziellen Angelegenheiten in Ordnung und bezahlten sogar das komplette Begräbnis, bis zum letzten Blumengebinde, im Voraus. Schließlich hinterließen sie einen langen, ausführlichen Abschiedsbrief, in dem sie ihren Kindern ihre Beweggründe genau darlegten.

Und dann taten sie etwas, das mich bis zum heutigen Tage in Erstaunen versetzt: Der Mann hatte im Garten um sein Gewehr einen sehr komplizierten Mechanismus aufgebaut. Die Frau konnte ihrem Mann ins Gesicht sehen, als er abdrückte. Die Kugel durchbohrte zuerst sie und blieb dann in seinem Herzen stecken.

Während der Beerdigung versuchten ihre Kinder, diese Tat zu verstehen. Ich sollte ihre Eltern fragen, warum sie sich das Leben genommen hatten. Natürlich fühlte ich mit den Kindern, doch dann spürte ich die tiefe Verwunderung ihrer Eltern darüber, dass die Kinder ihre Entscheidung nicht besser aufgenommen hatten und ihre sorgfältigen Vorbereitungen nicht zu schätzen wussten. Fast empfand ich Verständnis für sie.

Für mich ist es immer noch sehr schwer zu begreifen, was einen Menschen dazu bringt, sich selbst zu töten, obwohl manche Situationen diese Entscheidung herbeizuführen scheinen, so etwa unheilbare Krankheiten, unaufhörliche Schmerzen oder psychische Leiden, die tiefe Verzweiflung hervorrufen. Doch für jede leidende Seele, die den Freitod als letzten Ausweg aus geistig oder körperlich untragbaren Situationen wählt, scheint es einen Geist zu geben, der sich umgebracht hat, nur um jemand anderem damit das Leben schwer zu machen.

Wenn es um unnatürliche Todesfälle geht – sei es nun Mord oder Selbstmord –, weiß ich nie, was mich bei der Begegnung mit dem betreffenden Geist erwartet. Bis jetzt bin ich noch jedes einzelne Mal erstaunt, schockiert oder gar verärgert gewesen. Und das Schlimmste dabei sind die Auswirkungen, die Morde und Suizide auf die Hinterbliebenen haben, die sich nun über die Hintergründe dieser Todesfälle Gedanken machen müssen. Ich tue, was ich kann, um diesen ruhelosen Geistern zu ihrem Recht zu verhelfen, Missverständnisse aufzuklären und ihre oft schwer begreiflichen Taten so gut wie möglich zu erklären.

7 KINDER

Junge Geister sind anders

Kinder sind auf bemerkenswerte Weise mit der Geisterwelt, die uns umgibt, in Einklang. Meiner Erfahrung nach können die meisten lebenden Kinder erdgebundene Geister, aber auch diejenigen, die ins Licht gegangen sind und sogar Schutzengel hören oder spüren. Wenn mir ein Kind etwas über einen erdgebundenen Geist erzählt, entspricht dies mit großer Wahrscheinlichkeit auch der Wahrheit.

Nachdem ich begriffen hatte, dass Kinder die angeborene und intuitive Fähigkeit besitzen, mit jeglicher Art von Geistern zu kommunizieren, fragte ich mich, weshalb sich meine eigene Gabe nur auf die erdgebundenen beschränkt. Ich vermute, dass ich zu irgendeinem Zeitpunkt ebenfalls in der Lage war, andere Geistwesen zu sehen, doch – und da hat wohl die Beharrlichkeit meiner Großmutter ihren Teil dazu beigetragen – scheine ich einen bestimmten Aspekt dieser Gabe besonders entwickelt zu haben, allerdings auf Kosten anderer Fähigkeiten.

In Nachhinein betrachtet kann ich mich sehr glücklich schätzen, dass meine Großmutter meine Gabe so früh erkannt und entschlossen gefördert hat. Die meisten Kinder, die behaupten, imaginäre Spielgefährten zu sehen, werden zum Schweigen verurteilt oder dazu ermahnt, sich wie ein »großer Junge« oder ein »großes Mädchen« zu verhalten. Viele Leute fragen mich, ob Kinder Geister sehen können – meiner Erfahrung nach sind imaginäre Spielgefährten nicht immer imaginär, und Kinder, die während einer kleinen Teestunde in ihrer Puppenküche mit unsichtbaren Gästen plaudern, können durchaus mit Geistern sprechen, die die Erwachsenen nicht zu sehen vermögen.

Wenn diese Kinder größer werden und ihnen ihre Eltern dann wohlmeinende Ratschläge in Bezug auf Sachlichkeit und Vernunft erteilen, sind diese imaginären Spielgefährten schnell vergessen. Ich für meinen Teil kann mich an keinen dieser Gefährten aus meiner Kindheit erinnern, und ich glaube, dass es auch vielen anderen Menschen im Erwachsenenalter ähnlich geht.

An den ersten Kindergeist, dem ich begegnet bin, erinnere ich mich jedoch sehr gut. Ich war gerade in der dritten Klasse und fuhr täglich mit dem Bus zur Schule. Dabei saß ich neben einem Mädchen namens Lucy, das eine Haltestelle nach mir einstieg und nachmittags auch wieder vor mir ausstieg. Eines Tages wollte der Bus gerade losfahren, als der Fahrer plötzlich heftig auf die Bremse trat und zu schreien anfing. Ich erinnere mich, dass ich aus dem Fenster sah. Lucy lag auf dem Bürgersteig. *Was ist nur los mit ihr?,* dachte ich.

Als ich nach Hause kam, klingelte ununterbrochen das Telefon. Meine Mutter brachte meinen Schwestern und mir schonend bei, dass Lucy von einem Auto erfasst und vor dem Bus zu Tode gekommen war. Am nächsten Tag in der Schule beteten die Nonnen gemeinsam mit uns um Lucys Seelenheil und begleiteten die gesamte Klasse zum Trauergottesdienst. Lucys Geist war ebenfalls anwesend und saß auf der Bank neben ihren verzweifelten Eltern. Ich erinnere mich, dass ich versucht habe, Blickkontakt mit ihr herzustellen, damit sie wusste, dass ich sie sehen konnte. Doch leider schaute sie nicht ein einziges Mal in meine Richtung. Da wir den Friedhof nicht betreten durften, weiß ich nicht, ob sie ins Licht gegangen ist oder nicht.

Einige meiner Klassenkameradinnen hatten große Angst vor Lucys Beerdigung. Sie wollten weder den geöffneten Sarg vor der Kirche oder die vielen Trauergäste sehen, die sich darum versammelten. Da ich mit meiner Großmutter bereits eine ganze Reihe von Beerdigungen besucht hatte, wusste ich ja, was mich erwartete. Trotzdem – auf diesen Trauerfeiern waren die Verstorbenen immer mir unbekannte Personen gewesen. Hier kannte ich jedoch die Tote, was eine neue Erfahrung für mich war. Ich bin der festen Überzeugung, dass Eltern ihre Kinder bei jeder sich bietenden Gelegenheit zu Beerdigungen und Leichenschauen mitnehmen sollten, besonders zu denen von Menschen, zu denen die Kinder keine emotionale Bindung hatten.

Die Kleinen müssen schließlich wissen, dass man sich vor den Toten nicht fürchten muss. Obwohl ihre Körper die Augen geschlossen haben, schlafen sie nicht. Es ist wichtig, dass Kinder den Tod nicht für eine Art Dämmerzustand halten, sondern begreifen, dass er Teil eines Prozesses ist. Natürlich sind die Angehörigen in Trauer, wenn sie einen geliebten Menschen verlieren, doch der Verstorbene selbst ist niemand, vor dem man Angst haben müsste.

Nach Lucys Begräbnis fragte ich meine Großmutter, warum ich die Geister von Babys oder jüngeren Kindern nicht sehen könnte. Sie erklärte mir, dass Kinder Schutzengel besäßen, die ihre Geister direkt in den Himmel begleiten würden. Da meine Großmutter nicht die Fähigkeiten besaß, die ich habe, erzählte sie mir eben ihre Version der Wahrheit – es sollten noch viele Jahre vergehen, bis ich tatsächlich die außergewöhnliche Art und Weise verstand, wie sich Kinder – sowohl lebend als auch tot – in der Geisterwelt bewegen.

Babys und Säuglinge

Es überrascht mich nicht, noch nie den Geist eines Babys auf einer Beerdigung gesehen zu haben. Ein Säugling begreift schließlich noch nicht, was dort vor sich geht – welchen Grund hätte er also, anwesend zu sein? Außerdem könnte er mir nichts erzählen, da Säuglinge noch nicht gelernt haben, verbal zu kommunizieren. Trotzdem fragte ich mich lange, was mit ihren Geistern geschieht. Da ich sie nicht sehen kann, müssen sie eine Möglichkeit haben, die Schwelle zum Jenseits zu übertreten, doch wie stellen sie das an? Erst nach vielen Beerdigungen und Hausbesuchen war ich in der Lage, diese Frage zu beantworten. Ich erinnere mich sehr deutlich an eine Begegnung, die mir die Augen darüber öffnete, was mit dem Geist eines Babys nach seinem Tod geschieht.

Es war eine Spätsommernacht. Mein Mann und ich waren spät von einer Dinnerparty nach Hause gekommen. Unsere beiden Töchter übernachteten bei ihrer Großmutter. Als wir in die Einfahrt bogen, hörte ich, wie das Telefon klingelte. Ich lief hinein und erwischte gerade noch den Anruf eines Beamten von der Highway-Polizei. Da ich schon vorher mit ihm zusammengearbeitet hatte, verlor er keine Zeit mit Höflichkeitsfloskeln, sondern kam direkt zur Sache.

Es ging um einen schweren Autounfall, bei dem nicht nur eine Familie aus einem anderen Bundesstaat, sondern auch der Sprössling einer sehr angesehenen örtlichen Familie beteiligt war. Der Junge war gerade auf dem Weg ins Krankenhaus, während drei der Familienmitglieder bereits tot waren und das Leben des vierten auf der Kippe stand. Ob ich wohl sofort kommen konnte?

Dichter Nebel war aufgezogen, was die Fahrt dorthin sehr gefährlich machte. Trotzdem musste ich so schnell wie möglich zum Unfallort gelangen. Etwa zwanzig Minuten später kam ich dort an, und mir bot sich ein herzzerreißendes Bild: Der Geist des Vaters, der am Steuer gesessen hatte, stand neben dem Krankenwagen, in den gerade seine Frau verladen wurde. Er wiegte ein Kind in den Armen. Der Krankenwagen würde jeden Augenblick losfahren, und ich wusste, dass er seiner Frau ins Krankenhaus würde folgen wollen.

Ich ging direkt auf ihn zu. »Ich kann Sie sehen. Sagen Sie mir, was hier passiert ist.«

Er war verblüfft. »Sie können mich sehen?«

»So ist es. Und jetzt erzählen Sie mir, was hier vorgefallen ist, damit ich es der Polizei weiterleiten kann«, sagte ich mit drängender Stimme.

Er erzählte mir, dass er absolut sicher war, auf seiner Seite der Straße gefahren zu sein. Aufgrund des Nebels hatte er sich am Randstreifen orientiert, da die Straße sehr kurvig war und er sich in der Gegend nicht auskannte. An die Lichter anderer Fahrzeuge oder Bremsgeräusche konnte er sich nicht erinnern. Seine Kinder hatten in ihren Kindersitzen gesessen. Eines war fast eingeschlafen, während seine Frau sich abgeschnallt hatte, um das Jüngste zu beruhigen, das seinen Schnuller verloren hatte.

Ich sah mir das Kind in seinen Armen an. Es war ein kleines Mädchen, nicht älter als fünfzehn oder sechzehn Monate. Dann erinnerte ich mich, dass er noch ein weiteres Kind erwähnt hatte. »Wo ist es?«, fragte ich ihn. Der Geist deutete mit seinem Kopf auf eine Stelle direkt hinter sich, und als ich genauer hinsah, bot sich mir ein äußerst seltsamer Anblick: Der Geist eines winzigen Babys – höchstens zwei oder drei Monate alt – schwebte direkt hinter der rechten Schulter seines Vaters. Soweit ich sehen konnte, wurde es von niemandem festgehalten.

Das Gesicht des Säuglings konnte ich nicht erkennen. Es war, als hätte es sich in jemandes Schulter vergraben. »Wer hält das Baby?«, fragte ich den Vater so beiläufig, wie es mir möglich war.

»Meine Großmutter«, antwortete er.

Ich fragte ihn, wie lange seine Großmutter schon verstorben war. Etwa zwanzig Jahre, obwohl sie, wie er behauptete, in diesem Moment seltsamerweise viel jünger wirkte als zum Zeitpunkt ihres Todes. Er erinnerte sich genau daran, dass sie einen Buckel gehabt und nur gekrümmt hatte gehen können. »Aber jetzt steht sie da wie eine Eins und hält das Baby in ihren Armen«, sagte er.

Während wir uns unterhielten, rotierte das Baby hin und her, als würde es sanft gewiegt werden. Jetzt sah ich auch sein Gesicht – es schien tief und fest zu schlafen. »Vielen Dank«, sagte ich laut, obwohl ich nicht wusste, ob der Geist mich hören konnte. Das Baby wurde aufgerichtet und gegen die Schulter seiner Großmutter gedrückt.

Sobald ich sicher war, dass das Kleine in Sicherheit war, wandte ich mich wieder seinem Vater zu. »Sie wissen doch, dass Sie und Ihre Kinder tot sind?«, fragte ich.

Er bejahte, machte sich jedoch große Sorgen um seine Frau.

Als die Sanitäter gerade aufbrechen wollten, nahm ich einen von ihnen beiseite und fragte ihn, ob die Frau durchkommen würde. Schon allein von seinem Gesichtsausdruck konnte ich ablesen, dass er nicht viel Hoffnung hegte. Als sich die Türen des Krankenwagens schlossen, geriet der Geist des Mannes in Aufregung: »Was geschieht jetzt mit ihr?«, fragte er.

Ich sagte, ich wüsste es nicht, und fügte hinzu, dass er seine beiden Babys ruhig unter der Aufsicht seiner Großmutter belassen könnte; sie würde sie ins Licht führen. Da ich erwartete, dass seine Frau auch bald sterben würde, schlug ich ihm vor, ihr ins Krankenhaus zu folgen, damit er gemeinsam mit ihr ins Licht gehen konnte. »Dort werden Sie auch Ihre Großmutter und die beiden Kinder wiedersehen«, versicherte ich ihm.

Ein andermal besuchte ich ein Krankenhaus, in dem gerade eine Mutter samt ihrem Baby an lebenserhaltenden Maschinen angeschlossen war. Solange sich Menschen in einem Koma befinden, verbleiben ihre Seelen in den Körpern. Der Geist verlässt die sterbliche Hülle erst, wenn der Gehirntod eintritt. In diesem Fall zeigte das Kleinkind keinerlei Gehirnaktivität mehr, und das Pflegepersonal wartete nur noch auf den Vater des Kindes – dann würde es die Maschinen abschalten.

Die Mutter der Frau (und somit die Großmutter des Säuglings) hatte mich hinzugezogen und befand sich ebenfalls im Zimmer. Als ich bemerkte, dass der Geist des Säuglings sanft gewiegt in der Luft schwebte, fragte ich, ob bereits eines seiner Großelternteile verstorben war. Die Frau sagte mir, dass alle nächsten Verwandten noch lebten, doch zweifellos hatte sich ein Geist, den ich nicht sehen konnte, dem Baby angenommen. Ich glaube, dass meine Großmutter die Wahrheit gesprochen hatte und es sich wirklich um den Schutzengel des Kindes handelte, der gekommen war, um es ins Licht zu führen.

Kleinkinder

In mehr als fünfzig Jahren sind mir nur vier oder fünf Geister von Kindern unter fünf Jahren begegnet, von denen jedoch alle bereits ziemlich weit entwickelt und frühreif waren. Einen der interessantesten dieser Vorfälle erlebte ich mit einem dreijährigen Kindergeist, den ich praktisch durch Zufall entdeckte.

Eine Familie steckte in großen Schwierigkeiten. Die Frau, die mich angerufen hatte, legte von Zeit zu Zeit Tarotkarten und hatte – sehr zu meiner Überraschung – für sich und ihre Familie keinerlei Vorsichtsmaßnahmen gegenüber den Geistern getroffen, die sich zusammen mit ihren Klienten bei solchen Sitzungen einfinden können. Außerdem hörte ihre Tochter, die an einer psychischen Krankheit litt, bedrohliche Stimmen, die offensichtlich vorhatten, sie »zu schnappen«. Zu guter Letzt ging auch noch im Haushalt so einiges schief: Das Auto hatte eine Panne, die Heizung im Haus funktionierte nur selten und auch die Elektrik war äußerst unzuverlässig.

Es überraschte mich also nicht, als Ursache dieser Probleme eine mächtige negative Energiequelle vorzufinden. Doch zu meinem Entsetzen erkannte ich, dass der Geist eines sehr jungen Mädchens, das still im Wohnzimmer saß, die Ursache war. Anhand ihrer Kleidung vermutete ich, dass sie schon vor längerer Zeit, wahrscheinlich in den Dreißiger- oder Vierzigerjahren, gestorben war.

Ich schätzte sie auf etwa vier Jahre, doch als ich sie nach ihrem Alter fragte, hielt sie drei Finger hoch. Sie war unglaublich aufgeweckt und konnte mir ihre Geschichte in klaren Worten mit deutschem Akzent schildern. Ich fragte sie, wie sie in dieses Haus gekommen war, und sie erzählte mir, dass ihre Eltern sie nach Amerika zu ihrer Tante Esther, ihrem Onkel Harry und ihrer Cousine Betsy geschickt hatten. Tante Esther war sehr gemein zu ihr gewesen, und sie hatte vergeblich auf die baldige Ankunft ihrer Eltern gehofft.

Ich fragte sie, wie sie gestorben war. Sie war krank geworden, nachdem sie Pfirsiche aus dem Glas gegessen hatte. Tante Esther hatte ihr jeden Morgen Pfirsiche in den Haferbrei getan, und eines Tages hatte ihr Bauch nicht mehr aufgehört, wehzutun. Als der Arzt kam, hustete sie bereits Blut. Danach hörten die Bauchschmerzen plötzlich auf und Tante Esther redete nicht mehr mit ihr.

Sie blieb bei ihrem Onkel und ihrer Tante, bis ihre Cousine Betsy älter wurde und ebenfalls anfing, sie zu ignorieren. Schließlich sah sie ein paar nette Kinder und folgte ihnen bis zu ihrem Haus. Sobald diese größer wurden, suchte sie sich eine neue Bleibe, in der sie sich einigermaßen wohlfühlte.

»Aber in diesem Haus gibt es doch gar keine Kinder«, sagte ich.

»Ich weiß«, sagte sie. »Aber hier kann ich mit den Sachen spielen, die für die Kinder sind, die zu Besuch kommen. Das macht Spaß.«

Ich fragte die Frau, ob sie noch Spielsachen ihrer Tochter im Haus hätte. Es stellte sich heraus, dass sie einige

Sachen hatte, die für ihre Enkel bestimmt waren. »Ich hasse dieses neumodische elektrische Spielzeug«, sagte sie. »Wissen Sie eigentlich, wie oft sich diese Dinger von selbst einschalten? Und egal, wie oft ich die Batterien auswechsle – immer gehen sie kaputt.«

Ich warf dem kleinen Geist einen Blick zu. »Manchmal schalte ich sie alle auf einmal ein«, sagte er grinsend.

Ich weiß nicht, woher der Geist die Energie genommen hatte, um elektrische Spielsachen anzuschalten, doch ich vermute, dass es mit der angespannten Atmosphäre in dem Haus zu tun hatte, der emotionalen Aufgewühltheit der Tochter und dem ständigen Kartenlegen.

Meiner Meinung nach war dieses Haus nicht der richtige Ort für ein Kind – selbst für ein Geisterkind. Ich ließ das weiße Licht erscheinen und sagte dem Mädchen, dass sie dahinter ihre Eltern wiedersehen und ihren Frieden finden würde. Sie sah mich zweifelnd an, was ich durchaus verstehen konnte. Ihr kurzes Leben war sehr hart gewesen, und es gab keinen Grund, weshalb sie einem Erwachsenen vertrauen sollte. Trotzdem ging sie, ohne sich umzublicken, ins Licht.

Wenn Kinder das Alter von etwa fünf Jahren erreichen, kann ich für gewöhnlich auch ihre Geister sehen. Ich vermute, dass sich in diesem Entwicklungsabschnitt so etwas wie Verständnis für die Trauer ihrer Eltern einstellt. Und wie so viele Kinder in diesem Alter tun sie genau das, was sie eben tun wollen – was in diesem Fall bedeutet, bei ihren Familien zu bleiben, anstatt ins Licht zu gehen.

Solange sie erdgebunden sind, werden diese jungen Geister natürlich nicht älter und sind manchmal gezwungen, viele Jahre lang auf der Suche nach einem Ort umherzuwandern, an dem sie sich einigermaßen glücklich fühlen können. Tatsächlich werden die Geister von Kindern zu lebenden Kindern hingezogen, und es ist nicht schwer für sie, ihnen vom Streichelzoo, einer Märchenstunde in der Bibliothek oder sogar dem Kindergarten bis nach Hause zu folgen. Ein Fünfjähriger wird sich in etwa Folgendes denken, »Da sind eine liebe Mami und ihre kleine Tochter; die hat bestimmt viele Spielsachen«, oder »Was für einen tollen Hund der Junge und sein Vater dort in ihrem Auto haben«. Und ehe man es sich versieht, hat man ein weiteres, wenn auch unsichtbares Kind im Haus.

Oft verhindern es die Umstände ihres Todes, dass die Geister von Kindern zurück zu ihren Familien finden. Sie sind verwirrt und ängstlich, fürchten sich vor dem Licht oder verlassen sogar vertraute Orte. Dann wird es sehr schwer für sie, wieder nach Hause zu gelangen, und mit der Zeit gewöhnen sie sich daran, bei fremden Familien zu leben, wenn es ihnen dort gefällt.

Einmal hatte ich eine dramatische Begegnung mit dem Geist eines achtjährigen Mädchens. Ted und ich verbrachten unseren Urlaub bei einem Bekannten, der eine riesige Ranch in Arizona besitzt. Wenn man auf das Haupthaus der Ranch zuging, durchquerte man ein eindrucksvolles, schmiedeeisernes Tor, vor dem die Statuen spielender Kinder standen. Als wir dort ankamen, bemerkte ich den Geist eines Mädchens, das mit den Figuren spielte.

Ich erwähnte sie unserem Gastgeber gegenüber, der natürlich mit meiner Arbeit vertraut war. Er vermutete, dass es sich um das Kind eines seiner Angestellten handelte, das auf tragische Weise nur wenige Wochen vor unserer Ankunft umgekommen war. Er bat mich, es beim nächsten Mal anzusprechen und der trauernden Mutter davon zu berichten.

Ein paar Tage später saß ich auf einer Bank im Innenhof des Anwesens, genoss den Sonnenschein und betrachtete einen Brunnen, in dem Koi-Karpfen schwammen, als ich den Geist des Mädchens bemerkte, der schüchtern um den Brunnen herumschlich. Aus meiner Erfahrung mit Pflegekindern weiß ich, dass sich manche Kinder in der Gegenwart Erwachsener unwohl fühlen. So auch dieses Mädchen, das wohl vermutete, dass ich so wie der Rest der Menschen auf der Ranch keine Ahnung hatte, dass sie überhaupt da war.

»Was für ein schöner gelber Fisch«, sagte ich laut. »Wie er wohl heißt?«

»Goldie«, flüsterte der kleine Geist.

»Das ist aber ein hübscher Name«, sagte ich und sah sie zum ersten Mal direkt an.

Ich hatte schon Angst, dass sie weglaufen würde, doch stattdessen ging sie auf mich zu. »Ich habe jedem einen Namen gegeben«, verriet sie mir.

»Und wie heißt du, mein Schatz?«, fragte ich sie.

»Becky«, gab sie leise zurück.

Wir plauderten ein bisschen über die Fische, dann fragte ich sie so beiläufig wie möglich, wo ihre Mutter war. Eigentlich erwartete ich, dass sie gleich in der Nähe auf der Ranch oder im Anwesen selbst arbeiten würde.

»Keine Ahnung«, antwortete das Mädchen stattdessen.

Nach ein paar weiteren vorsichtigen Fragen erfuhr ich, dass sie mit niemandem auf der Ranch verwandt war. Sie war »von einem Mann auf den Kopf geschlagen« worden, und als sie wieder zu sich gekommen war, hatte sie sich in einem heißen und dunklen Raum befunden. Überall hatte es gebrannt. Sie hatte das weiße Licht gesehen, in das ihr älterer Bruder geschritten war, wollte ihm jedoch nicht folgen. Ihr einziger Gedanke war, dem seltsamen Haus, in dem sie eingesperrt gewesen war, so schnell wie möglich zu entfliehen. Ich vermutete sofort, dass der grausame Tod dieses kleinen Mädchens kein Unfall gewesen war. Während ich herauszubekommen versuchte, wo sie gewohnt und wie sie auf die Ranch gekommen war, erschien plötzlich unser Gastgeber. Ich versuchte ihn aufzuhalten, doch zu spät – der Geist war verschwunden.

Ich erzählte ihm von meinem Gespräch und meinen Vermutungen. Da er wusste, dass ich öfter mit der Polizei zusammenarbeite, war er erleichtert, dass wir vor dem Abendessen Besuch vom örtlichen Sheriff – einem Mann namens Buck – bekamen. Unser Gastgeber lud ihn auf einen Cocktail ein und stellte mich als eine Bekannte aus Ohio vor. »Ich trinke nie im Dienst«, sagte Buck, nahm seinen Cowboyhut ab und schenkte mir eine kleine Verbeugung. »Ist mir eine Ehre, Lady«, sagte er, und ich fühlte mich wie eine Statistin in einem Wildwestfilm.

Der Besitzer der Ranch fragte Buck, ob in letzter Zeit Kinder bei einem Hausbrand umgekommen waren. Buck hatte tatsächlich den Fall zweier Kinder zu bearbeiten, die in einem Feuer gestorben waren, das unter mysteriösen Umständen ausgebrochen war. Als er fragte, woher wir das wüssten, beschloss ich, das Wort zu ergreifen und sagte, dass eines der Kinder ein Mädchen namens Becky Gonzalez gewesen war.

Buck warf mir einen jener misstrauischen Blicke zu, an die ich mich inzwischen gewöhnt habe. Besonders Polizeibeamte reagieren so, wenn ich ihnen gegenüber eigentlich geheime Informationen über ihre Fälle erwähne. »Woher kennen Sie diesen Namen?«, fragte er.

»Ich habe sie danach gefragt«, entgegnete ich.

Jetzt konnte man förmlich sehen, wie sich Buck überlegte, wie er es schaffen konnte, weiter höflich zu dem Besuch aus Ohio zu sein, der offensichtlich nicht mehr alle Tassen im Schrank hatte. »Ich kann mit Menschen reden, die gestorben sind«, fügte ich hinzu – schlimmer konnte es ja nicht mehr werden.

»Jetzt bin ich doch reif für einen Drink«, sagte Buck und setzte sich.

Ich bot ihm an, ihn bei seinen Ermittlungen zu unterstützen, und nach einem längeren Gespräch versprach er, am nächsten Tag noch einmal vorbeizuschauen und nach Neuigkeiten zu fragen.

Glücklicherweise traf ich Becky am nächsten Morgen, als ich gerade meine neuen Freunde, die Koi-Karpfen, mit Toastbrotstückchen fütterte. Sie erzählte mir, dass sie zwei Halbschwestern und einen Bruder hatte, die zusammen mit ihrer Mutter und ihrem Stiefvater etwa hundert Meilen von der Ranch entfernt gewohnt hatten. Ihr eigentlicher Vater, der von seiner Exfrau auf die Alimente verklagt worden war, hatte sie und ihren Bruder entführt und mit zu sich nach Hause genommen, was nicht weit von hier war. Dann hatte er Feuer gelegt und die beiden in den Flammen umkommen lassen.

Nach ihrem Tod hatte Becky eine Bibliothek aufgesucht, wo sie einmal zusammen mit ihrer Mutter gewesen war. Dort hatte sie einen kleinen Jungen namens Jackson getroffen – den Enkel des Eigentümers der Ranch, auf der wir uns gerade befanden – und war ihm gefolgt. Jackson lebte mit seiner Familie in einem Anwesen gegenüber vom Haupthaus, und Becky war zufrieden damit, dort zu spielen und gelegentlich die Goldfische besuchen zu können.

Ich half Becky, ins Jenseits überzutreten, und versprach ihr, dass sie dort auch ihren Bruder wiedersehen würde. Bevor wir Arizona wieder verließen, ließ uns Buck wissen, dass er eine heiße Spur verfolgte. Die Polizei hatte zunächst ihren Stiefvater, einen ehemaligen Sträfling, genau unter die Lupe genommen – ohne Ergebnis. Doch als sie sich ihrem biologischen Vater zuwandten, entdeckten sie einige hieb- und stichfeste Hinweise, die für einen Haftbefehl ausreichten. Sie hofften, ihn bald zu verhaften und für den Mord an seinen beiden Kindern verurteilen zu können.

Die tragischsten Fälle meiner Laufbahn sind jedoch nicht Kinder, die erdgebunden bleiben, sondern Eltern, die es ihren geliebten Kindern nicht erlauben, ins Licht zu gehen. In einem besonders erschütternden Fall war das Verlangen der Mutter, ihren Sohn auch nach seinem Tod um sich zu haben, so stark, dass sie tatsächlich seine Anwesenheit und sogar seine Berührungen spüren konnte.

Ich wurde von der Mutter dieser Frau benachrichtigt, der das seltsame Verhalten ihrer Tochter nach dem Tod ihres Sohns aufgefallen war. Der Junge war etwa fünf Jahre alt und die größte Freude im Leben seiner Eltern gewesen, einem älteren Ehepaar, das sich lange vergebens um Kinder bemüht hatte. Als Joey dann das Licht der Welt erblickt hatte, waren sie überglücklich gewesen. Zu ihrem Entsetzen erkrankte er jedoch an einer äußerst seltenen Form von Blutkrebs, und sie unternahmen alles, was in ihrer Macht stand, um ihn zu retten. Zunächst schienen Chemotherapie und Bluttransfusionen Wirkung zu zeigen, doch dann verschlimmerte sich die Krankheit wieder, und der arme Joey verstarb.

Die Trauer der Mutter war unbeschreiblich. Sie erzählte allen, dass sie Joey nicht gehen lassen würde. Ihre Angehörigen vermuteten zunächst, dass sie damit meinte, ihn nie zu vergessen, doch bald wurde ihr Verhalten so exzentrisch, dass sich ihr Mann genötigt sah, sie zu verlassen. Sie erzählte ihrer Mutter, dass sie nachts mit ihrem Sohn im Bett kuschelte, dass er immer noch in seinem Zimmer spielte und dass sie sich umbringen würde, wenn er sie jemals verließ.

Ihre Mutter machte sich natürlich große Sorgen und bat mich, nachzuprüfen, ob sich Joeys Geist noch immer bei seiner Mutter befand. Ich wollte ihnen gerne helfen und bat die Frau, ihrer Tochter aufzutragen, mich anzurufen.

Es dauerte eine Weile, doch dann meldete sich Mindy – so der Name der Mutter – tatsächlich bei mir. Sie sagte mir geradeheraus, dass sie bereits wüsste, dass sich Joey immer noch bei ihr befand. Und sie hatte Recht. Während ich mit ihr sprach, sah ich einen dünnen Jungen mit kurzem braunen Haar und großen blauen Augen. Als ich ihr auch noch das gelbkarierte Hemd beschrieb, das er trug, fing Mindy an zu weinen. »Er liebte die Geschichten über Bob den Baumeister«, erklärte sie. »Er wollte genau das Hemd haben, das Bob auch trägt. Dann tat er immer so, als würde er auf einer Baustelle arbeiten.«

Mindy wollte gerne mit Joey reden und lud mich zu sich nach Hause ein. Angesichts ihres instabilen Seelenzustands hielt ich es für das Beste, auch ihre Mutter hinzuzuziehen. Das Haus selbst war sauber und gut gepflegt, und in Joeys Zimmer war offensichtlich seit seinem Tod nichts verändert worden. Hier waren jedoch – im Gegensatz zu den anderen, wohlaufgeräumten Zimmern – überall Spielsachen verstreut. Ich fragte Mindy danach, und sie sagte mir, dass Joey weiterhin jeden Tag mit ihnen spielte. Und wieder hatte sie Recht. Ich beobachtete Joeys Geist, der in das Zimmer gerannt kam, sich auf den Boden legte und sich an einem der Spielzeuglaster zu schaffen machte, während er Motorengeräusche nachahmte.

Das Interessante daran war, dass Mindy mit ihm sprach, obwohl sie ihn ja weder hören noch sehen konnte. »Setz dich auf Mamis Bett«, sagte sie, worauf er aufsprang, den Flur hinuntereilte und bald darauf grinsend auf ihrem Bett auf und ab hopste. Mindy setzte sich zu ihm. »Komm her«, sagte sie, und Joey kuschelte sich in ihre Arme.

»Er ist genau hier«, sagte sie und deutete auf einen bestimmten Punkt zu ihrer Rechten.

Und Joeys Geist lag tatsächlich dort.

Obwohl ich wusste, dass es für beide das Beste war, wenn Joey diese Welt hinter sich ließ, hatte ich doch nicht die leiseste Ahnung, wie ich sie auch von dieser Tatsache überzeugen sollte.

Ich fragte Mindy, ob sie wirklich wollte, dass ihr Sohn in alle Ewigkeit vier Jahre alt bleiben sollte. Stellte sie sich so seine Zukunft vor?

Und was war mit ihr? Wollte sie für den Rest ihres Lebens die Mutter eines Vierjährigen bleiben? Ich sagte ihr, dass Joey sie in ihren Träumen besuchen und auf andere Weise mit ihr Kontakt aufnehmen konnte, wenn er erst einmal ins Licht getreten war.

Mindy starrte mich an. »Kann er nicht bei mir bleiben, bis ich sterbe?«

Eine so direkte Frage kann ich unmöglich mit einer Lüge beantworten. Ich musste zugeben, dass dies durchaus möglich war. »Aber Kinder sind neugierig«, gab ich

Mindy zu bedenken. »Und eines Tages wird er fortlaufen, um sich umzusehen, und nicht mehr zurückfinden. Selbst ich werde ihn dann nicht mehr finden können. Er wird nie mehr wiederkommen, und solange er das Licht nicht betritt, werden Sie nicht wissen, wo er ist oder was er gerade tut.«

Ihrem Gesichtsausdruck war zu entnehmen, dass ich einen gewissen Fortschritt erzielt hatte. Trotzdem wollte sie Joey noch eine Weile bei sich behalten. Ich versprach ihr, mich um ihn zu kümmern, sobald sie bereit dazu war.

Einen Monat später erhielt ich einen Anruf von Mindy. Sie war willens, Joey gehen zu lassen, hatte aber Angst davor, dass es im Licht niemanden gäbe, der auf ihn aufpassen würde. Wie üblich fragte ich nach bereits verstorbenen Verwandten, doch Joey hatte keinen von ihnen kennengelernt. Doch da gab es noch Mindys Großmutter, die gerade im Krankenhaus lag und der es sehr schlecht ging. »Könnte sie sich nicht um ihn kümmern?«

Ich räumte ein, dass dies eine Möglichkeit war, und wartete erneut ab. Zwei Wochen später war die Großmutter gestorben, und ich bat Mindy, zusammen mit Joey zu ihrer Beerdigung zu kommen, wo Großmutters Geist natürlich bereits auf uns wartete. Ich erklärte ihr die Situation – nicht ohne darauf hinzuweisen, dass ich befürchtete, Mindy würde ihre Meinung in letzter Sekunde ändern –, und sie erklärte sich damit einverstanden, gleich nach der Zeremonie mit Joey das Licht zu betreten. Ich blieb und beobachtete, wie die beiden Hand in Hand die Schwelle überschritten.

Teenager

Eine ganz besondere Spezies, über die ich leicht ein eigenes Buch schreiben könnte. Wenn man es mit jungen Leuten zu tun hat – egal, ob lebendig oder tot – muss man im Hinterkopf behalten, dass sie leicht beeinflussbar sind. Immer wieder höre ich von Eltern, dass ihnen eine plötzliche Verhaltensänderung ihrer Kinder große Sorgen macht. Dann lege ich großes Augenmerk auf die Adjektive, mit denen sie ihren Nachwuchs beschreiben: *launisch, mürrisch, selbstbewusst, sarkastisch, vorlaut, unsicher, boshaft, unberechenbar, emotional.* Wenn sich die wütenden Eltern alles von der Seele geredet haben, habe ich meist eine außerordentlich präzise Vorstellung davon, mit welcher Art von Geist ich es zu tun bekommen werde.

Teenager experimentieren gerne mit Gerätschaften und Praktiken, die Geister anlocken können. Da wird dann das Ouija-Brett ausgepackt oder heimlich Séancen abgehalten, was zur Folge hat, dass ich mich um die dadurch herbeigerufenen erdgebundenen Geister kümmern muss, was auch in unzähligen Fällen schon geschehen ist. Beispielsweise kann schon eine einzige Sitzung mit dem Ouija-Brett den erdgebundenen Geist eines Teenagermädchens anlocken, das dann in der Clique Unruhe stiftet, indem sie die Mitglieder zur Verbreitung von Gerüchten oder zu Selbstzweifeln anstiftet, um daraus Energie zu beziehen. Der größte Alptraum für die Eltern heranwachsender Mädchen ist natürlich der Geist eines jungen Mannes – glauben Sie mir, ich weiß aus eigener Erfahrung, was das für Katastrophen nach sich ziehen kann.

In einem besonders dramatischen Fall hatte eine Halbwüchsige den Geist eines Mannes Anfang zwanzig während einer Oujia-Brett-Sitzung angelockt und sich Hals über Kopf in ihren »spirituellen Freund« verknallt. Es dauerte Wochen, nachdem ich den Halbstarken ins Licht geschickt hatte, bis sie über die »Trennung« hinweggekommen und zu ihrem normalen Teenageralltag zurückkehrte, der sowieso schon aufregend genug war.

Die zunehmende Popularität von Filmen und Fernsehserien über das Übernatürliche ermutigt immer mehr Teenager – besonders Mädchen –, mit Magie und anderen Praktiken zu experimentieren. Die Geister junger Männer dagegen bleiben auch nach ihrem Tod ihren alten Verhaltensmustern treu. Sie hängen in Fitnesscentern oder Sporthallen herum, wo sie ihre Energie von den Athleten und der Spannung der Zuschauer beziehen, die den dort abgehaltenen Spielen und Wettkämpfen beiwohnen.

Das Ergebnis sind Geister, die vor Vitalität nur so strotzen und die materielle Welt in einer Weise beeinflussen können, wie es anderen Geistern nicht oder nur unter großen Anstrengungen möglich wäre.

Ich erinnere mich an den Geist eines Crossläufers (ein Sport, der früher Querfeldeinlaufen genannt wurde), der seiner Mannschaft während einer verpatzten Saison einen Vorteil verschaffen wollte. Eines Tages rief mich die Frau eines Trainers der Highschool der Nachbarstadt an. Ihr Mann beschwerte sich andauernd über Probleme in der Turnhalle: Mal fehlten Akten in seinem Büro, dann stürzte der Computer laufend ab, und schließlich häuften sich auch entlang der Rennstrecke die Ungereimtheiten. Wegmarkierungen wurden versetzt, und wie aus dem Nichts fanden sich plötzlich gefährliche Hindernisse wie Felsbrocken oder Äste, auf einer eigentlich frei geräumten Strecke. Nachdem die Frau einen meiner Vorträge gehört hatte, vermutete sie, dass ein erdgebundener Geist ihrem Mann das Leben schwer machte.

Glücklicherweise war ihr Mann gerade im Haus, und ich konnte ihr bestätigen, dass er von dem Geist eines schlaksigen Teenagers begleitet wurde. Obwohl sie ihr Mann postwendend für verrückt erklärte, willigte er um des lieben Friedens ein, dass ich sie besuchte und mit dem Geist redete.

Bei meinem Eintreffen fing der ängstlich wirkende Geist an, sofort stotternd loszuplappern: »Können Sie dem Trainer sagen, dass … dass es mir echt leidtut, was mit dem Typen in der Schlucht passiert ist?«, fragte er kleinlaut.

Ich überbrachte seine Botschaft. Der Trainer war ein sehr bodenständiger Typ und gewohnt, selbst bei einer Gruppe von 25 bis 30 Teenagern für Disziplin zu sorgen. Doch als er hörte, was ich ihm zu sagen hatte, wirkte er etwas unsicher. »Sie sind nicht von hier«, sagte er. »Und wir haben verdammt gut darauf aufgepasst, dass nichts von dem Vorfall nach außen dringt. Woher wissen Sie das also?«

Ich seufzte und sagte ihm das, was ich auch jedem anderen auf diese Frage entgegne: »Der Geist, der direkt neben Ihnen steht, hat es mir verraten.«

Der Geist saß inzwischen wie auf Kohlen. »Ich dachte, ich würde der Mannschaft helfen, wenn ich ein paar Schilder vertausche. Ich wollte die anderen verwirren. Wie sollte ich denn ahnen, dass gerade an diesem Tag einer von den Austauschstudenten bei uns mitläuft? Der Trottel ist direkt die Klippe runtergerannt und hat sich den Fuß gebrochen. Der Trainer war stinksauer. Ich glaube, der Neue war so eine Art Rekordhalter, den er höchstpersönlich rekrutiert hat.«

Ich fragte den Jungen, ob er auch für die verschwundenen Akten und die anderen Probleme in der Sporthalle verantwortlich war. Er gab zu, dass er damit seinem Team helfen und die Aufmerksamkeit seines Trainers erringen wollte – umso mehr nach dem Vorfall auf der Rennstrecke.

Der Trainer sah mich misstrauisch an. Offenbar versuchte er sich zusammenzureimen, wer aus seiner Mannschaft wohl geplaudert und mir alles verraten hatte. Ich kitzelte also weitere Informationen aus dem Geist heraus. Er war beim Trainer geblieben, da er jetzt seit fast acht Jahren tot war und niemanden aus der Mannschaft mehr kannte. Früher war er jedoch selbst aktiver Läufer gewesen.

Als ich dem Trainer den Namen des Geistes nannte, rief dieser sofort einen Lehrer an, der vor Kurzem in Pension gegangen war. Die Unterhaltung war recht einseitig. Der Beitrag des Trainers beschränkte sich auf ein gelegentliches »Aha« und »Okay«.

Als er auflegte, sah er mich an. »Also gut. Fragen Sie ihn, ob er mir netterweise verraten könnte, wo er die Unterlagen versteckt hat.«

Nachdem ich die Antworten erhalten hatte, bot ich dem Geist an, das weiße Licht für ihn heraufzubeschwören. Dass er seiner Mannschaft so viele Unannehmlichkeiten bereitet und ihnen viele Siege nur durch Betrug verschafft hatte, war ihm sehr peinlich, und er war nur zu gern bereit, diese Welt zu verlassen. Im Großen und Ganzen war er doch ein ganz prima Kerl, glaube ich.

Die Frau des Trainers rief mich einige Tage später an, um mir zu sagen, dass sich die Akten wieder eingefunden hatten und die Mannschaft ihren letzten Wettkampf ohne übernatürlichen Beistand gewonnen hatte.

Selbst wenn die Geister nichts Übles im Schilde führen, kann ich nicht deutlich genug betonen, wie gefährlich es ist, lebende mit toten Teenagern zusammenkommen zu lassen. Hinter vielen Unfällen junger Fahrer steckt der Einfluss ebenso junger Geister. Natürlich können Geister nicht ins Lenkrad greifen oder Gas- beziehungsweise Bremspedal betätigen, sie können den Fahrer jedoch in einem ungünstigen Augenblick ablenken. Geister von Teenagern werden von jungen Menschen mit einem hohen Energieniveau geradezu magisch angezogen. Ihre außergewöhnlich große Kraft lässt sie Dinge tun, die andere Geister nicht so leicht fertigbringen.

Zum Glück ist es relativ einfach, anfällige Teenager vom Einfluss der Geister fernzuhalten: Geben Sie ihnen einfach jedes Mal, wenn sie das Haus verlassen, Quittensamen mit. Man kann sie in Schmuckstücke einarbeiten oder auch heimlich in den Geldbeutel der jungen Person stecken. Die Schutzwirkung dieser Samen (die ich, wie bereits erwähnt, auch benutze, um Geistern den Eintritt in bestimmte Häuser zu verwehren) schreckt diejenigen erdgebundenen Teenager-Geister ab, die in Einkaufszentren, Fitnessstudios, Skateboardparks, Kinos oder anderen Orten mit hoher Energiekonzentration lauern, wo sich unsere jungen Leute so gern aufhalten.

8   TIERE

Auch nach dem Tode treu

Was das Verhalten von Tiergeistern angeht, so lerne ich ständig dazu. Ich bin der Überzeugung, dass jedes Lebewesen eine Seele besitzt und jeder Kreatur nach ihrem Tode das weiße Licht erscheint. Obwohl meine Großmutter Tiergeister niemals erwähnte, habe ich doch im Laufe der Jahre viele Geister von sowohl Haus- als auch wildlebenden Tieren beobachten können. Auch die Geister meiner eigenen Haustiere sind mir begegnet, und aufgrund dieser Erfahrungen habe ich eine Vorstellung davon gewonnen, was einen Tiergeist dazu treibt, entweder ins Licht zu gehen oder erdgebunden zu bleiben.

Ich vermute, dass einem Tier nach seinem Tod in etwa dieselbe Frist wie einem Menschen bleibt, die Schwelle zum Jenseits zu beschreiten. Dieser Zeitraum kann jedoch unter Umständen auch kürzer ausfallen. Als beispielsweise Pinda, meine geliebte afrikanische Zwergigeldame, das Zeitliche segnete, konnte ich ihren Geist die ersten paar Stunden nach ihrem Tod sehen. So bemerkte ich überhaupt erst, dass sie gestorben war. Ich betrat den Raum, in dem ihr Terrarium stand, sah Pinda auf dem Teppichboden herumflitzen und fragte mich, wie sie es geschafft hatte, den Deckel ihrer Behausung zu öffnen. Doch als ich genauer hinschaute, sah ich Pindas Körper zusammengerollt auf ihrer bevorzugten Schlafstelle liegen. Wenige Stunden später waren sowohl Pinda als auch das Licht um sie herum verschwunden.

Genau wie menschliche Geister beziehen auch Tiergeister ihre Energie aus lebenden Organismen und können ihnen dadurch gewisse Unannehmlichkeiten und Probleme bereiten. Da Haustiere im Allgemeinen jedoch eher klein sind, brauchen auch ihre Geister wesentlich weniger Energie als die menschlicher Wesen – und somit können sie auch weniger Einfluss auf ihre Umgebung nehmen. Doch ich bin auch den Geistern größerer Tiere wie etwa Pferden oder Elchen begegnet. Ich kann Ihnen versichern, dass Sie es *ganz bestimmt* merken werden, wenn sich einer dieser Geister in Ihr Haus verirren sollte.

Im Vergleich zu menschlichen Geistern, mit denen ich ja fast täglich kommuniziere oder sie zumindest beobachte, scheinen Tiergeister recht selten zu sein. Einmal ist mir eine Geisterkuh über den Weg gelaufen, und bei Wanderungen habe ich die Geister von Füchsen, Elchen und Rothirschen bemerkt, doch im Allgemeinen muss ich mich zum Großteil mit Haustiergeistern befassen. Was einen einfachen Grund hat: Genau wie die Menschen ändern auch Tiere, nachdem sie verstorben sind, nicht plötzlich ihr Verhalten. Wenn sie also im Leben scheu waren und sich dem Menschen kaum zeigten, so ist es im Tod nicht anders.

Leider bin ich nicht Dr. Doolittle und kann daher mit diesen Tiergeistern nicht sprechen wie mit erdgebundenen Menschenseelen. Alles, was ich über sie sagen kann, weiß ich durch Beobachtung und Interaktion mit ihnen.

Mit ein bisschen gesundem Menschenverstand lassen sich die meisten Verhaltensweisen erdgebundener Tiergeister jedoch leicht erklären. Ich selbst habe viele Jahre lang

Tiere besessen und mit ihnen gearbeitet – schließlich habe ich eine Ausbildung als Tierpflegerin absolviert und später einen Hundesalon geleitet. Manche mir bekannte Tierpsychologen vermuten, dass die Tiere glauben, aus bestimmten Gründen im Hier und Jetzt zu sein. Nach ihrem Ableben gehen sie instinktiv ins weiße Licht, da sie wissen, dass ihre Aufgabe auf Erden erfüllt ist. Ich vermute, dass dort auch lange verstorbene Gefährten (sowohl Tiere als auch Menschen) auf sie warten.

Bei manchen Tieren jedoch wird dieser Instinkt von Dressur oder Anhänglichkeit so sehr überdeckt, dass sie erdgebunden bleiben. Einmal rief mich der Besitzer eines Assistenzhundes an, da das bisher so verlässliche Tier plötzlich sehr ungewöhnliche Verhaltensweisen an den Tag legte. Buddy, ein wunderschöner schwarzer Labrador, war dazu abgerichtet, eine junge Frau namens Carrie zu unterstützen, die an Anfällen und anderen körperlichen Gebrechen litt. Carries erster Hund, ein Golden Retriever namens Gilda, hatte ihr sechs Jahre lang treu gedient. Im Alter war das Tier jedoch an Arthritis erkrankt, hatte allmählich das Augenlicht verloren und seine Funktion als Behindertenbegleithund nicht mehr erfüllen können.

Die Hundeausbilderin, die Gilda der Familie vermittelt hatte, schlug vor, sie trotz der Anwesenheit des neuen Hundes im Haus zu behalten, worauf Carrie begeistert einwilligte, da sie einerseits nicht auf ihren geliebten Hund verzichten wollte und sich andererseits sicher war, dass Gilda dem Jungspund einige Tricks beibringen konnte.

Zur allgemeinen Erleichterung kamen die beiden Hunde fabelhaft miteinander aus. Gilda schien Buddy richtiggehend einzuarbeiten, dabei jedoch ihre neue Rolle als verwöhntes Schoßtier der Familie zu genießen. Sie fuhr für ihr Leben gern im Auto mit und schaffte es sogar, einige einfachere Aufgaben zu verrichten. Leider wurde Gilda nur zehn Monate nach ihrer »Pensionierung« krank und starb.

Zuerst entschuldigte die Familie Buddys seltsames Verhalten mit der Trauer um seine Gefährtin. Doch nach geraumer Zeit weigerte er sich immer noch, bestimmte Befehle, auf die er dressiert war, auszuführen. Auch die Ausbilderin des Hundes stand vor einem Rätsel.

Schließlich vermutete Carries Mutter, dass Gildas Geist noch immer bei ihnen war und Buddy verwirrte. Ich war nicht überrascht, als sich mir der Geist der Hündin gleich bei meiner Ankunft schwanzwedelnd näherte. Buddy folgte ihr in respektvollem Abstand. »Buddy ist darauf trainiert, entweder mit oder vor mir zur Tür zu kommen«, erklärte Carrie. »Nicht, *nachdem* ich die Tür bereits geöffnet habe. Und so etwas macht er die ganze Zeit.«

Die Ausbilderin war ebenfalls anwesend. Ich fragte sie, ob es üblich sei, einen jüngeren Hund während seiner Dressur mit einem älteren zusammenzubringen. Bei Blindenhunden ist dies gängige Praxis, nicht jedoch bei Behindertenbegleithunden, die viele verschiedene Aufgaben zu erfüllen haben. Ich vermutete, dass Gildas Geist Buddy in Verwirrung brachte, und bat Carrie, ihm eine Anweisung zu geben, die er in letzter Zeit nur zögerlich oder gar nicht ausgeführt hatte.

Sie befahl Buddy, die Fernbedienung des Fernsehapparates zu holen. Gildas Geist verließ den Raum, und sowohl Buddy als auch ich folgten ihr. Beide Hunde griffen nach dem Gerät, doch sobald Gilda ihre Pfote darauf gelegt hatte, zog sich Buddy zurück, als wüsste er nicht, wie er an den Gegenstand gelangen sollte, den Gilda so offensichtlich für sich reklamiert hatte.

Nachdem ich die Sachlage erklärt hatte, kamen alle überein, dass es das Beste für Gilda war, diese Welt zu verlassen. Da sie jedoch eine äußerst spezialisierte Ausbildung genossen hatte, war ich mir nicht sicher, wie ich sie dazu bringen sollte, ins Licht zu gehen. Es war keine leichte Aufgabe. Zunächst ließ ich das Licht erscheinen und deutete darauf. »Such!«, befahl ich Gilda, doch sie saß nur da und starrte mich teilnahmslos an.

Dann begriff ich, dass Gilda nur von ihrer Ausbilderin oder ihrer Besitzerin Befehle entgegennehmen würde. Da jedoch beide nicht sehen konnten, wo ich das Licht erscheinen ließ, musste ich improvisieren. Ich ließ also die Ausbilderin einen Gegenstand holen, mit dem Gilda vertraut war, und der nicht so leicht kaputtgehen konnte. Die Ausbilderin brachte mir ein altes Mobiltelefon, mit dem sie mit allen ihren Schützlingen übte. Ich deutete auf die Stelle, an der ich das Licht erscheinen lassen würde, bat die Ausbilderin, das Telefon dort zu deponieren und – auf mein Kommando – Gilda zu befehlen, es zu holen. Ich hoffte, dass Gilda so mehr oder weniger freiwillig ins Licht gehen würde.

Der Plan ging auf, und Gilda verließ unsere Welt. Später erzählte mir die Familie, dass Buddy noch einige Tage lang verwirrt war, bevor er begriff, dass er nun die Verantwortung zu übernehmen hatte. Dann erfüllte er seine Pflichten ordnungsgemäß und wurde ein verlässlicher und treuer Assistenzhund.

Die Tatsache, dass sich Tiergeister genau wie ihre lebendigen Artgenossen verhalten, ist nicht immer eine angenehme Vorstellung. Aufgrund meiner Übung im Umgang mit Hunden hatte ich kein Problem damit, auch mit ihren Geistern fertigzuwerden, doch aufgrund meiner Erfahrungen als Katzenbesitzerin graute mir vor dem Tag, an dem ich zum ersten Mal eine Katze ins Licht führen musste.

Dieser Zeitpunkt war gekommen, als ich zu einer Familie gerufen wurde, dessen Kätzchen ein extrem unterwürfiges Verhalten zeigte, obwohl es das einzige Tier im Haus war – glücklicherweise war neben dem Geist einer Katze auch derjenige eines Menschen anwesend. Obwohl diese Dame zeit ihres Lebens keine besondere Katzenfreundin gewesen war, erklärte sie sich, wenn auch widerstrebend, dazu bereit, sie mit sich ins Licht zu nehmen – zur großen Erleichterung des terrorisierten Kätzchens, wie sich herausstellen sollte.

Diese Vorgehensweise wende ich immer an, sobald sich mir die Möglichkeit dazu bietet. In menschlicher Begleitung sind Tiere um ein Vielfaches leichter ins Licht zu führen. Glücklicherweise gibt es bestimmte Orte, an denen man fast immer sowohl Menschen- als auch Tiergeister antreffen kann. Feuerwachen beispielsweise beherbergen oft die Geister verstorbener Feuerwehrleute und zudem die der Dalmatiner, die die Maskottchen der betreffenden Einheit waren. Ich habe nicht nur einmal erlebt, dass der Geist eines hilfsbereiten Feuerwehrmanns denjenigen eines treuen Hundes mit sich ins Licht nahm. Genauso verhält es sich auf Pferderennbahnen, wo die Geister der Stallknechte nur zu bereitwillig gemeinsam mit ihren temperamentvollen Rössern ins Jenseits schreiten.

Warum Tiere erdgebunden bleiben

Der hauptsächliche Beweggrund dafür ist wohl ihre unerschütterliche Treue. Die meisten Tiergeister, denen ich begegnet bin, hatten zu Lebzeiten einen geliebten Menschen oder eine vertraute Umgebung. Besonders Hundegeister wollen manchmal ihre ehemaligen Besitzer trösten. Mein geliebter Bichon Frisé namens Major blieb auch nach seinem Tod bei mir, obwohl alle meine anderen Rassehunde ins Licht traten.

Andere Geister bleiben, um die Menschen zu beschützen. Während meiner Radioauftritte rufen oft Fernfahrer an, die eine Begegnung mit einer Art von Geist hatten, die ich als »Highway-Tiere« bezeichne. Dabei handelt es sich normalerweise um weiße Hunde, obwohl auch schon Bären und Kojoten gesichtet wurden. Die Fahrer erzählten mir, dass sie auf einem ruhigen Straßenabschnitt unterwegs waren, als plötzlich ein großer weißer Hund auf der Spitze eines Hügels oder in einer engen Kurve auftauchte. Sie traten auf die Bremse, um einen Zusammenstoß zu verhindern, und fuhren vorsichtig weiter. Und fast immer trafen sie unmittelbar darauf auf eine am Straßenrand stehende Person, den Ort eines Unfalls oder ein liegen gebliebenes Fahrzeug. Es erschien den Fahrern, als hätte sie das Tier absichtlich vor dieser drohenden Gefahr gewarnt.

Außerdem habe ich von Leuten gehört, die, obwohl sie selbst keine Haustiere besitzen, nachts von dem wütenden Bellen eines Hundes oder einer feuchten Katzenzunge auf ihrem Gesicht aus dem Schlaf geschreckt wurden. Sie waren gerade rechtzeitig geweckt worden, um auf eine Notfallsituation wie ein Feuer oder ein plötzlich schwer erkranktes Familienmitglied reagieren zu können.

Und schließlich bleiben Tiergeister, weil sie noch eine bestimmte Aufgabe zu erfüllen haben. Auf Rennbahnen habe ich Pferdegeister gesehen, die jeden Morgen ihren Trainingslauf absolvierten und nachmittags mit den lebenden Tieren um die Wette rannten. Zusammenfassend kann man sagen, dass genau wie bei den Menschen auch bei Tieren die Persönlichkeit darüber entscheidet, ob ihr Geist erdgebunden bleibt oder die Schwelle übertritt.

Wie man die Anwesenheit eines Tiergeistes feststellt

Die häufigste Frage, die mir im Zusammenhang mit Tiergeistern gestellt wird, ist: »Weshalb hat meine Katze/mein Hund/mein Kanarienvogel die Anwesenheit des Geistes nicht gespürt?« Meine Erfahrung hat mich gelehrt, dass Tiere jede Art von Geistern erkennen können und auf sie wie auf gewöhnliche, lebende Wesen reagieren. Sie können sogar die unmerklichen Temperaturunterschiede registrieren, die mit der Ankunft eines erdgebundenen Geistes einhergehen.

Tiere sind sich der Anwesenheit von Geistern fast immer bewusst, eine Gabe, die nur von wenigen Menschen geteilt wird. Der Nachteil ist jedoch, dass sie diese als natürlichen Teil ihrer Umgebung auffassen. Solange sie nicht von einem Geist massiv gestört werden (indem er sie beispielsweise schlägt, einsperrt oder auf den Schwanz tritt), werden sie ihn nicht weiter beachten.

Abhängig von der Gattung ihres Haustieres sind verschiedene Verhaltensmuster festzustellen. Auf jeden Fall üben Tiergeister einen großen Einfluss auf ihre lebenden

Artgenossen aus. Eine Katze, die gerade eben noch friedlich in der Sonne gedöst hat, kann plötzlich hochschrecken und konzentriert etwas beobachten, das an der Decke oder dem Boden entlangzukriechen scheint. Wenn Sie dann dem Blick des Tiers folgen, werden Sie nichts erkennen können. Sicher, in manchen Fällen handelt es sich wirklich um einen Käfer oder eine Spinne, doch zum Großteil beobachtet das Tier Dinge, die den Augen gewöhnlicher Menschen verschlossen bleiben.

Sowohl Katzen als auch Hunde können von einem Tag auf den anderen bestimmte Orte oder Stellen im Zimmer meiden. Sie bleiben plötzlich stehen, rennen davon oder suchen sich einen Umweg. Doch wenn ihnen nicht absichtlich Schaden zugefügt wird oder sie bedroht werden, sind sie im Umgang mit Geistern erstaunlich locker, ja, stehen ihnen fast gleichgültig gegenüber.

Sind Tiergeister gefährlich?

Aufgrund ihrer geringeren Körpergröße benötigen die Geister von Haustieren weniger Energie als diejenigen von Menschen. Üblicherweise werden sie kaum wahrgenommen. Manchmal spüren die Menschen ihre Anwesenheit, die ihnen Trost spendet. Andererseits können Tiergeister lebende Tiere im Haus verwirren und dadurch Unruhe stiften. Und wie soll man ein schlecht erzogenes Haustier zur Räson rufen, wenn man es nicht einmal sehen kann?

Als ich noch Rassehunde pflegte, lernte ich einen sehr erfolgreichen Hundehalter namens Barry kennen, der sich um viele der Tiere seiner Klienten kümmerte. Üblicherweise hatte er in seinem Zwinger zwanzig bis dreißig sehr edle

Hunde zur Pflege. Ich traf ihn bei einer Hundeschau in Begleitung einer gefleckten deutschen Dogge. Duke, so der Name des Tieres, hatte eine sehr enge Beziehung zu seinem Herrchen aufgebaut – sie gaben ein spektakuläres Paar ab. Doch wenn er gerade keine Kunststückchen aufführen musste, war Duke so ungeschickt wie ein Welpe und hinterließ, wohin er auch ging, immer ein furchtbares Durcheinander.

Ich hatte Barry seit einiger Zeit nicht gesehen, als in der Nähe seines Wohnortes eine Hundeschau stattfand. Er lud uns zu sich ein und bot uns an, unsere Hunde in seinem Zwinger unterzubringen. Da wir einen weiten Rückweg vor uns hatten, willigten wir ein. Barry erzählte uns, dass Duke ein paar Monate vorher gestorben war. Da ich Dukes Geist während der Schau nicht gesehen hatte, nahm ich an, dass er ins Licht gegangen war. Als Barry unsere Hunde in den Zwinger schloss, äußerte er die Befürchtung, dass sie möglicherweise keine ruhige Nacht dort verbringen würden. In letzter Zeit war es immer wieder vorgekommen, dass irgendjemand im Zwinger gewütet hatte. Wenn er morgens nach seinen Schützlingen sah, war er dann auf herumliegende Handtücher und Hundespielzeug sowie verstreutes Trockenfutter gestoßen. Viele der Tiere schienen erschöpft zu sein, so als hätten sie in der Nacht eine wilde Party gefeiert.

»Das Komische daran ist«, sagte er, »dass ich jeden Abend zweimal nachprüfe, dass die Tür zum Zwinger auch wirklich verschlossen ist. Morgens scheint das Schloss auch unberührt zu sein. Und trotzdem ist alles durcheinander. Ich weiß beim besten Willen nicht, was hier vor sich geht.«

Ich konnte es mir schon denken, schwieg aber, bis wir den Zwinger betreten hatten. Und da stand auch schon

Dukes Geist mitten im Raum und hatte eine Pfote auf einen Tisch gelegt. Er war fast so groß wie ich und fing an, wie verrückt mit dem Schwanz zu wedeln, sobald sich Barry ihm näherte. Ich hatte jetzt keine Zweifel mehr, wer für den nächtlichen Vandalismus verantwortlich war.

Barry glaubte mir zunächst kein Wort, als ich ihm von meiner Beobachtung erzählte. »Unmöglich«, sagte er. »Er war nicht bei mir, als er gestorben ist.«

Ich fragte ihn, wann diese nächtlichen Besuche angefangen hatten. Vor etwa drei Wochen war er von einer Hundeschau zurückgekehrt, die in einem anderen Bundesstaat stattgefunden hatte. Ich fragte ihn, ob dort auch Dukes Besitzer zugegen gewesen waren. Wie sich herausstellte, hatten sie sogar eines von Dukes Welpen mitgebracht, um seinen Wert von Barry taxieren zu lassen. »Ich erinnere mich, wie sehr der Welpe Duke ähnelte«, sagte er, verstummte und starrte eine Weile lang traurig vor sich hin.

Ich nickte. »Er ist wirklich hier«, sagte ich.

So sehr Barry den Hund auch liebte, Dukes Geist konnte nicht bleiben. Er gab mir eines seiner Lieblingsspielzeuge und beobachtete mich, wie ich das Licht erscheinen ließ und das Spielzeug hineinwarf. Duke wedelte glücklich mit dem Schwanz und sprang hinterher.

Obwohl Barry der Abschied sehr schwerfiel, war er doch auch erleichtert, am nächsten Morgen im Zwinger die gewohnte Ordnung und friedlich vor sich hin schlummernde Hunde vorzufinden.

Die Anwesenheit von Tiergeistern kann für Mensch und Tier ein großes Risiko darstellen. Kentucky ist nicht weit von meinem Wohnort entfernt, und dieser Bundesstaat ist bekannt für seine Pferderennbahnen. Ich habe viele Situationen erlebt, in denen Geisterpferde andere Artgenossen und sogar Menschen in Gefahr brachten. Während der Rennen können sie die anderen Pferde ablenken und dazu bringen, zu scheuen oder gar auszubrechen. Nach einigen sehr spektakulären Unfällen waren die Betreiber einer Trabrennbahn (bei dieser Art von Pferderennen müssen die Tiere kleine einachsige Wägen, sogenannte Sulkys, hinter sich herziehen) so verzweifelt, dass sie mich um Hilfe baten. Ich musste gleich mehrere Pferdegeister samt ihrer Jockeys ins Licht schicken, damit die Sicherheit der Strecke wieder garantiert war.

Meine erste Erfahrung mit Geisterpferden machte ich durch meine Bekannte Edie, die Vollblüter besitzt und auch Rennen damit austrägt. Eines Tages erwähnte Edie, dass ihr Pferd namens Lola's Back In Town (ich verwende von jetzt an die Kurzform Lola) während des morgendlichen Trainings seltsame Verhaltensweisen an den Tag legte. Edie bat mich, zur Rennbahn zu kommen und das Tier zu beobachten.

Ich hatte weder mit Rennbahnen noch mit Pferden an sich viel Erfahrung. Doch diese Bahn in der Nähe von Chicago zog mich sofort in ihren Bann. Glauben Sie mir, Pferderennbahnen sind wahre Tummelplätze für Geister. Man trifft dort verstorbene Stallknechte und Trainer, die praktisch neben der Rennstrecke aufgewachsen sind, dazu alte Spieler und echte Fanatiker, die in ihrem Leben nichts anderes zu tun hatten, als die Pferde zu beobachten, ihre Zeiten zu stoppen und ihre Wetten abzugeben. Und natürlich, nicht zu vergessen, die Geister der Pferde.

Kein Wunder, dass diese Orte so anziehend für Geister sind – schließlich werden dort Unmengen an Energie produziert. Deshalb ist es auch nicht überraschend, auf sehr mächtige Geister zu treffen, die genug Kraft haben, um die Abläufe in den Ställen und auf der Rennstrecke zu verändern. Eine derartige Zusammenballung von zwei- und vierbeinigen Geistern führt natürlich zwangsläufig zu sehr großen Problemen. In Bezug auf haarsträubende Geschichten aus der Welt des Pferdesports wurde ich nicht enttäuscht. Die Jockeys überboten sich gegenseitig mit schier nicht enden wollenden Schilderungen unerwarteter Verletzungen und plötzlicher Krankheitsfälle, während mir die Stallburschen bestimmte Stellen zeigten, an denen die Pferde jedes Mal scheuten oder durchgingen. Zu meiner Überraschung erfuhr ich, dass Rennpferde für ihre Größe ziemlich empfindlich sind – besonders anfällig sind sie für Atemwegserkrankungen, die, genau wie beim Menschen, durch die Anwesenheit von Geistern verstärkt werden können.

Ich wusste nicht genau, auf was ich achten sollte, doch als sich ein Geisterpferd samt Jockey neben Lola in die Startaufstellung einreihte, wurde mir einiges klar. Lola kam beim Start gut weg, doch dann holte das Geisterpferd auf, und sein Jockey holte mit der Peitsche aus. Lola wich zur Seite aus – es war nur eine winzige Bewegung, doch genug, um ein anderes Pferd an ihr vorbeiziehen und das Rennen gewinnen zu lassen.

Als ich Edie und ihrem Mann Ken von meinen Beobachtungen erzählte, erklärten sie mir, dass es bei Strafe verboten war, ein anderes Pferd während des Rennens mit der Peitsche zu bedrohen. Lola hätte leicht mit einem anderen Pferd zusammenstoßen können. Sie fragten mich, wie sie mit dem unliebsamen Rennteilnehmer fertigwerden konnten.

Ich hatte schon eine Idee. Dazu mussten wir mit Lolas Trainer sprechen, einem stattlichen irischen Burschen namens Gabe, aufgrund dessen Herkunft – Iren neigen ja zum Aberglauben – ich vermutete, dass er meinen Argumenten aufgeschlossen sein würde. Trotzdem hatte er seine Zweifel, und erst nachdem ich ihm von dem erdgebundenen Geist des Jockeys erzählte, der vor seinem Büro stand, konnte ich ihn davon überzeugen, dass es ein Geisterpferd gewesen war, das seiner geliebten Stute den Sieg verübelt hatte. Ich nannte ihm den Namen des Mannes und beschrieb ihm die Umstände seines Todes – während eines Rennens waren sowohl Ross als auch Reiter gestürzt. Der Jockey war sofort gestorben, während das Pferd eingeschläfert worden war.

Gabe erklärte sich bereit, einen kleinen Anhänger mit Quittensamen an Lolas Zaumzeug zu befestigen. Nachdem sie die nächsten beiden Rennen unangefochten für sich entscheiden konnte, bat er mich in den Stall, wo wir alle seine Pferde dementsprechend präparierten und auch die Pferdeboxen und Büroräume von Geistern säuberten. Ich gab mein Bestes, doch da ich keine Ahnung von Pferden hatte, musste ich entweder die Geister der Jockeys oder der Stallburschen bitten, auf ihren Tieren ins Licht zu reiten oder sie an Führstricken hineinzugeleiten. Nur ein Hengst weigerte sich standhaft, die Schwelle zu übertreten. Keiner der erdgebundenen Geister wagte sich in seine Nähe. Ich nehme an, dass er bis heute noch seine Rennen läuft.

9 BÖSE GEISTER

Selten, aber wahr

Dieses Kapitel werde ich kurz halten, da ich, ehrlich gesagt, bösen Geistern nur ungern begegne und auch nicht gern über sie spreche. Glücklicherweise hatte ich es in den vielen Jahren, in denen ich schon mit erdgebundenen Geistern kommuniziere, mit nur wenigen dieser äußerst finsteren und mächtigen negativen Kräfte zu tun. Ich muss aufs Deutlichste betonen, dass die Wesenheiten, die ich in diesem Kapitel beschreibe, nichts mit den erdgebundenen Geistern normaler Menschen zu tun haben. In den vorhergehenden Abschnitten habe ich bereits einige Geister von Menschen beschrieben, die zeitlebens schlimme Taten vollbrachten. Diese »bösen« Menschen – Mörder, Vergewaltiger, Pädophile und andere Kriminelle – werden nach ihrem Tod wie alle anderen vom Licht willkommen geheißen. Wie gesagt, weiß ich nicht, was sie dort erwartet. Die einzige Gewissheit ist, dass das Licht in der Stunde ihres Todes auch auf sie warten wird.

Ich kann also nicht genug betonen, dass es sich bei den dunklen Wesenheiten oder bösen Geistern, die hier beschrieben werden, um Kreaturen handelt, die sich vom Licht abgewandt haben. Sie scheuen davor zurück, und ich vermute, dass sie auch niemals menschlich waren. Wenn ich einem derartigen Geist begegne und das Licht erscheinen lasse, um mich vor ihm zu schützen, gelingt es mir nur in ganz seltenen Fällen, ihn dazu zu bewegen, es zu betreten. Wenn ich einem bösen Geist befehle, einen bestimmten Ort oder eine Person zu verlassen, wird er meiner Anordnung Folge leisten. Ich weiß jedoch nicht, wohin er verschwindet, aber ich vermute, dass diese Wesenheiten in alle Ewigkeit durchs Universum streifen und sich an Personen oder Orte klammern, die sie entweder heraufbeschworen haben oder von denen sie willkommen geheißen wurden.

Obwohl diese bösen Geister – im Folgenden auch »dunkle Wesenheiten« genannt – ebenfalls Energie besitzen, ist diese nicht mit der negativen Energie zu vergleichen, die ich bereits an anderer Stelle erwähnt habe. Einfache negative Energie kann beispielsweise die Form eines Fluchs oder böser Gedanken annehmen, die auf eine bestimmte Person gerichtet sind. Manche erdgebundenen Geister können diese negative Energie erzeugen – genau wie bestimmte lebende Personen.

Doch die Wesenheiten, um die es hier geht, werden zu einem ganz bestimmten Zweck missbraucht – etwa, um Menschen, die die schwarze Kunst, Magie oder Satanismus praktizieren, Macht zu verleihen. Die Menschen, die diese Wesen heraufbeschwören, versprechen sich übermenschliche Kräfte. Doch jeder, der mit solchen Kreaturen Kontakt aufnimmt, wird früher oder später begreifen, dass er sich der Gefahr, der er sich und seine Familie damit aussetzt, nicht im Ansatz bewusst war.

Wie man dunkle Wesenheiten heraufbeschwört

Dazu gibt es eine Vielzahl verschiedener Rituale. Ouija-Bretter erregen normalerweise die Aufmerksamkeit erdgebundener Geister, können jedoch auch gelegentlich andere, gefährlichere Wesen herbeirufen. Den meisten Leuten, die die Vermutung äußern, unter der Anwesenheit einer dunklen Wesenheit zu leiden – und oft vermuten, dass sie vom Teufel persönlich heimgesucht werden –, kann ich Entwarnung geben. Die dunklen Wesenheiten benötigen eine bestimmte Art von Energie, die in einem Durchschnittshaushalt nicht zu finden ist. Menschen, die von bösen Geistern umgeben sind, haben mit an Sicherheit grenzender Wahrscheinlichkeit auch an Ritualen zu ihrer Beschwörung teilgenommen. In einigen wenigen, seltenen Fällen musste ich Menschen helfen, die das Pech hatten, ohne Vorwarnung in ein Haus gezogen zu sein, dessen vorherige Bewohner diese schwarzen Künste praktizierten.

Einmal rief mich ein junges Pärchen an, das gerade ein neu erworbenes Haus bezogen hatte. Als die Frau mit ihrem ersten Kind schwanger wurde, waren sie auf Wohnungssuche gegangen und hatten zu ihrer Freude ein altes, in spanischem Kolonialstil gehaltenes Anwesen in einem verschlafenen Städtchen an der mexikanischen Grenze entdeckt. Sobald sie mit der Renovierung anfingen, verwandelte sich ihre Freude jedoch in Furcht. Das Haus hatte mehrere Jahre leergestanden und schrie förmlich nach einem neuen Anstrich. Als sie die alten Tapeten von den Wänden kratzten, entdeckten sie an der Wand darunter Pentagramme. Der Ehemann fand im Keller des Hauses einen Spiegel, der mit ihm unbekannten Symbolen verziert war, und in einem der Wandschränke im ersten Stock fand sich ein Ouija-Brett.

Für die beiden war es kein Zufall, dass ihr Umzug genau mit dem Beginn einer Serie von Komplikationen in der Schwangerschaft zusammenhing. Als ich das Haus betrat, verspürte ich sofort eine unglaubliche Menge negativer Energie. Obwohl ich keiner dunklen Wesenheit begegnete, war ich mir doch sicher, dass das Haus zu einem früheren Zeitpunkt einmal von ihnen heimgesucht gewesen war.

Ich erklärte dem Ehepaar, dass die Pentagramme als Portale gedient hatten. Portale sind Energiedurchlässe zwischen der Welt der Sterblichen und dem Geisterreich, die es Geistern ermöglichen, das Diesseits nach Belieben zu betreten und wieder zu verlassen. Sie werden normalerweise durch Rituale erzeugt, bei denen bestimmte Symbole auf Fußboden oder Wände gezeichnet werden. Viele, die sich mit Magie oder schwarzer Hexerei beschäftigen, benutzen diese Symbole, ohne die Kräfte, die sie damit heraufbeschwören, auch nur im Ansatz zu verstehen. Es ist schon vorgekommen, dass ein Jugendlicher in einem Haus, das ich gesäubert und mit Quittensamen geschützt hatte, mit schwarzer Magie herumexperimentierte und ein Portal öffnete, durch das die Geister zurückkehren konnten. Vergessen Sie nicht – wenn Geister durch Portale gelangen können, so ist dies auch weitaus finstereren Mächten möglich.

Ich befreite das Anwesen von der negativen Energie (wobei ich jene Technik anwandte, die in Kapitel 13 beschrieben wird) und sicherte es mit Quittensamen. Der Ehemann brachte Spiegel und Ouija-Brett zu einer nahe gelegenen Kirche. Soweit ich weiß, verläuft die Schwangerschaft inzwischen problemlos, und das Paar genießt den Aufenthalt in seinem neuen Heim.

Besessenheit

Menschen, die dunkle Wesenheiten dazu einladen, ihre Körper zu übernehmen, werden von dieser bösen Macht besessen oder kontrolliert. Diese Form der Besessenheit muss von eher harmloseren Ausprägungen wie etwa der »Materialisierung« unterschieden werden. Während einer Materialisierung übernimmt ein Geist den Körper einer bewusstlosen oder dem Tode nahen Person. Dies geschieht besonders häufig im Rahmen einer Nahtoderfahrung. Stellen Sie sich beispielsweise einen Mann vor, der in einem öffentlichen Park Selbstmord begehen will. Er hat eine Überdosis Schlaftabletten geschluckt und ist bereits an der Schwelle des Todes, als Passanten den Bewusstlosen entdecken und Hilfe holen. Die herbeigerufenen Sanitäter suchen vergeblich nach einem Pulsschlag, leiten jedoch trotzdem Wiederbelebungsmaßnahmen ein. In der Zwischenzeit nutzt ein vorbeikommender Geist die Gunst des Augenblicks und macht es sich in der leeren Körperhülle bequem. Plötzlich registrieren die Sanitäter einen schwachen Puls – der Mann ist »gerettet«. Doch tatsächlich ist der Überlebende eine völlig andere Person, was an ziemlich banalen Details feststellbar ist. Nehmen wir an, dass der Mann, der sich das Leben nehmen wollte, klassische Musik immer verabscheut hat. Zu ihrer Verblüffung müssen seine Bekannten feststellen, dass er nach seiner Wiederbelebung plötzlich eine Vorliebe für Mozart hat. Oder er war ein Hundeliebhaber, der sich auf einmal zwei Katzen anschafft. Wo er früher scharfes Essen gemieden hat, wird er plötzlich zu einem glühenden Verehrer der mexikanischen Küche. Alles sichtbare Veränderungen, die Freunde und Verwandte ins Grübeln bringen und sie fragen lassen, was mit der betreffenden Person wohl geschehen ist. Insgesamt gesehen ist dieses Phänomen jedoch größtenteils harmlos.

Ganz im Gegensatz zu von dunklen Wesenheiten besessenen Personen. Menschen, die es einer dieser Kreaturen erlauben, sich in ihrem Körper breitzumachen, hören oft Stimmen. Sie verhalten sich äußerst auffällig, haben danach jedoch keine Erinnerung an ihre Taten. Besessenheit äußert sich in ähnlichen Symptomen wie Geisteskrankheit und führt oft dazu, dass die darunter leidenden Personen eingewiesen und psychiatrisch behandelt werden. Für einen Laien ist es nahezu unmöglich, zwischen der Macht der dunklen Kräfte und den sehr realen Auswirkungen psychischer Krankheiten zu unterscheiden. Viele Kirchen und Religionen jedoch wissen um die Gefahr der Besessenheit durch Geister und besitzen Spezialisten, die die Opfer behandeln und ihnen Hilfe zukommen lassen können.

In den vielen Jahren, in denen ich erdgebundenen Geistern geholfen habe, ins Jenseits zu gelangen, bin ich nur wenigen Menschen begegnet, die von einem wirklich bösen Wesen besessen waren. Wenn ich mit einer derart gefährlichen und schwierigen Aufgabe konfrontiert bin, greife ich auf die Techniken zurück, die mir meine Großmutter zur Aufhebung von Flüchen und negativen Energien beigebracht hat. Sooft ich mich diesen dunklen Wesenheiten gestellt habe, trug ich psychische und auch physische Verletzungen davon. Sie können mir glauben, wenn ich Ihnen versichere, dass ich mich nicht gerade um diese besonderen Herausforderungen reiße und sie lieber denjenigen überlasse, die über die nötige Ausbildung und das Wissen verfügen, um mit diesen finsteren Mächten fertigzuwerden.

Die Macht der dunklen Wesenheiten

Dunkle Wesenheiten, böse Geister, Dämonen – oder wie man sie auch immer nennen mag – besitzen unglaubliche Kräfte. Sie sind in der Lage, schwere Möbelstücke zu verrücken, Bücherregale umzuwerfen, Haustiere zu verletzen oder gar zu töten. Manche Leute haben mir von schattenhaften, schwarzen Gestalten berichtet, die durch ihre Häuser schlichen. Andere erzählen von beunruhigenden blutroten Augen, die in der Finsternis zu schweben scheinen. Und schließlich gibt es noch Sichtungen von Kreaturen mit Hufen, Hörnern und Schwänzen. Ein erdgebundener Geist mit diesen Merkmalen ist mir noch nie untergekommen.

Ich muss noch einmal betonen, dass diese Wesenheiten von extrem negativer Energie angezogen werden, die man in gewöhnlichen Haushalten nicht vorfindet. Sie werden durch gefährliche Rituale herbeigerufen und von bösen Taten angelockt. Ihre Anwesenheit kann gar nicht übersehen werden.

Einmal besuchte ich ein Haus, dessen Eigentümerin von einem roten Augenpaar in der Finsternis erschreckt worden war. Schon als ich aus meinem Auto ausstieg, spürte ich eine gewaltige negative Energie aus dem Anwesen strömen. Ich bereitete mich auf eine unangenehme Begegnung vor. Während ich das Haus durchsuchte, schlossen sich die Jalousien vor den Fenstern eines jeden Raumes, den ich betrat. Ich fragte die Frau, ob dies öfter vorkam, und sie gestand mit einem Seufzen, dass sie den Großteil ihres Tages damit zubrachte, Rollläden zu öffnen und Vorhänge zurückzuziehen. Doch meistens versank das Zimmer kurz darauf wieder in Finsternis.

Es gelang mir, die negative Energie zu reduzieren. Wie immer, wenn ich es mit bösen Geistern zu tun habe, konnte ich auch in diesem Fall nichts über sie erfahren. Diese Wesenheiten weigern sich, mit mir zu sprechen, obwohl ich es oft genug versucht habe. Ich habe sie nach ihren Namen gefragt, nach der Ursache ihres Todes, wo ihre Leichname begraben sind, doch noch nie erhielt ich eine Antwort von diesen dunklen, menschenähnlichen Schatten – nur drohende Blicke.

Inzwischen bin ich überzeugt davon, dass es sich bei diesen Wesen nicht um erdgebundene Geister handelt und dass ich wahrscheinlich nie mit ihnen Kontakt aufnehmen werde. Aufgrund meiner Erfahrung, wenn es um das Brechen von Flüchen und anderer negativer Energien geht, kann ich diese dunklen Wesenheiten von einer Person oder einem Ort fernhalten. Wohin sie danach entschwinden, entzieht sich jedoch meiner Kenntnis.

Wie man sich vor bösen Geistern schützt

Am einfachsten ist es, die Aufmerksamkeit dieser bedrohlichen Ungeheuer gar nicht erst auf sich zu ziehen. Halten Sie sich also von schwarzer Kunst, Hexenwerk und Satanismus fern. Spielen Sie nicht mit Ouija-Brettern herum.

Versuchen Sie nicht, Geister aus Machthunger, Geldgier oder Geltungssucht zu beschwören.

Manche der Praktiken, die ich gegen Ende des Buches empfehle, um Flüchen und anderen negativen Energien entgegenzuwirken, können den Einfluss einer dunklen Wesenheit, die sich an Sie oder Ihr Heim gebunden hat, einschränken. Wenn Sie weiterhin Probleme damit haben, lassen Sie sich von der spirituellen oder religiösen Autorität Ihres Vertrauens beraten.

Vergessen Sie nicht, dass die meisten Geister, mit denen ich zu tun habe, die erdgebundenen Seelen verstorbener Individuen sind. Sie können nervtötend sein und ihr Energiehunger kann Ihnen und Ihrer Familie Schwierigkeiten bereiten, sie sind jedoch nicht mit den dunklen Wesenheiten zu vergleichen, die in diesem Kapitel beschrieben wurden. Diese verhalten sich nicht wie Menschen, sind unberechenbar und um ein Vielfaches gefährlicher als selbst der böswilligste erdgebundene Geist.

TEIL III   *Mit Geistern leben*

10 WER WIND SÄT ...

*Wie man die Aufmerksamkeit
erdgebundener Geister erregt*

Eine der ersten Fragen, die mir gestellt wird, wenn ich ein fremdes Haus betrete, ist: »Ist es der Geist meiner Mutter/ meines Vaters/eines nahen Verwandten?« Es mag Sie vielleicht überraschen, aber die Antwort darauf ist meistens: Nein. Sicher suchen manche erdgebundenen Geister zunächst ihre unmittelbare Familie auf, doch nach einiger Zeit begreifen die meisten, dass die Krankheiten oder andere Übel, die ihre Ehepartner oder Kinder plagen, auf ihre Anwesenheit zurückzuführen sind. Obwohl es auch Geister gibt, denen es Spaß zu machen scheint, das Leben ihrer Familie zur Hölle zu machen, haben die meisten erdgebundenen Geister kein Interesse daran, ihren Hinterbliebenen Schwierigkeiten zu bereiten.

Nachdem ich einige grundsätzliche Informationen – wie etwa den Namen, das Alter, die Todesursache und den Ort, an dem der Leichnam begraben ist – erfahren und weitergegeben habe, wollen die Leute üblicherweise mehr über ihren Geist erfahren. Oft stellt sich heraus, dass ihnen die verstorbene Person bekannt war oder sich zumindest auf irgendeine Weise eine Verbindung herstellen lässt.

Nichtsdestotrotz sind sich manchmal die Lebenden und die Toten, die aufeinandertreffen, völlig fremd. »Was zum Teufel macht er dann hier?«, fragen mich die Betroffenen oft, wenn ich ihnen beispielsweise von dem älteren Mann erzähle, der in ihrem Keller sitzt und ihre Elektrik durcheinanderbringt. Ihre Verwirrung ist verständlich – wie kommt es überhaupt dazu, dass sich die Geister wildfremder Leute bei einem einnisten?

Ich war zuerst hier

Es geschieht oft, dass man in eine Wohnung oder ein Haus zieht, das bereits von einem Geist in Beschlag genommen ist. Wenn die Räume nicht allzu lange leergestanden haben, hatte er keinen Grund, auf die Suche nach einer neuen Energiequelle zu gehen. Besonders erdgebundene Geister sind aus verschiedenen Gründen oft mit einem bestimmten Ort verwurzelt. Solange sie genug Energie besitzen, bleiben sie, auch wenn die Bewohner um sie herum wechseln.

Wenn Sie gerade umziehen und mitten in den Renovierungsarbeiten stecken, fragen Sie die Handwerker unbedingt, ob alles nach Plan verläuft. Unerklärliche Verzögerungen, plötzliche Unfälle oder ständige Spannungen und Aggressionen können auf energiehungrige Geister hindeuten. Renovierungen verärgern alteingesessene Geister, die mit Wut darauf reagieren, dass jemand in »ihrem« Zuhause Veränderungen vornimmt.

Einmal rief mich ein Ehepaar an, das gerade in sein Traumhaus gezogen war. Sie hatten monatelang gesucht und endlich das perfekte Heim für sich und ihre acht Jahre alten Zwillinge gefunden. Eigentlich sollte jeder von ihnen ein eigenes Zimmer bekommen, doch wie sich bald herausstellte, waren sie unzertrennlich, weshalb sie den Raum im Keller zu einem gemeinsamen Schlafzimmer umgestalten wollten. Doch von Anfang an standen die Renovierungsarbeiten unter einem schlechten Stern. Sobald sich der Vater der beiden an die Arbeit machte, lief alles schief – Schraubenzieher verschwanden auf unerklärliche Weise, Bretter waren schief geschnitten, und er zog sich ständig kleinere Verletzungen zu. Aber es kam noch schlimmer: Jedes Mal, wenn sich der Mann im Keller aufhielt, fühlte er sich extrem gereizt und nervös, ein Zustand, der noch mehrere Stunden nach Beendigung der Arbeit anhielt. Als das neue Zimmer endlich fertig war, entschieden sich die Zwillinge doch dafür, in getrennten Räumen zu schlafen. Einige Wochen lang ging alles gut, doch dann bemerkte die Mutter der beiden, dass sie wieder in einem Bett nächtigten und den Raum im Keller zu meiden schienen.

Eines Tages konnte sie zufällig ein Gespräch der beiden belauschen. Ihre Stimmen klangen verwirrt und verängstigt.

»Ich weiß nicht, warum sie uns immer zu diesem Kerl in den Keller schickt«, sagte der eine.

»Sie weiß doch gar nicht, dass er da ist, du Dummkopf«, warf der andere ein. »Er macht mir Angst«, fügte er ernst hinzu.

»Er steht einfach nur da und starrt uns an. Das macht mich völlig fertig.«

»Und mir macht er die Spielsachen kaputt.«

Ihre Mutter wusste nicht, was sie davon halten sollte, doch schon bald wurde auch sie Opfer unerklärlicher Vorkommnisse in diesem Keller: Waschmaschine und Trockner, beides nagelneue Geräte, waren regelmäßig defekt, und auch im Badezimmer mussten Reparaturen durchgeführt werden. Doch sie tat alles mit einem Schulterzucken ab, bis die Situation eine ernste Wendung nahm:

Die Mutter ging gerade mit einem gefüllten Wäschekorb die Treppe hinunter, als die beiden Kinder auf sie zugerannt kamen. Offensichtlich hatte sie etwas gehörig erschreckt. Einer der Jungen blieb wie angewurzelt stehen, starrte auf einen Punkt direkt vor seiner Mutter, geriet in Panik, stolperte und fiel hintenüber die Treppe hinunter, wobei er auch noch seinen Bruder mit sich riss.

»Oh, Gott!«, rief die Mutter und eilte den Jungen zu Hilfe. Obwohl sie am ganzen Leib zitterten, waren sie körperlich unversehrt.

»Was ist passiert?«, fragte die beunruhigte Mutter.

»Wir haben's dir doch gesagt!«, rief der Junge, der gestolpert war. Tränen schossen ihm in die Augen. »Es ist dieser Mann! Er war wieder hier unten! Wir wollten dich gerade holen, da tauchte er plötzlich genau vor dir auf der Treppe auf.«

»Er hat uns angefaucht«, fügte der andere ängstlich hinzu. »Ich habe Angst.«

Der Mutter stellten sich die Nackenhaare auf, und sie durchsuchte den ganzen Keller. Das Zimmer der Zwillinge wirkte trotz der hellen Farben und der vielen Spielsachen auf unbestimmte Weise trostlos und düster, was sie vorher nur unbewusst registriert hatte. Doch jetzt erinnerte sie sich an die Unfälle und die Stimmungsschwankungen ihres Mannes während des Umbaus.

Als sie mich anrief, wusste ich sofort, dass etwas in diesem Haus nicht stimmte. Ich spürte eine negative Energie, die jedoch nicht auf eine finstere Wesenheit, sondern auf einen extrem wütenden Geist zurückzuführen war. Und tatsächlich begegnete ich dort auch einem zornigen alten Mann, der Kinder verabscheute. Er hatte einst in dem Haus gewohnt und war überhaupt nicht damit einverstanden, dass der Keller – *sein* Keller – in ein Spielzimmer umfunktioniert worden war. Erst als ich mit ihm sprach, beruhigte er sich und erklärte sich bereit, die Gelegenheit beim Schopf zu packen und ins Licht zu gehen. Endlich konnte die Familie in Frieden in ihrem Traumhaus leben.

Erdgebundene Geister hängen besonders hartnäckig an Theatern. Die meisten Theatersäle sind voll von ihnen, was ja angesichts des konstanten Energieflusses nicht verwundert – man denke nur an die Bühnenbildner, Techniker, die probenden Schauspieler und die von der Aufführung gefesselten Zuschauer. Die meisten Theatergeister sind Möchtegernschauspieler, große Kunstliebhaber, Regisseure oder andere ehemalige Mitarbeiter, die ihren Arbeitsplatz einfach nicht verlassen wollen. Bei den Arbeiten zu *Ghost Whisperer* fand ich heraus, dass dies auch für Filmkulissen und andere Drehorte gilt. Dort bleiben die Geister aus ähnlichen Gründen ihrer Leidenschaft verhaftet.

Meiner Erfahrung nach sind Geister, die an einen bestimmten Ort gebunden sind, eher bereit, das Licht zu betreten, da sie weder eine unerledigte Aufgabe zu erfüllen noch eine bestimmte Nachricht zu überbringen haben.

Diese Sachen gehören mir

Sie können sich leicht einen Geist einfangen, wenn sie einen bestimmten Gegenstand erwerben, der früher in dessen Besitz war. Das kann das Tafelsilber ihrer Großtante sein oder Dinge, die sie auf dem Flohmarkt oder aus zweiter Hand erstehen. Je mehr Antiquitäten sie besitzen, umso größer ist die Wahrscheinlichkeit, dass sie auch gleich noch ein paar Geister mitgesammelt haben.

Die Vielfalt dieser Gegenstände erstaunt mich immer wieder aufs Neue. Bei einigen ist es ziemlich offensichtlich. Meiner Schätzung nach sind etwa drei Viertel aller Familienjuwelen mit einem Geist behaftet. Viele Frauen können nicht von ihren Lieblingsdiamanten lassen, während Männer um ihre Uhren und ganz besonders um ihre Autos besorgt sind. Doch ich habe schon Geister erlebt, die an Nerzmäntel, Schlafzimmereinrichtungen und Hochzeitskleider gebunden waren. Selbst ein Kaffeeservice oder ein Rasierpinsel kann so starke Gefühle auslösen, dass der Geist dafür sogar auf das Jenseits verzichtet.

Ich erinnere mich an eine junge Witwe mit zwei kleinen Kindern, die ich kurz nach dem plötzlichen Tod ihres Mannes kennenlernte. Sie bat mich, zur Beerdigung zu kommen, wo ich ihrem Mann einige wichtige Informationen bezüglich der Familienfinanzen entlocken sollte.

Viele Jahre später rief sie mich erneut an. Bei Renovierungen hatte sie eine erschütternde Entdeckung gemacht. Die Frau war eine begeisterte Flohmarktgängerin und sammelte Besteck und andere Dinge wie Haarbürsten und Spiegel aus Silber. Ständig erwarb sie neue Löffel, Gabeln und Messer aus Sterlingsilber. Sie pflegte dies damit zu entschuldigen, dass sie die alten Sachen ständig verlegte.

Sobald ihre Kinder aus dem Haus waren, entschloss sie sich, das Kinderzimmer renovieren zu lassen und sich für das Alter gemütlich einzurichten. Als die Handwerker anfingen, die Küchendecke einzureißen, fielen ihnen Unmengen an Silbergegenständen entgegen! Die lange vermissten Löffel, Messer und Gabeln regneten förmlich auf sie herab. Es waren mindestens sechzig bis siebzig Einzelstücke.

Als ich ankam, traf ich den mürrischen Geist eines Mannes, der ziemlich verärgert darüber war, dass man sein Geheimversteck entdeckt hatte. Er war einst der Butler einer vornehmen Familie gewesen und war untröstlich, als die Kinder das Tafelsilber ihrer Eltern zu Geld gemacht hatten. Also war er der Frau von einer Auktion nach Hause gefolgt und hatte mit großem Vergnügen jahrelang aus jeder Garnitur, die sie erworben hatte, einige Stücke beiseitegeschafft und versteckt. Doch er musste zugeben, dass ihm die Frau den Spaß verdorben hatte, als sie verschiedene Besteckgarnituren durcheinandergewürfelt und sich mit den fehlenden Sachen einfach abgefunden hatte.

Allein das Bewegen der Silbergegenstände musste ihn eine unglaubliche Menge an Energie gekostet haben, und nachdem die Kinder ausgezogen waren, war es fast unmöglich für ihn geworden, weiterhin seiner Lieblingsbeschäftigung nachzugehen. Er schien erleichtert zu sein, dass man ihn endlich geschnappt hatte, und ging ohne Widerworte ins Licht.

Wenn Sie gerne Flohmärkte oder Auktionen besuchen oder Ihre Wohnung mit Antiquitäten möbliert haben, ist es sehr wahrscheinlich, dass Sie einen oder mehrere erdgebundene Geister beherbergen. Doch Sie müssen deshalb nicht auf Ihr geliebtes Hobby oder Ihre Sammelleidenschaft verzichten. In Kapitel 12 erhalten Sie wertvolle Tipps, wie Sie es vermeiden können, dass Sie sich mit Ihren Erwerbungen auch Geister in Ihr Heim holen.

Ich wurde eingeladen

Viele Geister erzählen mir, dass sie sozusagen eingeladen wurden, was mich, offen gesagt, zur Weißglut bringt. Ich erhalte jeden Monat buchstäblich Hunderte von Anfragen, und viele Menschen nehmen Kontakt zu mir auf, weil sie über das Radio, über meine Vorträge und Kurse oder von Freunden oder Verwandten von mir erfahren haben. Diese Leute können die Anwesenheit eines Geistes in ihrer Umgebung intuitiv erspüren.

Andere nehmen über meine Website Kontakt mit mir auf. Diese Menschen sind oft tief besorgt, ja richtiggehend verzweifelt. Sie haben ernste Probleme mit ihrer Gesundheit, ihrer Umgebung oder ihrer Familie und wenden sich, nachdem sie keine logische Erklärung für ihre Schwierigkeiten gefunden haben, an mich. Für sie bin ich sozusagen der sprichwörtliche letzte Strohhalm. Sie sind so verzweifelt, dass sie immer und immer wieder anrufen, obwohl ich sie durch die Nachricht auf meinem Anrufbeantworter darauf hinweise, dass es oft Monate dauert, bis ich ihrem Gesuch nachkommen kann.

Wenn ich sie dann endlich besuche, begegne ich Geistern, die gar nicht verstehen, weshalb ich überhaupt gekommen bin. Schließlich, so behaupten sie, wurden sie förmlich darum gebeten, eine bestimmte Person oder einen Ort heimzusuchen. Hake ich dann bei denjenigen nach, die mich um Hilfe gebeten haben, so geben sie meist kleinlaut zu, dass sie erst kürzlich ein Ouija-Brett benutzt, eine Séance abgehalten, Hexenwerk praktiziert oder einen Zauber gewirkt haben.

Dann versuche ich, mich nicht aufzuregen – zumindest nicht beim ersten Mal, wenn jemandem so etwas passiert.

Die meisten Menschen begreifen nicht, wie mächtig die Praktiken sind, die sie da vollziehen. Doch es ist nun einmal Tatsache, dass sich viele Geister – obwohl sie natürlich auch Unschuldige heimsuchen – von der Energie metaphysischer Objekte oder schlampig ausgeführter magischer Rituale angezogen fühlen.

Ich würde mir wirklich wünschen, dass die Menschen endlich begreifen würden, wie einfach es ist, die Aufmerksamkeit der Geister – und die damit einhergehenden Schwierigkeiten – auf sich zu lenken. Es genügt, mit Ouija-Brettern, Pendeln oder Tarotkarten herumzuexperimentieren, schwarze Kunst oder Magie zu betreiben. Eine Séance ist ein wahrer Geistermagnet, genau wie der Versuch, durch Meditation mit der Geisterwelt zu kommunizieren. Das automatische Schreiben – bei dem man zulässt, dass einem ein Geist die Hand führt, um bestimmte Dinge niederzuschreiben – ist eine ganz besonders dumme Idee, da auch nur eine teilweise Übernahme des Körpers zu einer ausgewachsenen Besessenheit führen kann.

Es gibt keinen vernünftigen Grund dafür, mit Geistern zu kommunizieren. Wenn Ihnen ein Geist eine dringende Nachricht übermitteln will, wird er schon geeignete Mittel und Wege finden. Geister, die bereits im Jenseits sind, können durch Träume Kontakt aufnehmen. Aber auch erdgebundene Geister sind ziemlich kreativ, wenn es darum geht, sich Gehör zu verschaffen. Niemand muss sich also aktiv um das Gespräch mit einem Geist bemühen.

Manche Menschen behaupten, durch einen Geist tiefere Einsichten in die Geisterwelt oder mediale Fähigkeiten erlangen zu können. Ich versichere Ihnen, dass man mit den gewöhnlichen Methoden fast immer nur erdgebundene Geister anzieht, die das Licht noch nicht betreten haben und deshalb in Bezug auf das Jenseits oder das Geisterreich so schlau wie zu Lebzeiten sind.

Ich bin Ihnen nach Hause gefolgt

Selbst wenn Sie nicht mit Ouija-Brettern oder schwarzer Magie hantiert haben, ist es nicht unwahrscheinlich, dass Geister Bestandteil Ihres Alltags sind. Oft folgt Ihnen ein Geist mit nach Hause; besonders, wenn Sie eine lebhafte Persönlichkeit sind, große körperliche Energie besitzen (wie etwa Leistungssportler oder Artisten) oder in Ihrem Beruf viel mit unterschiedlichen Menschen zu tun haben, ist es meistens nur eine Frage der Zeit, bis sie die Aufmerksamkeit eines Geistes erregen. Erdgebundene Seelen benötigen Energie und sind stets auf der Suche danach.

Im Laufe der Zeit habe ich herausgefunden, dass es bestimmte Berufsgruppen gibt, die Geister förmlich anzuziehen scheinen. Aber auch hier lerne ich ständig dazu: In Kalifornien beispielsweise begriff ich, dass die Kulissen für Film- oder Fernsehproduktionen beliebte Treffpunkte für Geister sind. Während meines Aufenthalts in Santa Monica wurde ich zum ersten Mal mit dem Problem der Obdachlosigkeit konfrontiert. Ich hätte erwartet, dass erdgebundene Geister sich besonders gern in der Nähe von Obdachlosen aufhalten, doch das Gegenteil ist der Fall. Es ist also ziemlich schwer, vorherzusagen, wo sich Geister im Regelfall versammeln.

Hier folgt jedoch eine unvollständige Liste von Orten und Berufsgruppen, die erdgebundene Geister besonders zu bevorzugen scheinen:

- *Notfallaufnahmen*, besonders in Großstädten. Ärzte, Krankenschwestern und Sanitäter sind besonders anfällig, doch in manchen Fällen reicht es, einfach nur in dem Wartezimmer einer Arztpraxis zu sitzen, um die Aufmerksamkeit eines Geistes zu erregen.
- *Altersheime* werden in erster Linie von den Geistern älterer Männer frequentiert, die darauf warten, dass ihre Frauen das Zeitliche segnen. Wartende Ehefrauen dagegen sieht man dort selten.
- *Bars* und *Kneipen*, je schummriger, desto besser. Eine Kneipenschlägerei stellt ein wahres Energiebankett für Geister dar. Wo eingeschlagene Fensterscheiben und umgeworfene Tische die Regel sind, fühlen sich die Geister wohl. Doch wie im diesseitigen Leben unterscheidet sich die Klientel der verschiedenen Etablissements, je nachdem, ob man eine vornehme Hotelbar oder ein billiges Striplokal besucht.
- *Zahnarztpraxen.* Wie oft haben Sie schon aufgeregt und ängstlich im Wartezimmer gesessen und darauf gewartet, endlich aufgerufen zu werden? Kein Wunder, dass es in Zahnarztpraxen immer wieder zu Computerabstürzen und anderen technischen Problemen kommt. Die Angst, die dort erzeugt wird, ist eine immense Energiequelle.
- *Polizeiwachen.* Polizisten *ohne* die Begleitung eines Geistes sind äußerst selten. Diese Geister wollen meist noch einige Angelegenheiten in Ordnung bringen, die mit ihren eigenen Todesumständen zu tun haben. Dabei muss der betreffende Beamte nicht unbedingt mit dem Fall betraut sein.
- *Feuerwachen.* Aus Gründen, die mir bis heute noch nicht einleuchten, sind dort immer viele Geister versammelt, die den Feuerwehrleuten im Regelfall jedoch nicht nach Hause folgen.

- *Anwaltspraxen* und *Gerichtssäle*. Anwälte und Richter auf dem Gebiet des Strafrechts gehen ein hohes Risiko ein, Opfer von Geistern zu werden.
- *Psychiatrische Kliniken*. Menschen, die sich in psychiatrischer Behandlung befinden, werden oft von einem Geist begleitet. Doch auch die Pflegekräfte müssen damit rechnen, verfolgt zu werden.
- *Flughäfen*. Dort treffen sich Geister aus aller Herren Länder und klammern sich an Stewardessen, Piloten, Bodenpersonal und die Reisenden. Wenn Sie viel herumkommen, besteht durchaus die Chance, dass Sie irgendwann einen Geist im Gepäck haben.
- *Stadien* und *Sportplätze*. Die Masse an Energie, die von fanatischen Sportfans erzeugt wird, ist mit nichts zu vergleichen. Viele Profisportler, ja, ganze Mannschaften ziehen Geister und negative Energien während ihrer Laufbahn an.
- *Verlagshäuser*. Vor einem Jahr noch hätte ich niemals für möglich gehalten, wie viele Geister sich dort herumtreiben. Erst als ich mit der Arbeit an diesem Buch anfing, verabschiedete ich mich von der Vorstellung, dass die Buchbranche ruhig und behäbig sei. In einem Verlag arbeiten viele energiegeladene Menschen, was für Geister natürlich ein idealer Anziehungspunkt ist.
- *Antiquitätenläden*. Da viele Geister an ihren wertvollsten Besitztümern hängen, sind in Antiquitätenläden und Secondhandshops mit schöner Regelmäßigkeit Geister zu finden.
- *Theater* und *Filmkulissen*. Dass sich viele Geister zu Theatern hingezogen fühlen, habe ich schon erwähnt. Durch meine Arbeit an *Ghost Whisperer* erhielt ich auch einen Einblick in die Filmbranche und musste feststellen, dass

es an Kulissen und Drehorten von Geistern nur so wimmelt. Es ist ziemlich anstrengend, sie davon zu überzeugen, dass sie beim Dreh nicht mehr benötigt werden, da es sich zum Teil um ziemlich extravagante Persönlichkeiten handelt.

Meinen ersten echten Hollywoodstar traf ich auf dem Gelände der Paramount-Studios. Wie gewöhnlich strich ich mit Block und Stift bewaffnet über das Studiogelände, bereit, mir Notizen über alle Geister zu machen, die mir über den Weg liefen. Und wie gewöhnlich folgte mir eine kleine Menschenmenge. Ich ging um eine Ecke – und da stand sie. »Oh, Mann!«, platzte ich heraus und blieb wie angewurzelt stehen. »Sie sind Barbara Stanwyck!«

»Wer?«, fragten einige der jüngeren Mitglieder der Gruppe verwirrt.

»Sie wissen schon, diejenige, die Victoria Barkley in der Fernsehserie *Big Valley* gespielt hat«, sagte ich und hoffte, dass sie wenigstens diese zu meiner Zeit so berühmte Sendung kannten. Und wenn nicht, sollten sie gefälligst den Mund halten. Ich bemerkte nämlich, dass Miss Stanwyck aufgrund ihrer Ignoranz ziemlich ungehalten war.

»Ach, nur eine alte Fernsehschauspielerin«, murmelte jemand desinteressiert.

Das schlug dem Fass den Boden aus. Miss Stanwyck kochte vor Wut!

Ich beeilte mich, ihnen einen kurzen Vortrag über Barbara Stanwyck und ihre Verdienste für Film und Fernsehen zu halten – schließlich hatte sie auf diesem Gebiet Pionierarbeit geleistet. Auch ihre Attraktivität, ihr schauspielerisches Talent, ihre Disziplin und ihre vielen Erfolge ließ ich nicht unerwähnt.

»Sie ist eine Schauspielerin von Weltklasse«, verkündete ich. »Und das sollten Sie gefälligst respektieren.«

Nach meiner kurzen Ansprache schwiegen alle betreten, und Miss Stanwyck wirkte besänftigt. Als echter Fan versicherte ich ihr, wie sehr ich ihre Arbeit bewunderte, und wir führten ein langes Gespräch. Sie plauderte gern über die vielen Filme, in denen sie mitgespielt hatte. Zeit ihres Lebens hatte sie immer an Geister geglaubt und war sehr erfreut gewesen, dass sie auch nach ihrem Tod den Kontakt zur Filmindustrie nicht verlieren musste.

Dann fragte ich sie, ob sie bereit war, ins Licht zu gehen. Um ehrlich zu sein, ich hatte etwas Mitleid mit ihr. Sie war im Alter von dreiundachtzig Jahren gestorben, und obwohl sie dank ihren hohen Wangenknochen und der aufrechten Haltung noch immer eindrucksvoll war, konnte man eine gewisse Gebrechlichkeit nicht übersehen. Ich dachte mir, dass sie nach all den Jahren doch irgendwann genug von dieser Welt haben musste.

»Vielen Dank, aber ich muss ablehnen«, sagte sie freundlich, aber bestimmt. »Schließlich muss ich hier alles im Auge behalten.«

Da war mir klar, dass ich sie nicht einfach so ins Licht schicken konnte. Ich musste mir schon ein sehr stichhaltiges Argument einfallen lassen.

»Miss Stanwyck«, sagte ich ehrfürchtig. »Vermissen Sie denn Ihre Fans überhaupt nicht?«

Sie machte eine wegwerfende Handbewegung, doch ich spürte, dass ich einen wunden Punkt getroffen hatte.

»Ich kann mir vorstellen, dass ich seit Langem die erste Person bin, mit der Sie sich unterhalten können«, fuhr ich fort. »Hat denn sonst jemand mit Ihnen gesprochen?«

Sie schüttelte den Kopf.

»Im Licht werden Sie in die Blüte Ihrer Jahre zurückkehren können«, sagte ich. »Die Geister auf der anderen Seite können nach Belieben zwischen den Welten wechseln, was Ihnen momentan noch verwehrt ist.«

Sie sah mich misstrauisch an, doch ich war auf dem richtigen Weg. »Sie müssen mir in diesem Punkt vertrauen. Ich weiß einiges über die Geisterwelt – *Sie* kann ich ja schließlich auch hören und sehen.«

»Und ich kann jederzeit zurückkommen?«, fragte sie.

»Ich habe Bekannte, die täglich Kontakt zu Geistern auf der anderen Seite aufnehmen«, versicherte ich ihr. »Sobald Sie im Licht sind, werde ich persönlich nicht mehr mit ihnen kommunizieren können, aber dafür gibt es andere, die das mit Vergnügen tun werden.«

Sie hob entschlossen das Kinn, und ich wusste, dass sie ihre Entscheidung gefällt hatte. »Also gut«, sagte sie. »Ich gehe.«

Ich ließ das Licht für sie erscheinen und beobachtete, wie sie hineinging. Ich glaube fest daran, dass sich Geister, die die Schwelle überschreiten, in einer besseren Welt wiederfinden und im Gegensatz zu ihren erdgebundenen Genossen ihren Frieden finden. Ich freue mich jedes Mal, wenn ich ihnen die Gelegenheit dazu geben kann.

Als ich kürzlich wieder beim Dreh von *Ghost Whisperer* zugegen war, musste ich etwas Unglaubliches feststellen: Erdgebundene Geister aus anderen Teilen des Studiogeländes pilgern zu uns herüber – und zwar aufgrund der Thematik der Serie. Sie hängen sich an die Filmleute, aber auch an die Schauspieler, ganz besonders natürlich an die

Hauptdarsteller. Nachdem ich mit einigen dieser Geister gesprochen hatte, begriff ich, dass sie, genau wie einige lebende Fans, manchmal nicht so recht begreifen, dass Jennifer Love Hewitt nicht mit Geistern sprechen kann – nur Melinda, die Figur, die sie in der Serie darstellt, ist dazu in der Lage. Sie haben gehört, dass jemand am Set mit Geistern sprechen kann und folgen nun allen Beteiligten überallhin und versuchen verzweifelt, auf sich aufmerksam zu machen. Wenn sie dann feststellen, dass sie die Menschen, denen sie so voreilig hinterhergerannt sind, gar nicht wahrnehmen, kehren sie zum Dreh zurück, um noch mehr Verwirrung zu stiften. Wenn Schauspieler und Mitarbeiter überhaupt nicht mehr weiterwissen, rufen sie mich zu Hilfe. Ich muss gestehen, dass dieser Trend – so störend er für die Arbeit am Set auch ist – aus der Perspektive der Geister einige Vorteile bietet. Jedes Mal, wenn ich nach Los Angeles kam, konnte ich einer Reihe von Geistern helfen, das Licht zu erreichen, darunter auch einigen sehr bekannten Persönlichkeiten. Im Moment versuche ich herauszufinden, wie ich die Dreharbeiten vor den ungewollten Nebeneffekten der Anwesenheit von Geistern abschirmen kann. Wenn Sie schon einmal auf einem Studiogelände waren, wissen Sie ja, wie weiträumig manche Kulissen sein können. Es ist fast so, als müsste man eine ganze Kleinstadt unter Kontrolle halten! Wenn Sie also einmal ein Filmstudio besuchen, besteht durchaus die Möglichkeit, dass Sie ein paar Geister mit nach Hause bringen, die von dem ganzen Rummel erst einmal genug haben.

Da ich täglich mit dem Übernatürlichen zu tun habe, bin ich mir auch der Energie um mich herum sehr bewusst.

Viele Menschen arbeiten auf dem Gebiet des Paranormalen: Kartenleser, Astrologen, Numerologen, Spiritualisten, Geistheiler und viele andere. Ich kann ihnen allen nur raten, sehr vorsichtig vorzugehen und geeignete Vorkehrungen zu treffen, um ihre Klienten während der Sitzungen wirksam zu schützen. Die Leute suchen den Rat dieser Spezialisten, weil sie bestimmten Problemen gegenüberstehen, und können auch erwarten, dass diese bestimmte Vorsichtsmaßnahmen treffen. So sollten sie nie ohne die Kraft des weißen Lichts arbeiten, ihr Arbeitsgerät immer mit Meersalz und Mondenergie säubern, Schutzamulette benutzen und ihre Klienten nicht länger als nötig negativen Energien aussetzen. Sonst kann es schnell passieren, dass eventuell anwesende oder von den Klienten mitgebrachte Geistwesen ihre negative Energie verbreiten. Menschen, die sich professionell mit spirituellen Wesen auseinandersetzen, müssen also besonders vorsichtig sein, um sich vor ihrem Einfluss abzuschirmen.

Doch auch derjenige, der sich bei diesen Fachleuten in Behandlung gibt, sollte auf der Hut sein. Am besten, Sie besuchen nur Spezialisten, von denen Ihnen aus erster Hand positive Berichte vorliegen. Leute, die sich ohne ausreichende Kenntnisse in diesen Künsten versuchen, werden schnell zum Spielball negativer Energien oder Wesenheiten. Es gibt keine Garantie dafür, dass der Geist, der Ihre kartenlegende Nachbarin heimsucht, sich nicht plötzlich entschließt, Sie nach Hause zu begleiten.

Mit diesem Kapitel wollte ich Ihnen vor Augen führen, dass es eine Vielzahl von Möglichkeiten gibt, bewusst oder unbewusst die Aufmerksamkeit von Geistern zu erregen. In Kapitel 11 werden Sie gewisse Anzeichen beschrieben finden, die auf die Anwesenheit von erdgebundenen Geistern hindeuten. In den Kapiteln 12 und 13 erhalten Sie dann detaillierte Tipps, wie Sie sich und Ihre Umgebung gegen diese Geister und ihre negative Energie schützen und die unerwünschten Auswirkungen unsichtbarer Kräfte wirkungsvoll eindämmen können.

11 ANZEICHEN DAFÜR, DASS SIE NICHT ALLEIN SIND

Wie man Geister in der Umgebung aufspürt

Sobald man sich bewusst ist, wie leicht es ist, Geister anzuziehen, will man natürlich auch wissen, ob man seine unmittelbare Umgebung mit einer erdgebundenen Seele teilt. Für mich ist es sehr einfach, dies herauszufinden: Ich kann die Geister sehen und ihre Energie deutlich spüren. Doch es gibt bestimmte versteckte – manchmal auch ziemlich offensichtliche – Hinweise, nach denen jeder Ausschau halten kann.

Behalten Sie immer im Hinterkopf, dass erdgebundene Geister Energie benötigen. Diese erhalten sie nicht, indem sie essen oder schlafen, sondern die emotionale und physische Energie aufnehmen, die die Lebenden erzeugen. Je mehr dieser Energie einem Geist zur Verfügung steht, desto wirkungsvoller sind die Handlungen, die er vollziehen kann. Geister beziehen ihre Kraft außerdem aus dem Voll- oder Neumond. Während dieser Phasen ist es möglich, dass sie eine Zunahme der im Folgenden beschriebenen Phänomene in Intensität und Häufigkeit beobachten können.

Wenn drei oder mehr der folgenden Phänomene in Ihrer Umgebung anzutreffen sind und Sie keine logische Erklärung dafür finden können, ist es sehr wahrscheinlich, dass Sie einen Geist bei sich zu Hause beherbergen.

Intuition

Die erste Reaktion der Menschen auf die Nachricht, dass sich tatsächlich ein Geist bei ihnen befindet, ist üblicherweise Erleichterung: »Ich wusste doch, dass da irgendetwas nicht stimmt!« Wenn es darum geht, erdgebundene Geister aufzuspüren, ist es von entscheidender Bedeutung, seinen Instinkten zu vertrauen. Die meisten Menschen versuchen zunächst, eine vernünftige und möglichst einfache Erklärung für die Probleme zu finden, die sie so sehr beschäftigen. Doch die Geisterwelt ist äußerst komplex. Trotzdem rufen mich viele Leute erst dann zu Hilfe, wenn sie alle logischen Erklärungen für die seltsamen Phänomene, die sie beobachten, ausgeschlossen haben.

Menschen, die von erdgebundenen Geistern heimgesucht werden, haben nicht selten das Gefühl, beobachtet zu werden. Sie fühlen sich in bestimmten Zimmern oder Orten unwohl. Es ist kein Zufall, dass man sowohl Dachböden als auch Keller als »unheimlich« empfindet – es sind die Räume, an denen sich Geister überdurchschnittlich oft aufhalten.

Rufen Sie sich ins Gedächtnis, dass sowohl Kinder als auch Tiere sehr empfänglich für die minimalen Umgebungsveränderungen sind, die Geister hervorrufen können. Beispielsweise werden sie instinktiv die Orte meiden, an denen sich die Geister aufhalten. Ihr Hund könnte sich plötzlich weigern, Ihnen in den Waschkeller zu folgen. Ihr Kind könnte auf einmal sein Zimmer als »gruselig« empfinden.

Der erste Schritt, Ihre Empfänglichkeit für die Anwesenheit geisterhafter Energie zu steigern, ist, Ihrer Intuition zu vertrauen. Mein Mann Ted zum Beispiel hat nicht die Fähigkeit, mit Geistern zu reden oder sie zu sehen –

egal, ob erdgebunden oder nicht. Zugegeben, im Laufe der Jahre ist er mehr Geistern begegnet als der Durchschnittsbürger, was dazu beigetragen hat, dass er gelernt hat, unvoreingenommen zu bleiben und seinen Instinkten zu vertrauen, wenn er die Präsenz eines Geistes zu spüren glaubt. Während seiner Zeit als Autoverkäufer geschah es öfter, dass er einen Gebrauchtwagen überprüfte, mit dem seiner Meinung nach etwas »nicht in Ordnung« war. Er stellte diese Fahrzeuge auf dem Hinterhof des Autohändlers ab und rief mich an. Wenn ich Zeit hatte, fuhr ich vorbei, um der Sache auf den Grund zu gehen und entdeckte auch jedes Mal einen Geist, der an das Auto gebunden war. Ted hat sich nicht einmal geirrt – und das, ohne über besondere übersinnliche Fähigkeiten zu verfügen.

Wenn Sie also in Bezug auf Probleme mit Ihrer Gesundheit, Ihrer Wohnung oder in Ihrer Familie jede rationale Erklärung und auf Vernunft basierende Theorie ausgeschlossen haben, und besonders, wenn Sie mehrere der Phänomene beobachten können, die im Nachfolgenden beschrieben werden, und Ihr Bauch Ihnen sagt, dass etwas »nicht stimmt« – vertrauen Sie Ihrem Instinkt. In Kapitel 12 erhalten Sie einige nützliche Ratschläge, wie man die negativen Auswirkungen der Anwesenheit erdgebundener Geister wirkungsvoll reduzieren kann. Es kann nicht schaden, einige oder alle dieser Praktiken zu befolgen, wenn die Möglichkeit besteht, dass Sie dadurch den Frieden wiederfinden, den Ihnen der Geist genommen hat.

Körperliche und geistige Symptome

Bestimmte körperliche und geistige Symptome sind sehr häufig in Verbindung mit erdgebundenen Geistern zu beobachten.

Da diese Symptome sehr häufig vorkommen und das Wohlbefinden im Allgemeinen nur wenig beeinflussen, muss man genau beobachten, ob sie ausschließlich an einem bestimmten Ort auftreten (etwa in einem Haus, am Arbeitsplatz oder im Auto). Fühlen Sie sich besser, sobald Sie diesen Ort verlassen haben? Treten die Beschwerden regelmäßig auf? Wenn Sie einmal ein bestimmtes Muster erkannt haben, sind Sie der Quelle Ihrer Beschwerden schon ein ganzes Stück nähergekommen und können eindeutig entscheiden, ob es sich um eine eher irdische Unpässlichkeit wie etwa eine Lebensmittelallergie oder um ein ungewöhnlicheres Phänomen wie einen erdgebundenen Geist handelt. Ich empfehle Menschen, die regelmäßig Medikamente einnehmen, immer, ihren Arzt aufzusuchen, nachdem ich sie von Geistern und negativen Energien befreit habe. Oft ist es möglich, die verordnete Arzneimitteldosis nach Verschwinden der negativen Energie deutlich zu verringern.

Wenn Sie dauerhaft unter den im Folgenden beschriebenen Symptomen leiden und ihre Ärzte keine medizinische Ursache für Ihre Beschwerden finden, sollten Sie ernsthaft die Möglichkeit in Betracht ziehen, unter dem Einfluss eines erdgebundenen Geistes zu stehen.

Kopfschmerzen

Kopfschmerzen können Anzeichen für einen Fluch oder negative Energie sein. Richten Sie Ihr Augenmerk besonders auf Kopfschmerzen, die regelmäßig an einem bestimmten Ort auftreten.

Einmal bekam ich einen Anruf von einer Wirtschaftsprüferin, die unter quälenden Kopfschmerzen litt. In Anbetracht ihrer Tätigkeit hielt ich dies nicht für ungewöhnlich. Doch als ich mir ihre Nachricht genauer anhörte, verstand ich ihre Besorgnis: Während der Arbeit ging es ihr prächtig, selbst wenn sie Vierzehn-Stunden-Schichten einlegte. Doch sobald sie nach Hause kam, um bei einem Glas Wein und etwas angenehmer Musik zu entspannen, wurde sie, anstatt die Mühen des Tages hinter sich lassen zu können, von rasenden Kopfschmerzen heimgesucht. Sie versuchte alles Erdenkliche, um sich Linderung zu verschaffen: Erst trank sie Weiß- statt Rotwein, dann verzichtete sie völlig auf Alkohol. Vergebens. Auch an der Musik lag es nicht. Schließlich ging sie zu einem Arzt, der jedoch jede Form von Migräne ausschloss und ebenso wie sie selbst vor einem Rätsel stand. Sollten die Kopfschmerzen vom Stress herrühren, so wären sie zuerst am Arbeitsplatz aufgetreten, was jedoch nicht der Fall gewesen war.

Ein zunächst davon unabhängiger Vorfall ließ schließlich den Verdacht bei ihr aufkommen, es mit einem erdgebundenen Geist zu tun zu haben. Eines Tages kam sie früher nach Hause und bekam von ihrer Putzfrau einen Stapel Post überreicht – Briefe, Rechnungen, Wurfsendungen und Zeitschriften. Die Angestellte gab an, die Papiere unter einem Büffet im Esszimmer gefunden zu haben, und behauptete, die Post würde jeden Tag dort zu finden sein, woraufhin sie sie gewöhnlich auf den Esstisch legte. Die Hausbesitzerin war verwirrt, beeilte sich jedoch, der Haushälterin zu versichern, dass sie ihre Post nicht unter dem Büffet horten würde (obwohl sie sich zu diesem Zeitpunkt insgeheim wunderte, ob die Kopfschmerzen nicht ein erstes Anzeichen dafür waren, dass sie den Verstand verlor).

Zumindest war sie erleichtert, da sie jetzt den Verbleib ihrer Rechnungen herausgefunden hatte. Als Buchprüferin konnte sie es sich natürlich auch privat nicht leisten, säumige Zahlungsaufforderungen nicht zu begleichen. Sie konnte sich auf die Angelegenheit keinen Reim machen und erzählte den Vorfall einem ihrer Klienten, der mich zufällig kannte. Eins führte zum anderen, und schließlich besuchte ich sie und entdeckte tatsächlich einen Geist, den ich sofort ins Licht schickte. Mit ihm verschwanden auch die Kopfschmerzen, während die Post an Ort und Stelle blieb.

Verdauungsbeschwerden

Ständiges Unwohlsein, Darmkrämpfe oder ein flaues Gefühl im Magen sind in der Nähe von Geistern oft zu beobachten. Obwohl diese Beschwerden durchaus nicht auf die leichte Schulter zu nehmen sind, kann ich mir folgende amüsante Anekdote nicht verkneifen: Der Mann, der mich anrief, war ein richtiger »Fitnessstudio-Casanova« – wenn Sie öfter trainieren, ist Ihnen dieser Typ sicher nicht unbekannt: Es war ein muskelbepackter Kerl, der nur so vor Selbstvertrauen strotzte. Im Studio ließ er keine Gelegenheit aus, alle attraktiven Frauen in seinem Umkreis aufs Heftigste anzubaggern. Kurz: Er erfüllte alle Klischees. Als ich seine Wohnung betrat, hätte ich am liebsten laut aufgelacht. Er lebte in einer echten Junggesellenbude, komplett mit einem kreisförmigen Bett mit Satinlaken.

Ein weiblicher Geist war im Studio auf ihn aufmerksam geworden und ihm nach Hause gefolgt. Jedes Mal, wenn es dem Schürzenjäger gelang, jemanden zu sich nach Hause abzuschleppen, bekam er es mit der Angst zu tun. Er fühlte sich beobachtet und verlor jede Lust an seiner Eroberung. Zur großen Bestürzung dieses Don Juan äußerte sich seine Anspannung in heftigen Blähungen und einem sehr nervösen Magen. Schon bald kursierten dementsprechende Gerüchte, und er wurde zum Gespött des gesamten Fitnessstudios. Obwohl ich den Geist schließlich dazu bewegte, diese Welt zu verlassen, muss ich doch zugeben, dass ich für einen kurzen Augenblick überlegte, ob ich den Frauen im Studio nicht einen Gefallen tun würde, wenn ich den Geist noch etwas länger seinen Spuk treiben ließ.

Schlafstörungen

Gestörtes Ein- oder Durchschlafen sowie völlige Schlaflosigkeit können Anzeichen für die Anwesenheit eines erdgebundenen Geistes sein.

Müdigkeit ohne vorherige körperliche oder geistige Anstrengung

Wenn Ihre Muskeln ständig schmerzen oder sich schwer wie Blei anfühlen, wenn Sie auch nach einer durchschlafenen Nacht Schwierigkeiten haben, aus dem Bett zu kommen, oder einfach nur das Gefühl haben, nicht Ihre gewohnte körperliche Leistungsfähigkeit zu besitzen, wird Ihr Arzt wahrscheinlich auf eine chronische Krankheit wie etwa eine Schilddrüsenunterfunktion, Blutarmut oder Fibromyalgie tippen. Doch vergessen Sie nicht: Je mehr Energie ein Geist Ihnen entzieht, umso weniger steht Ihnen selbst noch zur Verfügung.

Unerklärliche Angstzustände

Großes Kopfzerbrechen über eigentlich nebensächliche Angelegenheiten oder die Tendenz, in jeder Situation das Schlimmste anzunehmen, können auf die Präsenz eines erdgebundenen Geist hindeuten.

Unangemessene Wut oder Reizbarkeit

Viele Ehepaare, mit denen ich zusammengearbeitet habe, standen kurz vor der Scheidung. Der Geist war sozusagen der Katalysator ihrer oft lautstarken Auseinandersetzungen, die große Mengen der für den Geist so wichtigen emotionalen Energie freisetzten. Einem erdgebundenen Geist fällt es nicht schwer, seine Umgebung so zu manipulieren, dass die Lebenden zwangsläufig in Stresszustände geraten. Dazu gehört, Türen sperrangelweit offen stehen zu lassen, Unterwäsche aus dem Wäschekorb auf dem Boden zu verteilen und wichtige Dokumente oder Gegenstände zu verstecken. Die eigentlich nichtigen Auseinandersetzungen, die daraus entstehen, können, wenn sie in schöner Regelmäßigkeit vorkommen, eine Beziehung zerstören oder den häuslichen Frieden zumindest empfindlich beeinträchtigen.

Häufige Erkrankungen der Atemwege;
Erkältungen; Ohren- oder Halsschmerzen; Asthma

Diese Symptome sind besonders häufig bei Kindern unter zehn Jahren anzutreffen. Bei Erwachsenen kann es außerdem zu Stirnhöhlenentzündungen kommen.

Sehstörungen

Vielleicht haben Sie Schwierigkeiten, bestimmte Objekte auf einige Entfernung zu fokussieren. Das kann etwa ein Bild am Ende einer Treppe sein, aber auch ein Fernsehbildschirm oder Computermonitor, der sich einfach nicht mehr in seiner gewohnten Schärfe darstellt. Außerdem sind mir Berichte über flackernde Lichtblitze, sich bewegende Schatten oder Nebelschwaden in geschlossenen Räumen bekannt. Manchmal wird auch eine menschenähnliche Gestalt, ein grelles Licht in Form einer Person oder ein Flirren in der Luft ähnlich einer Fata Morgana oder der Spiegelung, die man an einem heißen Tag auf Asphalt beobachten kann, wahrgenommen.

Akustische Phänomene

Menschen in der Umgebung erdgebundener Geister glauben oft, ihren Namen zu hören. Es klingt, als würde sie jemand von weit her rufen – oder direkt in ihr Ohr flüstern. In vielen, aber nicht allen Fällen tritt dieses Phänomen entweder kurz vor dem Einschlafen oder am Morgen unmittelbar vor dem Aufwachen auf. Statt vom Wecker geweckt zu werden, schrecken die Betroffenen mit klopfendem Herzen und hohem Adrenalinspiegel auf, bereit, in Erwartung eines weiteren Hilferufs aus dem Bett zu springen. Erst nach ein paar Minuten wird ihnen bewusst, dass alles still und friedlich ist und niemand nach ihnen gerufen hat. Die meisten halten ein solches Ereignis für einen besonders lebhaften Traum, doch es gibt auch diejenigen, die fest davon überzeugt sind, von einem wirklichen Schrei aus dem Schlaf gerissen worden zu sein.

Andere weitverbreitete Phänomene sind Schritte in leeren Korridoren sowie Klopfgeräusche an Türen oder Wänden. Einmal besuchte ich eine Frau, deren Mann gerade außer Haus war. Sie wollte ihm gegenüber nicht erwähnen, dass sich Geister im Haus befanden – obwohl sie mit ihrer Vermutung voll ins Schwarze traf: Ich schickte die Geister mehrerer Kinder ins Licht und schützte das Haus mit Quittensamen. Als ich wieder gehen wollte, fragte mich eines ihrer Kinder, was es tun sollte, wenn sich der Geist eines bestimmten Teenagers wieder blicken lassen würde. Ich erklärte ihm, dass er nicht mehr ins Haus gelangen konnte, was ihn wohl einige Zeit ziemlich wütend machen würde. Schließlich würde er aber aufgeben und weiterziehen.

Einige Zeit später besuchte die Frau gemeinsam mit ihren Kindern für mehrere Tage ihre Großeltern. Ihr Mann war allein zu Hause. Ausgerechnet zu diesem Zeitpunkt entschied sich besagter Teenager, »nach Hause« zu kommen. Da er nicht hineingelangen konnte, verbrachte er die Nacht damit, um das Haus zu streichen, an die Fenster zu klopfen und an der Tür zu klingeln. Nach der zweiten schlaflosen Nacht rief der Mann die Polizei, die jedoch trotz regelmäßiger Patrouillen keinen der Rowdys aus der Nachbarschaft entdecken konnte, die der Mann hinter dem Radau vermutete.

Kleinlaut gab die Frau ihm gegenüber zu, dass sie mich zu sich eingeladen hatte und ich sie davor gewarnt hatte, dass so etwas passieren könnte. Der Mann war mit den Nerven am Ende und bereit, alles zu versuchen, nur um wieder ruhig schlafen zu können. Ich setzte mich also eines Abends in die Garage und hoffte, dass der Geist erneut auftauchen würde. Um halb eins erschien er endlich und fing erneut an, Krach zu schlagen. Ich muss sagen, dass mich sein verblüffter Gesichtsausdruck, als ich aus der Garage auftauchte und ihn zurechtwies, durchaus für alle Mühen entschädigte. Nachdem ich ihn ins Licht geschickt hatte, herrschte wieder Ruhe.

Berührungen und andere Körperkontakte

Geister können Ihnen die Bettdecke wegziehen. Vielleicht spüren Sie auch, wenn sie auf Ihrer Bettkante sitzen. Sie können die Arme um Sie legen, Sie an Ihren Ohren oder Ihrem Haar ziehen oder Ihnen in den Nacken pusten. Manche der weiblichen Geister streichen gerne mit ihren Fingernägeln über männliche Rücken, besonders, wenn sie sehr viel Energie besitzen oder gerade Vollmond ist.

Die unmittelbare Umgebung

Inwieweit ein Geist Ihre Umgebung beeinflussen kann, hängt von seinem Energievorrat ab. Hier einige der am häufigsten zu beobachtenden Phänomene, die von erdgebundenen Geistern hervorgerufen werden:

Das Bewegen oder Verstecken von Objekten

Manche Geister können ganze Möbelstücke verrücken, die meisten beschränken sich jedoch darauf, kleinere Gegenstände wie Schlüsselbunde, Scheckbücher, wichtige Dokumente oder Schmuckstücke zu verstecken, was eine relativ unkomplizierte Methode ist, lebende Personen zu einer bestimmten Reaktion zu bewegen. Denken Sie nur daran, wie unangenehm es ist, wenn Sie sowieso schon zu spät zu einem wichtigen Termin aufbrechen und dann auch noch die Autoschlüssel – die Sie, da können Sie sich genau erinnern, auf dem Küchentisch haben liegen lassen – weg sind. Oder das unangenehme Gefühl, wenn Sie im Laden feststellen, dass Ihre Kreditkarte – die Sie doch hundertprozentig in Ihre Handtasche gesteckt haben – plötzlich nicht da ist. Später finden Sie sie dann in einer Schublade oder unter einem Stapel Papiere auf ihrem Schreibtisch.

Gefährlicher wird es, wenn Geister in der Lage sind, größere Objekte zu bewegen. Ich werde nie vergessen, wie ich einmal einem sehr entschlossenen Geist in einem Altenheim begegnete. Das Pflegepersonal hatte eine geräumige »Suite« in dem Flügel für betreutes Wohnen komplett abgesperrt. Die Räume selbst waren sehr geschmackvoll eingerichtet, komplett mit einer alten Schlafzimmergarnitur

samt Himmelbett, Sekretär, Frisierkommode und Nachtkästchen. Die Schwester, die mich herumführte, erzählte
mir, dass die Möbel einem sehr vermögenden ehemaligen
Bewohner gehört hatten, der während seines Aufenthalts
gleich mehrere Zimmer angemietet und als Privatwoh-
nung genutzt hatte. Vor seinem Tod hatte er seinen Kindern genauestens erklärt, wer von ihnen welches Möbel-
stück erben sollte. Als ihr Vater starb, spendeten die Kinder,
die überhaupt kein Interesse an den altmodischen Stücken
hatten, alles dem Altenheim. Damit fing der ganze Ärger
an: Egal, wohin die Pfleger die Möbel brachten, am nächsten Tag stand alles wieder genau auf seinem Platz. Sie versuchten, nur ein einziges der Stücke zu verrücken, dann
verteilten sie das Mobiliar auf verschiedene Räume – alles
ohne Erfolg.

Der Geist des Mannes befand sich im Aufenthaltsraum
des Altenheims. Er war außer sich vor Wut, weil seine
Kinder und jetzt auch noch das Pflegepersonal sich er-
dreisteten, seine Sachen »wegzugeben«. Trotz aller Bemü-
hungen konnte ich ihn nicht davon überzeugen, ins Licht
zu gehen. Das Pflegepersonal musste sich damit abfinden,
dass die einzige Möglichkeit, den Alten zufriedenzustellen
darin bestand, die Schlafzimmereinrichtung an Ort und
Stelle zu belassen. Ich kann mir jedoch vorstellen, dass die
Betreiber des Heims sich wieder bei mir melden werden,
sobald der Platz knapp wird. Und hoffentlich ist der Geist
diesmal bereit, diese Welt zu verlassen.

Temperaturänderungen

Flüchtige Temperaturänderungen können ein Hinweis darauf sein, dass ein Geist den Raum betreten oder verlassen hat. Viele Leute sind davon überzeugt, einen Geist bei sich zu haben, weil eine bestimmte Stelle im Haus *ständig* kalt oder warm ist. In diesem Fall liegt es wohl eher an übermäßiger Sonneneinstrahlung oder einem undichten Fenster – Geister kündigen sich vielmehr durch plötzliche Windstöße oder warme Brisen ungeklärten Ursprungs an.

Elektrische oder mechanische Fehlfunktionen

Dieses Phänomen trifft man sowohl in Privatwohnungen als auch in Geschäftsräumen an. Die Energie eines erdgebundenen Geistes kann elektrische Geräte beeinflussen, darunter auch Fernsehapparate, Computer, Heizungsregulatoren, Klimaanlagen und Fahrstühle. Backöfen schalten sich von selbst ein und aus, Lichter flackern, Glühbirnen brennen durch oder explodieren gar, das Fernsehbild ist gestört, der Computer stürzt ab und kleinere Elektrogeräte funktionieren nicht richtig oder geben ganz den Geist auf. Außerdem kann es zu Problemen mit Heizungssystemen, Boilern oder Deckenventilatoren kommen. Toilettenspülungen betätigen sich von selbst, Türen öffnen sich oder fallen krachend ins Schloss.

Dies alles kann auch an Ihrem Arbeitsplatz vorkommen. Ich habe mehrere Theater in der Umgebung von Cleveland besucht und festgestellt, dass es den Geistern dort großes Vergnügen bereitet, den Aufzug zwischen der Bühne und den darunter liegenden Garderoben anzuhalten. Für die Schauspieler gibt es nichts Schlimmeres, als in der kurzen Pause zwischen zwei Auftritten das Kostüm wechseln zu müssen und dann im Aufzug stecken zu bleiben. Auch während der Dreharbeiten zu *Ghost Whisperer* erlebe ich häufig solche Pannen, angefangen von verschwundenen Drehbüchern und kaputten Scheinwerfern bis hin zu unerklärlichen Ausfällen der ausgefeilten Kameraausrüstung.

Ich erinnere mich, dass Ted und ich einmal nach einem wahren Beerdigungsmarathon auf dem Nachhauseweg in einem Restaurant haltmachten. Während Ted die Speisekarte studierte, bemerkte ich einen Geist. Es war ein großer Mann in den Vierzigern, der die Uniform des Küchenpersonals trug. Seine Arme waren mit Tätowierungen bedeckt, er hatte kurzgeschorenes Haar und ein gemeines Funkeln in den Augen. Erst starrte er eine der Bedienungen an, dann machte er sich ans Werk: Er schlüpfte hinter den Tresen, schaltete die Kaffeemaschine ab, öffnete den Kühlschrank und verschwand durch die Schwingtür in der Küche.

Besagte Kellnerin nahm unsere Bestellung auf und wollte uns gerade unseren Kaffee bringen, als eine ältere Frau, die ebenfalls eine weiße Uniform trug, hinter der Theke hervorgeeilt kam. »Du hast schon wieder die verdammte Kaffeemaschine ausgeschaltet«, keifte sie. »Wie oft muss ich dir noch sagen, dass du das nicht tun sollst?« Die Kellnerin wollte protestieren, doch die Frau brachte sie zum Schweigen und machte sich daran, frischen Kaffee zu kochen.

Nervös und eingeschüchtert überbrachte die Kellnerin der Küche unsere Bestellung. Schnell erzählte ich Ted, was sich hier abspielte. Etwa zehn Minuten später erschien die Kellnerin mit unserem Essen auf einem Tablett. Der Geist ging hinter ihr her und hob das Tablett an, sodass die Teller auf den Boden fielen.

Das arme Mädchen brach in Tränen aus, und die mürrische alte Dame ging zu uns herüber, um sich zu entschuldigen. Leider hatte ich keine Gelegenheit, die Kellnerin zu fragen, ob sie vielleicht einen großen Kerl gekannt hatte, der wütend auf sie gewesen war.

Manche Geister haben genug Energie, um in Computern abgespeicherte Daten zu ändern. Sie verschieben Termine, löschen Patienteninformationen oder führen Veränderungen an Krankenakten durch – besonders häufig in Zahnarztpraxen. Geister können außerdem Röntgengeräte und andere medizinische Apparate stören.

Kinder

Kinder sind äußerst empfänglich für die Anwesenheit erdgebundener Geister. Imaginäre Spielgefährten, Schutzengel oder »gruselige Leute« hören sich zwar wie Ausgeburten einer lebhaften Kinderfantasie an, sind jedoch meistens sehr real. Wenn ein Geist im Haus ist, zeigen Kinder unter Umständen die hier aufgeführten Symptome und Verhaltensweisen:

Körperliche Beschwerden

Kinder unter zehn Jahren erkranken häufig an Erkältungen oder Infektionen der Atemwege. Auch Halsschmerzen, Nebenhöhlenentzündungen und Asthma sind nicht ungewöhnlich.

Kaputte Spielsachen

»Aber das war ich nicht!«, ruft ein Kind oft, das mit einem Geist zusammenleben muss. Besonders die Geister von Kindern machen gerne Spielzeug kaputt oder schalten batteriebetriebene Unterhaltungsgeräte an. Sie verstecken Spielfiguren, heiß geliebte Stofftiere oder leeren Batterien.

»Imaginäre« Spielkameraden

Wenn ihr Kind steif und fest behauptet, dass das kleine Mädchen, das es nachmittags immer besucht, wirklich da ist, sollten Sie sich auf die Suche nach anderen Anzeichen für die Anwesenheit erdgebundener Geister machen. Viele Menschen schenken solchen Behauptungen jedoch keine weitere Beachtung und hoffen darauf, dass das Kind im Lauf der Zeit diese Fantasievorstellungen schon ablegen wird. Diese eher nüchtern denkenden Zeitgenossen muss ich regelmäßig darauf hinweisen, dass sich besonders Kindergeister zu lebenden Kindern hingezogen fühlen. Da erdgebundene Kinder nicht altern, werden sie irgendwann vernachlässigt, wenn ihre lebenden Freunde mit der Zeit andere Interessen entwickeln, und müssen sich ein neues Heim suchen.

Plötzliche, unbegründete Angstattacken

Wenn Kinder anfangen, einen bestimmten Raum zu meiden oder aus unerfindlichen Gründen die Nacht nicht mehr in ihrem eigenen Bett verbringen wollen, ist dies normalerweise ein zuverlässiges Anzeichen dafür, dass etwas – oder besser gesagt jemand – ihnen das Gefühl von Sicherheit in ihrer vertrauten Umgebung nimmt.

Haustiere

Wenn Ihr Haustier seltsame Verhaltensweisen an den Tag legt, ist es durchaus möglich, dass es von einem erdgebundenen Geist belästigt wird. Ich habe viele aggressive Geister Haustiere treten oder kneifen sehen. Sie ziehen an ihrem Schwanz oder versuchen, sie in eine Tür zu klemmen, sperren sie in Kleiderschränke oder locken sie an Orte, die ihnen verboten sind. Wenn sie Ihr Haustier genau beobachten, werden Sie feststellen, dass es an bestimmten Stellen so reagiert, als wäre jemand anwesend, obwohl Sie selbst niemanden erkennen können. Ein Hund könnte beispielsweise eine leere Wand anbellen, eine Katze einen Buckel machen und die Mitte eines leeren Zimmers anfauchen. Merken Sie sich gut, worauf das Tier seine Aufmerksamkeit richtet und wie sich sein Verhalten ändert, wenn Sie es von der betreffenden Stelle entfernen. So können Sie den bevorzugten Aufenthaltsort des Geistes ermitteln.

Können erdgebundene Geister fotografiert werden?

Viele Menschen behaupten, sie besäßen Fotos von Geistern. Inzwischen habe ich buchstäblich Tausende von Fotos erhalten, die ich jedoch zum Großteil mit einer gehörigen Portion Skepsis betrachte. Inzwischen sind die Techniken der Bildbearbeitung so weit fortgeschritten, dass jeder ein Foto nach Belieben manipulieren kann.

Früher nahm ich zu manchen meiner Besuche meine Kamera mit. Meiner Erfahrung nach fühlen sich meine Klienten jedoch unwohl, wenn ein Wildfremder etwa in ihrem Wohnzimmer sitzt und unentwegt Fotos von der leeren Wand neben der Standuhr macht. Ich gab diese Versuche also schnell auf.

Wenn Sie ein Foto von dem Geist in Ihrem Haus machen wollen, empfehle ich Ihnen eine einfache Einwegkamera samt einem Film mit hoher Lichtempfindlichkeit (dabei zeigen Schwarzweißfilme die besten Ergebnisse). Auf einen Blitz sollten Sie verzichten. Da bei Einwegkameras der Film nicht aus dem Apparat genommen wird – und da der Entwickler keine Ahnung hat, warum sie auf der ganzen Rolle als einziges Motiv die Vorhänge in ihrem Wohnzimmer gewählt haben –, besteht keine Gefahr, dass die Bilder manipuliert werden. Richten Sie einfach die Kamera auf die Stelle, an der Sie den Geist vermuten, und hoffen Sie auf das Beste.

Ich selbst habe bereits mehrere Geister auf Zelluloid gebannt. Auch während der Dreharbeiten zu *Ghost Whisperer* gelang es, einen erdgebundenen Geist aufzunehmen. Jennifer Love Hewitt hatte gerade eine sehr fordernde Szene beendet, als jemand aus der Crew eine Bewegung im Schatten hinter ihr wahrnahm. Der Regisseur ließ die Aufnahme anhalten und die gesamte Belegschaft versammelte sich vor dem Kontrollmonitor, um sich die Aufzeichnung anzusehen. Alle waren verblüfft, als sich eine menschliche Gestalt hinter Love abzeichnete. Der anwesende Cutter war ratlos und fragte ständig die anderen, ob er seinen Augen wirklich trauen konnte. Alle stimmten überein, dass für einen winzigen Moment jemand – oder etwas – auf der Aufzeichnung erschien, der vorher nicht da gewesen war. Love war so erstaunt, dass sie den Film behielt und ihn jedem zeigt, der daran zweifelt, dass sich echte Gespenster am Set der Serie befinden.

12 DER UMGANG MIT GEISTERN

*Wie man sich vor dem Einfluss
erdgebundener Geister schützt*

Wenn Sie überzeugt davon sind, dass Sie unter dem Einfluss eines erdgebundenen Geistes stehen, gibt es mehrere Möglichkeiten, seine Macht zu verringern und sich selbst, Ihre Familie, Ihr Heim oder Ihren Arbeitsplatz vor schädlicher Energie zu schützen. Die Rituale und Praktiken, die ich in diesem Kapitel vorstelle, sind völlig ungefährlich und werden keinesfalls die Aufmerksamkeit negativer Energien auf sich ziehen. Vielleicht werden Sie Ihre Umgebung nicht vollständig von Geistern und ihrer Energie befreien können, doch zumindest können Sie damit die schlimmsten Auswirkungen bekämpfen.

Ich muss gestehen, dass ich selbst nicht genau weiß, warum bestimmte Dinge und Handlungen die Energie erdgebundener Geister neutralisieren. Beispielsweise kann ich Ihnen beim besten Willen nicht erklären, warum die Quittensamen, die mir meine Verwandten aus ihrem kleinen italienischen Dorf schicken, Geister davon abhalten, bestimmte Orte zu betreten. Da ihre Wirksamkeit jedoch unbestritten ist, glaube ich an ihre Kraft und benutze sie oft. Wenn Sie herausfinden sollten, dass eine bestimmte Sache bei Ihnen funktioniert, dann ist das zweifellos auch so. Es gibt viele Gegenstände, die, sofern sie durch weißes

Licht, gute Absichten oder Gebete mit Energie aufgeladen sind, wirksamen Schutz bieten.

Einige wichtige Vorbemerkungen

Bevor ich im Detail erkläre, wie Sie erdgebundene Geister vertreiben, sind einige Warnhinweise vonnöten. Bitte lesen Sie sich diesen Abschnitt genau durch, bevor Sie anfangen, Ihr Haus zu säubern. Es wird wohl kaum in Ihrer Absicht liegen, Geister mit zusätzlicher Energie zu versehen, anstatt sie zu schwächen.

Wissen Sie, mit wem Sie es zu tun haben?

Jedes Mal, wenn Sie metaphysische Handlungen vollziehen oder einen Gegenstand zur Säuberung oder zum Schutz erwerben, ist es von höchster Wichtigkeit, dass Sie sich bei einem verlässlichen Spezialisten Rat einholen. Seien Sie nicht schüchtern und fragen Sie ruhig nach, ob es in Ihrer Umgebung Klienten gibt, mit denen Sie reden und die Sie nach ihrer Meinung zu dem von Ihnen ausgewählten Fachmann fragen können. Wenn sich der Parapsychologe weigert, Ihnen Referenzen vorzulegen, oder wenn seine Klienten Vorbehalte bezüglich seiner Arbeit haben, suchen Sie sich besser jemand anderen. Vergessen Sie nicht, dass es jedem freisteht, in den Gelben Seiten zu inserieren. Wenn Sie also auf dem Gebiet der Parapsychologie noch keine Erfahrungen gesammelt haben, müssen Sie besondere Vorsicht walten lassen, damit Sie sich statt der erhofften Hilfe nicht noch mehr Ärger aufladen.

Lassen Sie die Finger von Weihwasser

Dies ist ein wirklich wertvoller Tipp. Glauben Sie niemals, unter keinen Umständen, dass Sie einen Geist vertreiben können, indem Sie mit Weihwasser herumspritzen. Als Laie sollten Sie nicht auf eine Substanz zurückgreifen, die für einen ganz anderen Ritus bestimmt ist. Dieser Mangel an Respekt kann manche Geister richtiggehend zur Weißglut bringen. Von einem geweihten Priester den Segen zu erhalten hat eine ganz andere Bedeutung, als als Laie mit Weihwasser zu hantieren, was Ärger geradezu heraufbeschwört. Ich habe erlebt, wie Geister darüber so in Rage gerieten, dass sie ihre ganze Energie dazu benutzten, Dinge zu zerstören, zu bewegen oder auf andere Weise in die materielle Welt einzugreifen. Solch eine Situation ist ein klassischer »Spuk«.

Reden Sie nicht mit erdgebundenen Geistern – und schreien Sie sie auf gar keinen Fall an

Egal, wie groß die Versuchung für Sie ist, einen Geist, der Ihre Kreditkarte versteckt, den Ofen eingeschaltet oder eine wertvolle Porzellanfigur vom Kaminsims gestoßen hat, kräftig die Meinung zu geigen: Heben Sie keinesfalls Ihre Stimme und lassen Sie ihn nicht wissen, dass Sie sich seiner Gegenwart bewusst sind. Damit würden Sie ihm nämlich genau das geben, wonach er verlangt: Ihre Aufmerksamkeit und Ihre Energie. Wenn Sie ruhig bleiben und keine Reaktion auf seine Mätzchen zeigen, besteht die Möglichkeit, dass er Sie auf der Suche nach einer ergiebigeren Energiequelle freiwillig verlässt.

Vor einigen Jahren rief mich eine Frau an, die einen männlichen erdgebundenen Geist in ihrem Haus hatte. Er machte nicht viel Ärger – eigentlich ein sehr entspannter Typ. Doch als ich die Frau in der folgenden Woche besuchte, erkannte ich den Geist, den ich vor meinem geistigen Auge ja bereits gesehen hatte, nicht wieder. Statt einer ausgeglichenen, ruhigen Person hatte ich einen äußerst wütenden Geist vor mir, der durch das Haus strich und bemerkenswerte energetische Phänomene hervorrief. Bis zum nächsten Vollmond war es noch einige Zeit hin, und ich fragte mich, woher der Geist diese gewaltigen Energiemengen bezogen hatte. Die Frau gestand kleinlaut, dass sie, nachdem ich die Anwesenheit des Geistes bestätigt hatte, mit einigen Freundinnen ein paar Flaschen Wein geköpft und eine Séance abgehalten hatte.

»Wir wollten doch nur mit ihm reden«, sagte sie. Doch stattdessen hatte das Licht angefangen zu flackern, nachdem sie ihn angerufen hatten. Ein Tisch war umgestürzt und zwei Weingläser waren heruntergefallen und in tausend Stücke zersprungen.

»Wir haben uns zu Tode erschreckt«, fuhr sie fort, »Also schrien wir ihn an: ›Warte nur, bis Mary Ann kommt! Dann wird es dir leidtun!‹«

Ich starrte sie verblüfft an und konnte meinen Ohren kaum trauen. Statt eines schwachen Geists, der bereitwillig ins Licht gegangen wäre, stand ich nun einem energiegeladenen, äußerst selbstbewussten Wesen gegenüber. Nicht ohne Mühe konnte ich den Geist davon überzeugen, die Schwelle zu überqueren. Vorher gestand er mir jedoch noch, dass die Séance das Lustigste gewesen war, was er seit seinem Tod erlebt hatte.

Schützen Sie sich vor erdgebundenen Geistern

Es gibt eine Reihe einfacher Praktiken, die Ihnen helfen können, sich vor Geistern und negativer Energie zu schützen. Wenn Ihnen ein Geist nach Hause gefolgt und noch nicht lange bei Ihnen ist, können allein diese Techniken ausreichen, um ihn zu vertreiben. Wenn der Geist bereits im Haus war oder sich schon eine gewisse Zeit in Ihrer Nähe befindet, können Sie ihn mit diesen Ritualen zumindest schwächen und sich so Erleichterung vom Einfluss seiner negativen Energie verschaffen. Schädlich sind diese Praktiken keinesfalls – sie können Ihrer Gesundheit, Ihrer psychischen Kraft und Ihrer Umwelt nur dienlich sein.

Das weiße Licht

Jeder kann das weiße Licht herbeirufen und sollte lernen, wie er es zu seinem Schutz verwenden kann. Menschen, die auf dem Gebiet der Metaphysik bewandert sind (etwa, wenn sie auf Energie basierende Heilmethoden wie Reiki anwenden), ja, selbst diejenigen, die meditieren oder Yoga ausüben, sind meistens damit vertraut, das weiße Licht zu ihrem Schutz, zur Förderung des Heilungsprozesses oder zur Steigerung der Konzentrationsfähigkeit einzusetzen.

Ich benutze das weiße Licht nicht nur als einfache Methode, um erdgebundene Geister loszuwerden. Vor einer Reise, Krankenhaus- oder Arztbesuchen hülle ich mich und meine Familie in schützendes weißes Licht. Jeder sollte lernen, Zugang zu dieser positiven, kosmischen Energie zu erlangen und sie auch einzusetzen. Die Fähigkeit, weißes

Licht erscheinen und es jemandem zukommen zu lassen, kann mit der Kraft eines Gebets oder eines positiven Gedankens verglichen werden.

Das weiße Licht zú visualisieren und sich nutzbar zu machen ist recht einfach. Als ich es zum ersten Mal um einen erdgebundenen Geist herum bemerkte, erinnerte es mich an die grelle Lampe im Schmalfilmprojektor meiner Eltern. Doch es hat auch Ähnlichkeit mit den Blitzen moderner Fotoapparate. Trotz seiner großen Helligkeit ist es jedoch ungefährlich, direkt hineinzuschauen.

Wenn Sie sich ein Licht von dieser Reinheit und Helle nicht vorstellen können, versuchen Sie folgende einfache Übung: Zünden Sie eine Kerze an und starren Sie darauf. Konzentrieren Sie sich auf den heißesten Teil der Flamme, der sich in der Nähe des Dochts befindet. Jetzt lassen Sie Ihren Blick auf eine leere Wand schweifen und stellen sich vor, dass Sie die Flamme als einen Fleck an der Wand sehen können. Dann wenden Sie sich wieder der Flamme zu. Wiederholen Sie diesen Vorgang so oft, bis Sie einen hellen weißen Fleck auf der Wand erkennen können. Lassen Sie ihn im Laufe der Zeit immer größer werden, ohne dabei seine Helligkeit zu verändern.

Sobald Sie einigermaßen geübt darin sind, das weiße Licht erscheinen zu lassen, versuchen Sie, es um sich selbst oder jemanden zu legen, den Sie schützen wollen. Man kann es auch auf mentalem Weg räumlich weit entfernten Personen schicken, indem man an sie denkt, solange man sich auf das Licht konzentriert. Wenn Sie jemanden auf konventionellem oder auch alternativem Weg heilen möchten, schützen Sie sich mit dem weißen Licht, um nicht die negative Energie ihres Patienten auf sich zu ziehen.

Meersalz

Eine der effektivsten Methoden, negative Energie abzuwenden und den Einfluss erdgebundener Geister auf einen Gegenstand zu verringern, ist die Säuberung mit Meersalz. Wenn Sie gerne auf Flohmärkte oder Auktionen gehen, nehmen Sie immer etwas Salz auf diese Einkaufstouren mit. Streuen Sie es über alle erworbenen Gegenstände, bevor Sie sie in Ihrem Auto verstauen – aber halten Sie Maß. Schon winzige Mengen sind ausreichend!

Menschen, die Berufe ausüben oder sich oft an Orten aufhalten, die Geister anziehen, sollten beim Waschen der Kleidung dem letzten Spülgang eine Handvoll Meersalz hinzufügen. Eine andere Möglichkeit ist, eine Sprühflasche mit Wasser zu füllen und einige Esslöffel Meersalz darin aufzulösen. Wenn Sie aus der Haustür gehen, sprühen Sie damit vor sich in die Luft und lassen Sie sich von den Tröpfchen benetzen.

Mit Meersalz können Sie auch wirksam Ihr Grundstück schützen, wenn Sie es entlang seiner Grenzen und um das Fundament Ihres Hauses herum verteilen. Es ist auch möglich, es am Arbeitsplatz zu verwenden. Benutzen Sie dazu wöchentlich eine kleine Menge davon. Auch auf Reisen kann es mitgeführt werden. Eine dünne Spur Salz im Türrahmen eines Hotelzimmers beispielsweise kann zusätzlichen Schutz vor ungewollten Besuchern bieten. Meersalz allein wird einen wirklich fest entschlossenen Geist nicht davon abhalten, ihre Umgebung zu betreten, doch zumindest wird er es sich zweimal überlegen, wenn er vor einer solchen Begrenzung steht.

Menschen, die auf dem Gebiet der Parapsychologie tätig sind, müssen besonders vorsichtig sein, um negative Energien nicht von einem ihrer Klienten an den nächsten weiterzureichen. Kartenleger sollten zumindest zwei Kartensätze benutzen, um sie regelmäßig gründlich von negativer Energie säubern zu können. Schon allein das Berühren der Karten kann diese Energie übertragen. Genauso wichtig ist es, heilende Steine oder Kristalle einem Säuberungsprozess zu unterziehen. Stecken sie dafür einfach die Gegenstände, die mit Ihren Klienten in Berührung gekommen sind, in mit Meersalz gefüllte Gefrierbeutel. Die stärkste Reinigungswirkung erhalten Sie, wenn Sie sie während einer Vollmondnacht im Freien belassen. Doch auch das Salz allein reicht oft aus.

Eine meiner Klientinnen stellte einmal ihre Kristalle in einer Schüssel mit Salzwasser ins Freie. Am nächsten Morgen waren die Steine verschwunden. Des Rätsels Lösung war eine große Elster, die sie stibitzt hatte. Inzwischen bewahrt Sie die Kristalle im Salzbad vor dem Fenster auf, sodass das Mondlicht darauf fallen kann. Dies hat denselben Effekt.

Es gibt verschiedene Theorien darüber, weshalb Meersalz einen so wirkungsvollen Schutz gegen negative Energie liefert. Eine besagt, dass Salz als kristalline Substanz in der Lage ist, ätherische oder spirituelle Energie zu binden und bestimmte negative Schwingungen abzuhalten. Einer anderen Theorie zufolge liegt seine Wirkung in der Tatsache begründet, dass es nicht wie gewöhnliches Speisesalz verarbeitet und angereichert ist. Schließlich weisen manche noch auf die Verbindung zwischen Salz und dem Meer samt der darin versunkenen Stadt Atlantis hin – deren Bewohner ja schließlich Beschützer und Krieger waren.

Sobald Sie das Meersalz dazu benutzt haben, negative Energien aufzunehmen oder eine Barriere gegen eindringende Geister zu errichten, müssen Sie es fachgerecht entsorgen. Werfen Sie es nicht einfach in den Abfall oder in die Spüle. Entfernen Sie es stattdessen von ihrem Grundstück, deponieren Sie es in einer verlassenen Gegend oder schütten Sie es in einen Gully.

Quittensamen

Wie bereits erwähnt, weiß ich nicht genau, weshalb die Quittensamen so zuverlässig ihre Wirkung entfalten. Die Quitte ist eine Frucht, die mit dem Apfel und der Birne verwandt ist und schon seit der frühen Römerzeit angebaut wird. Meine Verwandten aus dem kleinen italienischen Dorf, in dem meine Großmutter aufwuchs, pflanzen sie ebenfalls an. Immer, wenn ich mit meiner Großmutter loszog, um Häuser von Geistern zu befreien, legte sie einen dieser kleinen braunen Samen über den Türstock, sobald ich den Geist ins Licht geschickt hatte. Ihre Verwandten schickten ihr und jetzt mir regelmäßig Nachschub. Wenn Sie Quitten in Ihrem Supermarkt kaufen, die Samen herausnehmen und in Ihrem Haus verteilen, wird das selbstverständlich keine Wirkung haben. Wie auch andere Talismane und Schutzamulette müssen die Samen erst mit Energie aufgeladen werden. Leider weiß ich nicht, wie meine Verwandten das anstellen, doch ich vertraue der Kraft ihrer Samen, wenn es darum geht, Geister auf Distanz zu halten.

Wenn Sie sich nicht sicher sind, ob Sie einen Geist in Ihrem Heim beherbergen oder nicht, ist es ratsam, einen Quittensamen oder ein anderes energiegeladenes Objekt ständig bei sich zu tragen. Wenn ich mit Menschen arbeite, deren Beruf ein gewisses Risiko birgt, die Aufmerksamkeit von Geistern zu erregen – also Krankenschwestern, Ärzte, Polizeibeamte oder Barkeeper –, rate ich ihnen immer, die Quittensamen, die ich ihnen gebe, während der Arbeit oder an von Geistern besonders oft frequentierten Orten stets bei sich zu führen. So verhindern sie, dass sich ein Geist dazu entschließt, ihnen nach Hause zu folgen.

Es ist von *äußerster Wichtigkeit*, dass Sie keine Quittensamen in ihrer Wohnung platzieren, wenn Sie nicht hundertprozentig sicher sind, dass Ihr Heim auch geisterfrei ist. Sonst sperren Sie den Geist in Ihren Räumlichkeiten ein, und die ständige Anwesenheit eines unglücklichen Geists ist beileibe nichts, was man sich wünschen würde.

Kräuterbündel (Smudge Sticks)

Eine weitere einfache Methode, sich von negativer Energie zu befreien und den Einfluss erdgebundener Geister in ihrer Umgebung zu verringern, ist, die Luft mit einem Kräuterbündel zu reinigen. Diese sogenannten Smudge Sticks bestehen aus Kräutern wie etwa Salbei oder Mariengras, und erzeugen beim Verbrennen große Mengen von Rauch und einen unverwechselbaren Duft. Zünden Sie das Bündel an einer Kerze oder einem Streichholz an, dann pusten Sie die Flamme vorsichtig aus, sodass das Bündel weiterglimmt. Legen Sie eine Schüssel oder ein Tablett unter, damit keine Asche oder Glut auf den Boden fallen kann. Gehen Sie dann, von den obersten Stockwerken angefangen, durch das Haus und wedeln Sie mit dem Bündel durch jeden einzelnen Raum. Die Säuberung durch den Smudge

Stick muss in *einer* Sitzung stattfinden, die nicht unterbrochen werden darf. Lassen Sie dabei alle Fenster geschlossen und öffnen Sie sie frühestens eine Stunde nach Beendigung des Rituals.

Fangen Sie auf dem Dachboden an, arbeiten Sie sich bis zum Keller vor und vergessen Sie nicht, auch Anbaugaragen mit einzubeziehen. Räuchern Sie auch hinter Türen, in Ecken, Wandschränken und Vorratskammern gründlich aus. Sollte das Bündel verlöschen – was es unweigerlich tun wird, wenn viel negative Energie im Haus ist –, dann zünden Sie es gleich wieder an und setzen Sie die Prozedur an der Stelle fort, an der Sie aufgehört haben.

Sie können den Rauch auch gegen Ihren Körper fächeln. Jeder Körperteil muss davon umgeben sein. Wenn Sie fertig sind, legen Sie das Bündel in ein feuerfestes, mit Sand gefülltes Behältnis. Achten Sie dabei sorgfältig darauf, dass es völlig erlischt.

Um einen Eindruck davon zu bekommen, wie wirksam diese Ausräucherung ist, markieren Sie den Tag, an dem Sie sie vorgenommen haben, in Ihrem Kalender. Anfangs wird es etwa fünf bis sechs Tage dauern, bis die negative Energie zurückkehrt und der Geist in Ihrem Haus wieder aktiv wird. Bringen Sie dann den Smudge Stick erneut zum Einsatz und streichen Sie sich auch diesen Termin im Kalender an. Je regelmäßiger Sie ausräuchern, umso größer werden die Intervalle zwischen Ritual und erneuter Aktivität des Geistes werden. Dabei spielen natürlich die bisherige Verweildauer und der Grad der negativen Energie des Geistes eine Rolle, doch schlussendlich sollten Sie nicht öfter als einmal im Monat zum Kräuterbündel greifen müssen.

Es besteht sogar die Chance, selbst Geister, die sich schon lange in Ihren Räumen aufhalten, durch diese Technik zu vertreiben. Irgendwann wird ihnen die dauerhafte Schwächung zu viel, und sie suchen sich einen Ort, an dem sie mehr Energie beziehen können. Es ist einfach nur eine Frage der Geduld und der Hartnäckigkeit.

Kleine Kinder, die an Atembeschwerden wie Asthma leiden, sollten bei der Ausräucherung nicht anwesend sein. Warten Sie ab, bis sich der Rauch völlig gelegt hat, bevor Sie sie wieder ins Haus lassen.

Segen

Es kann nie schaden, einen geweihten Pfarrer, Priester, Schamanen oder eine andere religiöse Autoritätsperson einzuladen, um Ihr Heim segnen zu lassen. Die positive Energie eines solchen Segens wirkt den Folgen der Anwesenheit eines erdgebundenen Geistes entgegen.

Andere Schutztechniken

Die oben beschriebenen Gegenstände und Rituale haben sich meiner Erfahrung nach als recht zuverlässig erwiesen. Ich musste niemals auf Alternativen zurückgreifen – und solange ich damit auskomme, sehe ich auch keinen Grund dazu. Doch es gibt noch weitere Möglichkeiten, sich von negativer Energie zu befreien. Wenn sich eine davon für Sie als wirksam herausstellt, dann zögern Sie nicht, sie anzuwenden. Die richtige Substanz für ein Ritual kann nur durch systematisches Ausprobieren gefunden werden. Hierzu einige Vorschläge, die Sie einmal erproben sollten:

Ringelblume: Eine Ringelblumengirlande über der Tür soll erdgebundene Geister fernhalten. Pflücken Sie die Ringelblumen zur Mittagsstunde, trocknen Sie sie und binden Sie sie über den Türstock. Sie können außerdem zum Räuchern benutzt werden.

Zypresse: Auch als »Baum des Todes« bezeichnet. Zypressenholz bietet effektiven Schutz.

Geranien: Trocknen Sie die Blüten und fertigen Sie Duftkissen daraus an, die Sie in Ecken und Kellerräumen deponieren.

Myrrhe: Das Öl dieses Baumes wird seit Jahrtausenden aufgrund seiner Schutzwirkung verwendet. Myrrhe gibt es entweder als Öl oder brennbares Harz. Wenn Sie negative Energie in Ihrem Heim spüren, machen Sie mit einem Räucherstäbchen aus Myrrhe einen Rundgang durch alle Zimmer.

Rosmarin: Kann in Kombination mit Meersalz zur Reinigung verwendet werden.

Ebereschenholz: Auch Vogelbeere genannt. Ich benutze das Holz dieser Pflanze bevorzugt in Kinderzimmern. Brechen Sie kleine Zweige von einer Eberesche ab und binden Sie sie mit rotem Garn oder Faden in Kreuzform zusammen. Dieses uralte Schutzamulett können Sie problemlos ständig bei sich tragen. Seine größte Wirkung entfaltet es, wenn Sie es über die Tür des Kinderzimmers hängen.

Tabak: Verstreuen Sie gehäckselte Tabakblätter (nicht jedoch den mit Zusatzstoffen angereicherten Zigarettentabak) an den Grenzen Ihres Grundstücks. Geben Sie acht,

dass Kinder oder Haustiere die Blätter nicht verschlu-
cken.

Veilchen: Diese hübschen weißlila Blumen eignen sich gut
zur Säuberung und als Schutz. Pressen Sie die Blüten zwischen Wachspapier und stecken Sie sie so in Ihre Handtasche oder Ihren Geldbeutel.

13 FLÜCHE UND ANDERE NEGATIVE ENERGIEN

Wie Sie negative Energie abwehren,
entfernen oder verringern können

Wenn man hört, dass auf einer bestimmten Person »ein Fluch liegt« oder dass ein bestimmter Ort oder Gegenstand verflucht ist, klingt das zunächst einmal ziemlich hoffnungslos und auch nicht ungefährlich. Doch Flüche sind einfach nur eine bestimmte Energieform. Einfach ausgedrückt: Gute oder positiv wirkende Energie wird als Segen bezeichnet, negative Energie mit ungünstigen Auswirkungen dagegen als Fluch.

Wie Jemand oder Etwas verflucht wird

Flüche können nur von lebenden Personen ausgestoßen werden. Wenn mich die Leute fragen, ob sie oder ihre Familie von einem erdgebundenen Geist verflucht wurden, muss ich sie enttäuschen: Einem Geist ist es unmöglich, irgendjemanden oder irgendetwas mit einem Fluch zu belegen.

Jede Kultur und Gesellschaft hat ihre eigene Version dieses Phänomens. Flüche werden auch als Bann oder »der böse Blick« bezeichnet. Doch um die Sache nicht unnötig zu verkomplizieren, werde ich im Folgenden die Flüche in zwei Kategorien einteilen: traditionelle Flüche, die meistens europäischen Ursprungs sind – also negative Energie, die jemandem von einer fachkundigen Person unter Zuhilfenahme bestimmter Rituale auferlegt wird –, und Flüche, die eine im Lauf der Zeit angewachsene Anhäufung negativer Energie darstellen.

Traditionelle Flüche

Manche Menschen sind geradezu spezialisiert auf bestimmte Flüche. In einer Großstadt mit vielen von verschiedenen Kulturen bewohnten Vierteln werden sie immer eine Reihe von Personen finden, die dieses Wissen besitzen. Als ich sechzehn war, brachte mir meine Großmutter bei, wie man Flüche bricht. Ich dachte damals, dass nur Italiener um diese negativen Energien wüssten. Das ist nur zu verständlich – schließlich waren alle, die meine Großmutter konsultierten, um sie vom *maloccio* (»dem bösen Blick«) zu befreien, Italiener aus der alten Heimat.

Als ich älter wurde, konnte ich schon beim Begrüßungshandschlag feststellen, ob jemand mit einem Fluch oder negativer Energie beladen war. Dann prickelten meine Hände schmerzhaft, als wären sie eingeschlafen. Überraschenderweise spürte ich dies auch bei Leuten, die nicht italienischer Herkunft waren. Glücklicherweise hatte ich Bekannte, die anderen Kulturkreisen entstammten und meine Neugier auf diesem Gebiet befriedigen konnten. Ich bat sie, mich ihren Großmüttern, Großtanten oder Tanten vorzustellen, von denen fast alle Immigranten der ersten Generation waren. Von ihnen erfuhr ich eine Menge über die Flüche ihres Heimatlandes. Bald lernte ich auch, das unangenehme Gefühl zu vermeiden, wenn ich in Kontakt mit verfluchten Menschen geriet. Es macht also keinen Unterschied, welche kulturellen Wurzeln Sie haben: Ein Fluch ist einfach negative Energie, und er muss nicht auf bestimmte, von Kultur zu Kultur verschiedene Weise aufgehoben werden. Ich habe erfolgreich Menschen aus Deutschland, Serbien, Russland, Indien und vielen anderen Ländern von Flüchen befreit. Obwohl die Flüche von unterschiedlicher Stärke waren, konnte ich sie doch immer auf die gleiche Art und Weise brechen.

Traditionelle Flüche können sehr lange anhalten. Am häufigsten werden bestimmte Gegenstände, meist aus Stein oder Metall, mit einem Fluch belegt. Derjenige, der den Fluch ausspricht, muss sich einfach statt auf eine andere Person auf ein Objekt konzentrieren und kann so selbst auf große Entfernung die materielle Umgebung desjenigen, dem er Schaden zufügen will, verändern. Besonders häufig werden dazu Halsketten mit Anhängern in Form eines Kreuzes benutzt. Einmal befreite ich eine Frau von einem mächtigen Fluch, den sie sich zugezogen hatte, als ihr ihre Schwägerin aus Italien einen Bilderrahmen aus Metall geschickt hatte. Sie hatte ihn im Wohnzimmer aufgestellt und war durch seine negative Energie binnen kürzester Zeit schwer erkrankt.

Ansammlungen negativer Energie

Ein Fluch kann sich auch von selbst entwickeln, wenn sich im Laufe der Zeit genug negative Energie an einem Ort zusammenballt. Stellen Sie sich vor, dass ich mich an einem bestimmten Termin einer kleineren Operation unterziehen muss und Sie bitten würde, zu diesem Zeitpunkt für mich zu beten. Wenn Sie an besagtem Tag zu besagter Uhrzeit innehalten und denken *Hoffentlich geht es Mary Ann gut* oder sogar das weiße Licht visualisieren und mir senden, erhalte ich positive Energie. Wenn Sie stattdessen *Mary Ann kann ich sowieso nicht leiden* denken, schicken Sie mir damit negative Energie. Sie haben mich verflucht – so einfach ist es, jemanden mit positiver oder negativer Energie zu versehen.

Natürlich benötigt es mehr als nur einen einzelnen übelwollenden Gedanken, um mir (oder jemand anderem) ernsthafte Probleme zu bereiten. Doch wenn jemand immer wieder mit negativen Gefühlen bombardiert wird und besonders, wenn Hass und Neid im Spiel sind, wird die betreffende Person irgendwann mit Sicherheit darunter leiden. Stellen Sie sich die Auswirkungen eines Fluchs wie eine Zeichnung vor: Sie beginnen mit schwarzer Kreide, um eine Skizze anzufertigen. Nach und nach werden die Linien dicker und dunkler, sie werden sozusagen mit negativer Energie aufgeladen, die ihrerseits wieder negative Energie anzieht. Jedes Mal, wenn Ihnen jemand Übles will oder insgeheim schlecht über Sie denkt, wird die negative Energie um Sie herum stärker, dichter und mächtiger. Menschen, die von dieser Energie umgeben sind, halten sich für »Pechvögel«, »vom Schicksal geprüft« oder für »geborene Verlierer«. Glücklicherweise lässt sich diese Energie mühelos wieder entfernen.

Manche Leute behaupten, dass man wissen muss, wie man einen Fluch ausspricht, um ihn zu brechen. Meine Großmutter beispielsweise war dieser Ansicht. Mit sechzehn lehrte sie mich, wie man Flüche *bricht*, doch es sollte noch vier Jahre dauern, bis ich kurz vor ihrem Tod bereit war, mir zeigen zu lassen, wie man Flüche *ausspricht*. Doch

glauben Sie mir, ich habe kein Interesse daran, irgendjemanden mit einem *malocchio* zu belegen, habe es nie
getan und werde es auch niemals tun. Dazu habe ich viel
zu viel Respekt vor dem alten Sprichwort: *Wer andern
eine Grube gräbt, fällt selbst hinein.* Jeder, der absichtlich negative Energie verbreitet, wird sie garantiert früher oder später in der einen oder anderen Form zurücker-
halten.

Was ein Fluch anrichten kann

Egal, um welche Art Fluch es sich handelt, seine negative
Kraft wird immer auf einem der folgenden drei Gebiete zu
beobachten sein: Finanzen, Gesundheit oder Liebe. Natürlich ist das Leben nicht perfekt – jeder hat an irgendeinem Punkt seines Lebens Probleme in diesen Bereichen.
Doch wenn ein Fluch auf jemandem liegt, vervielfachen
sich diese Schwierigkeiten, wollen einfach nicht aufhören
oder sind besonders schmerzhaft.

Flüche, die auf Familien liegen

Ein generationenübergreifender Fluch beeinflusst normalerweise die Gesundheit. Der vielleicht bekannteste dieser
Flüche ist der, der angeblich auf den Kennedys liegen soll.
Nun habe ich noch nie jemanden aus der Kennedy-Familie
getroffen und kann nicht mit Sicherheit sagen, ob sie unter
einem Fluch zu leiden haben, doch man muss nur einen
Blick auf ihre Geschichte werfen (besonders auf die der
männlichen Familienmitglieder), um dieser Vermutung durch-

aus eine starke Wahrscheinlichkeit zuzusprechen. Ich habe Fälle erlebt, in denen aufgrund eines Fluchs die erstgeborenen Töchter einer Familie keine Kinder bekommen konnten. Einmal befreite ich einen Mann Anfang dreißig von seinem Familienfluch, der den männlichen Nachkommen jeder Generation vor ihrem vierzigsten Lebensjahr den Tod brachte. Der Urgroßvater des Mannes war mit achtunddreißig, der Großvater mit sechsunddreißig, zwei seiner Onkel in den Zwanzigern und sein Vater mit neununddreißig gestorben. Er wollte also kein Risiko eingehen und bat mich, den Fluch von ihm zu nehmen, was ich auch tat. Mit Freude kann ich Ihnen berichten, dass er seinen vierzigsten Geburtstag um viele Jahre überlebte. Interessanterweise zeigt ein Familienfluch erst Wirkung, wenn die betroffenen Personen das achtzehnte Lebensjahr überschritten haben.

Personenbezogene Flüche

Auch diese greifen vor allem die Gesundheit an. Wenn Sie regelmäßig Medikamente einnehmen – etwa gegen Bluthochdruck oder Herzbeschwerden –, so kann ein Fluch unter Umständen die Wirkung dieser Substanzen in ihr Gegenteil verkehren und Ihr Wohlbefinden beeinträchtigen. Negative Energie kann außerdem Röntgengeräte, Kernspintomographen oder andere medizinische Diagnoseapparate beeinträchtigen. Besonders Flüche aus dem mediterranen Raum verursachen oft Kopfschmerzen, Schwindel oder Sehstörungen.

Auch Ihr Liebesleben kann beeinträchtigt sein. Sie haben bestimmt eine Bekannte oder einen Bekannten, der trotz seiner Attraktivität einfach nicht den richtigen Lebenspartner finden will. Wieso lässt sich jemand gleich mehrmals von überaus reizenden Partnern oder Partnerinnen scheiden? Flüche können Menschen in den Ruin treiben und ihre Existenzgrundlage vernichten. Besonders Sportler scheinen sehr anfällig für sie zu sein. Ich habe schon mit vielen Berufssportlern – von Baseballspielern bis zu Profibowlern – zusammengearbeitet, um negative Energien abzuwehren, die ihre Karriere negativ beeinflussten.

Objektbezogene Flüche

Wenn Sie ein verfluchtes Objekt in Ihrem Besitz haben, wird es Ihnen zwangsläufig Schwierigkeiten bereiten, egal, ob es absichtlich verflucht wurde oder negative Energie angesammelt hat, weil es einmal einer sehr unglücklichen, depressiven oder traurigen Person gehört hat. Schließlich sind Zorn und Neid nicht die einzigen negativen Gefühle. Wenn Sie Unbehagen dabei verspüren, wenn Sie ein bestimmtes Objekt berühren, sollten Sie Ihren Instinkten vertrauen! Manche Leute reagieren auf negative Energien mit Kopf- oder Magenschmerzen, Übelkeit, schwitzenden oder juckenden, heißen oder kalten Handflächen. Eines der berühmtesten und angeblich verfluchten Objekte ist der Hope-Diamant. Viele seiner Besitzer starben einen plötzlichen Tod, begingen Selbstmord oder mussten große persönliche Tragödien erdulden.

Flüche auf Orten oder Organisationen

Die am häufigsten verfluchten Orte sind wohl Hotels, Pensionen und Ferienclubs, was wohl daran liegt, dass in dieser Branche ein hoher Konkurrenzdruck herrscht, der sich negativ auf die Kunden auswirkt. Wenn Sie sich in einem Hotel oder einem anderen Ort mit negativer Energie aufhalten, benutzen Sie die im vorherigen Kapitel beschriebenen Techniken, um sich während Ihres Aufenthalts zu schützen. Dasselbe gilt, wenn Sie auf Wohnungssuche sind. Da ich oft mit Immobilienmaklern zusammenarbeite, weiß ich, dass verfluchte oder von Geistern heimgesuchte Häuser so gut wie unverkäuflich sind. Wenn Sie also Ihr Traumhaus gefunden haben, jedoch befürchten, dass es mit negativer Energie beladen sein könnte – verzweifeln Sie nicht: Jeder Fluch kann gebrochen, jeder Geist vertrieben werden.

Sportmannschaften und ihre Spieler werden häufig zur Zielscheibe von Flüchen. Denken Sie nur an all die negative Energie, die bei einem Heimspiel der gegnerischen Mannschaft entgegenschlägt.

Es ist natürlich auch möglich, einen Fluch von einer Organisation zu nehmen. Einmal rief mich jemand mitten in der Nacht aus dem Büro einer sehr berühmten Sportmannschaft an. Er hatte von meinen Fähigkeiten gehört und wollte wissen, ob seine Mannschaft mit einem Fluch belegt war. Ich bat ihn, mich von einem Ort aus anzurufen, wo sich ein möglichst großes Emblem der Mannschaft befand; etwas, das als Zielpunkt der negativen Energie gedient haben konnte. Als er sich etwas später noch einmal meldete, konnte ich ihm sofort sagen, dass nicht etwa die Spieler, das Spielfeld oder das Stadion, sondern die Mannschaft selbst verflucht war. Er fragte mich, ob sein Team gewinnen würde, sobald ich den Fluch gebrochen hatte. Das konnte ich natürlich nicht garantieren – es kam zweifellos auch weiterhin auf sportliche Qualitäten an. Doch zumindest würden die Spieler nicht mehr mit der Zusatzbelastung durch negative Energien kämpfen müssen.

Er dachte einige Minuten darüber nach, dann fragte er mich, ob ich schon am nächsten Tag zur Zentrale seines Vereins fliegen konnte. Es war Oktober – der Monat, an dem ich am meisten zu tun habe. Ich hatte bereits über vierzig Vortragstermine, deshalb musste ich ihm leider absagen. Nach einer weiteren Pause schlug er vor, die komplette Mannschaft zu mir zu bringen.

Ich musste ihm noch einmal erklären, dass nicht die *Spieler* der Mannschaft, sondern der *Verein selbst* verflucht war. Wenn er mir die Gründungsurkunde besorgen konnte, würde ich den Fluch brechen können. Und so kam es, dass ich einige Tage später in einem Privatjet auf dem Flughafen von Cleveland saß. Der Manager, der sich ebenfalls an Bord befand, nahm ein imposantes ledergebundenes Dokument aus einem Umschlag und reichte es mir.

Da ich das Leder nicht mit Öl beträufeln wollte, bat ich ihn, das Dokument wieder in den Umschlag zu stecken. Durchlesen musste ich es mir ja nicht. Es dauerte etwa drei Minuten, dann hatte ich den Fluch gebrochen. Ich fuhr nach Hause, der Jet hob wieder ab und flog in Richtung Osten, und die Mannschaft begeisterte ihre Fans mit einer Serie von Siegen, die in einem erfolgreichen Spiel über ihren Erzrivalen gipfelte – ein seit Jahrzehnten nicht da gewesenes Spektakel.

Wenn mich die Leute fragen, ob ich schon einmal für eine bestimmte Mannschaft oder einen berühmten Sportler gearbeitet hätte, erzähle ich ihnen immer Folgendes: Es hilft durchaus, negative Energien abzuwenden, doch um zu gewinnen, muss man sich trotzdem noch tüchtig anstrengen.

Wie man einen Fluch oder negative Energien beseitigt

Jeder kann eine andere Person von einem Fluch oder negativer Energie befreien. Keine der Techniken, die ich in diesem Abschnitt vorstelle, wird jemandem Schaden zufügen. Ob Sie die Rituale korrekt ausführen oder nicht, es hat keine schädlichen Konsequenzen. Sie können nichts falsch machen. Auch wenn Sie die Zeremonien nicht richtig vollziehen, werden Sie die negative Energie damit nicht verstärken. Wenn Sie diese Techniken auf Leute anwenden, die nicht verflucht sind, werden Sie sie damit nicht mit einem Fluch belegen. Haben Sie also keine Scheu davor.

Wenn ich Kurse darüber abhalte, wie man Flüche bricht und negative Energien abwendet, höre ich manchmal von den Teilnehmern, dass sich nichts verändert hat, obwohl sie alle Schritte genauestens befolgt haben. Im Laufe der Zeit wird Ihnen Ihre Erfahrung ein Gespür dafür verleihen, ob es Ihnen gelungen ist, die negative Energie zu beseitigen oder nicht. In den meisten Fällen werden Sie jedoch zu einem zufriedenstellenden Ergebnis kommen. Bei den Teilnehmern meiner Kurse liegt die Erfolgsquote bei etwa 90 Prozent.

Gegenstände, die für die Entfernung von negativer Energie benötigt werden:

• *Kerzen.* Ich bevorzuge weiße Kerzen, andere Farben haben jedoch die gleiche Wirkung. Die Kerzenflamme ist in der Lage, Energie schnell aufzunehmen und freizusetzen. Sie verbrennt sozusagen alle negativen Schwingungen in der Umgebung und dient als Fokus ihrer mentalen Energie, mit der Sie die Kerze aufladen müssen. Dazu reiben Sie sie mit Weihwasser oder Öl ein. Beginnen Sie in der Mitte der Kerze und arbeiten Sie sich erst nach oben, dann nach unten vor. Dabei wird Ihre Energie durch Ihre Hände auf die Kerze übertragen. Denken Sie dabei immer fest daran, dass die Kerze Ihnen den rechten Weg leuchten wird. Konzentrieren Sie sich auf das weiße Licht der Kerze, das die negative Energie in den Kosmos schleudern wird.

• *Glasteller.* Der Teller muss mindestens drei voneinander getrennte Fächer oder Abschnitte aufweisen.

• *Weihwasser.* Das Mittel der Wahl. Wenn Sie nur ein paar Tropfen in ganz gewöhnliches Wasser geben, ist dieses ebenfalls geheiligt, wenngleich weniger stark. Wie oben bereits erwähnt, sollten Sie Weihwasser niemals dazu verwenden, Geister zu vertreiben. Auf verfluchte Personen, Gegenstände oder Grundstücke kann es jedoch problemlos angewendet werden.

• *Pulver.* Folgende Pulver haben schützende Wirkung: Knoblauch, Schwefel und Sternennacht (schwarzer Weihrauch mit Goldkörnchen – fragen Sie in Ihrem Esoterikfachhandel danach). Wahlweise kann auch die Asche von Palme, Birke, Eberesche oder Salweide verwendet werden. Um die Asche dieser Pflanzen zu gewinnen, säubern Sie einen Glasteller oder eine feuerfeste Schüssel mit Weihwasser, bevor Sie die entsprechenden Blätter oder Hölzer darin verbrennen. Bewahren Sie die Asche in einem luftdicht verschlossenen Glasgefäß auf und geben Sie acht, dass Sie die verschiedenen Aschen nicht vermischen.

- *Kräuter.* Die folgenden Kräuter helfen dabei, negative Energien zu entfernen: *Rosmarin* oder *Frauenminze* für Kraft, Schutz und Ruhe; *Schöllkraut* für Schutz, Erleichterung und Befreiung; *Knoblauch* für Heilung, Exorzismen und Schutz; *Dill* für Schutz und gegen Neid; *Alfalfa* gegen finanzielle Verluste; *Eisenkraut,* um die Liebe und den Besitz zu schützen und Heilungsprozesse zu fördern.

- *Öle.* Benutzen Sie natives Oliven- oder Duftöl, das Sie im Esoterikfachhandel erwerben können. Besonders Öle mit Zusätzen von Anis, Bergamotte, Zibet, Geranie und Kriechendem Fingerkraut haben sich bewährt.

- *Räucherwerk.* Es hilft, negative Energie aus der Umgebung zu vertreiben. Gebräuchlich sind Geranie, Mariengras, Salbei und Weihrauch.

- *Schützende Amulette, Talismane oder Totems.* Diese Gegenstände können dauerhaft mit psychischer Energie aufgeladen werden und zum Schutz gegen negative Kräfte dienen. Ich persönlich benutze ein Kreuz und einen Rosenkranz. Wenn Sie ein Heiligenamulett verwenden wollen, sollte es gesegnet sein oder eine Reliquie enthalten. Jeder neu erworbene Rosenkranz sollte von einem ordentlichen Priester geweiht werden. Sie können jedoch auch einen der folgenden Gegenstände zum Einsatz bringen:

– *Amulette* bestehen aus naturbelassenen Materialien. Das können beispielsweise Steine, Edelsteine, Muschelschalen oder Holzstücke sein, die meistens Pyramiden- oder Kugelform besitzen. Um ein Amulett mit Energie aufzuladen, richten Sie Ihre Gefühle, Worte und Ihren Atem darauf. Setzen Sie es zusätzlich Naturgewalten wie Sonne, Wasser, Wind oder Regen aus. Die Energie eines Amuletts, das direkt am Körper getragen wird, wird ständig von den Emotionen des Trägers gespeist.

– Ein *Talisman* ist ein unbelebtes Objekt, das Veränderungen in der Umgebung und der Lebensweise herbeiführt. Es kann ohne viel Aufwand aus einem Stück Papier hergestellt werden. Seine Wirkung erhält es durch das Anbringen von Symbolen, Sternzeichen, Hieroglyphen oder magischen Worten. Um einen Talisman mit Energie aufzuladen, reiben Sie ihn zwischen Ihren Handflächen und stellen ihn in die Sonne, unter den Sternenhimmel oder in die Nähe von Wasser. Danach sollte er sicher verpackt und bis zu seinem endgültigen Einsatz ständig mitgeführt werden.

– Ein *Totem* ist ein Gegenstand, eine Pflanze oder ein Tier, das einen heiligen, persönlichen Talisman darstellt. Totems erscheinen in Träumen und Visionen, um die Betreffenden vor Gefahr zu warnen, ihnen Kraft zu verleihen, körperliche Beschwerden zu heilen oder ihnen Wohlstand zu bescheren. Sie können Symbole Ihres Totems auf Ihrem Körper oder Ihrer Kleidung tragen.

• *Heilsteine.* Folgende Steine können Sie bei der Entfernung von negativer Energie unterstützen: Amethyst, schwarzer Turmalin, Malachit, Obsidian und Türkis.

Wichtiger Hinweis: Vergessen Sie nicht, jedes dieser Objekte nach dem Gebrauch einem Reinigungsprozess zu unterziehen.

Wie man eine Person von negativer Energie befreit

Obwohl diese Zeremonie überall abgehalten werden kann, benutzen Sie am besten einen Tisch, um die benötigten Gegenstände ablegen zu können, und einen Stuhl, auf dem der oder die Betroffene bequem sitzen kann.

1. Fragen Sie den Betroffenen um seine Erlaubnis, die negative Energie von ihm nehmen zu dürfen. Er muss nicht unbedingt an das glauben, was Sie mit ihm vorhaben, doch er muss Ihnen seine Einwilligung dazu geben.

2. Umgeben Sie sich mit dem weißen Licht (siehe Seite 289 f.).

3. Zünden Sie eine Kerze an und stellen Sie sie auf den Tisch.

4. Vergewissern Sie sich, dass Sie Ihren Talisman, Ihr Amulett oder ein Symbol Ihres Totems tragen.

5. Gießen Sie *Flüssigkeit* (entweder ätherisches Öl oder Weihwasser) in einen Abschnitt des Glastellers, füllen Sie den zweiten mit *Kräutern* und den dritten mit einem *Pulver*. Diese Substanzen sind unbedingt erforderlich, Sie können jedoch nach Belieben noch weitere hinzufügen.

6. Jetzt sollte sich die Person an den Tisch setzen, die Arme auf die Tischplatte legen und die Handflächen nach oben richten. Stellen Sie sich hinter den Betroffenen und legen Sie ihm die Hände auf die Schultern.

7. Bitten Sie den Betroffenen, in die Kerzenflamme zu sehen oder sich auf einen anderen Punkt vor sich zu konzentrieren, an etwas Schönes zu denken oder ein Gebet zu sprechen – alles, was zu seinem Wohlbefinden beiträgt, erhöht die positive Energie.

8. Rufen Sie Ihren spirituellen Geistführer, Engel oder Erzengel an, damit er Ihnen bei Ihrem Vorhaben zur Seite

steht. Platzieren Sie mit Ihrem Finger einen Klecks der Flüssigkeit, der Kräuter und des Pulvers auf die Handgelenke des Betroffenen oder auf dessen Stirn (über dem »dritten Auge«).

9. Visualisieren Sie einen dunklen Schatten, der die Person verlässt. Fangen Sie bei den Füßen an und arbeiten Sie sich langsam bis zum Kopf vor. Entlassen Sie die negative Energie aus dem Körper ins Universum und ersetzen Sie sie durch weißes Licht.

10. Visualisieren Sie das weiße Licht als Energie, die aus dem Boden gen Himmel steigt.

11. Wenn Sie die negative Energie nicht mehr spüren können, ist sie verschwunden. Bei Bedarf wiederholen Sie die Prozedur.

Es ist unerlässlich, dass Sie die negative Energie ins Universum senden. Versuchen Sie *unter keinen Umständen*, sie der Person, die sie herbeigerufen hat, zurückzuschicken. Sie sind schließlich nicht die Fluchpolizei und wollen sicher auch Ihr Karma nicht mit einer derartigen Tat belasten!

Wie man einen Gegenstand von negativer Energie befreit

1. Umgeben Sie sich mit dem weißen Licht (siehe Seite 289 f.).
2. Zünden Sie eine Kerze an und stellen Sie sie auf den Tisch.
3. Vergewissern Sie sich, dass Sie Ihren Talisman, Ihr Amulett oder ein Symbol Ihres Totems tragen.
4. Gießen Sie *Flüssigkeit* (entweder ätherisches Öl oder Weihwasser) in einen Abschnitt des Glastellers, füllen Sie

den zweiten mit *Kräutern* und den dritten mit einem *Pulver*. Diese Substanzen sind unbedingt erforderlich, Sie können jedoch nach Belieben noch weitere hinzufügen.

5. Bringen Sie Öl, Kräuter und Pulver auf dem Gegenstand an. Wenn es sich um einen kleineren Gegenstand handelt, wird ein Klecks genügen. Bei größeren Objekten benutzen Sie dementsprechend größere Mengen der Substanzen. Wenn Sie beispielsweise ein Auto von negativer Energie reinigen wollen, benetzen Sie sowohl Front- als auch Heckstoßstange. Bei einem Spiegel bringen Sie die Mixtur in allen vier Ecken, an der Ober-, Unter- und den Seitenkanten an. Wenn die Mixtur nicht mit dem Gegenstand in Berührung kommen darf, wickeln Sie diesen vorher in eine Plastiktüte oder -folie.

6. Halten Sie Ihre Hände über den Gegenstand und visualisieren Sie das weiße Licht, dass die negative Energie von unten nach oben herauszieht. Bei einem Spiegel lassen Sie das weiße Licht die negative Energie wie ein Bettlaken umhüllen. Senden Sie anschließend die negative Energie ins Universum.

Wie man ein Gebäude von negativer Energie befreit

1. Umgeben Sie sich mit dem weißen Licht (siehe Seite 289 f.)

2. Zünden Sie eine Kerze an und stellen Sie sie auf den Tisch.

3. Vergewissern Sie sich, dass Sie Ihren Talisman, Ihr Amulett oder ein Symbol Ihres Totems tragen.

4. Gießen Sie *Flüssigkeit* (entweder ätherisches Öl oder Weihwasser) in einen Abschnitt des Glastellers, füllen sie den

zweiten mit *Kräutern* und den dritten mit einem *Pulver*. Diese Substanzen sind unbedingt erforderlich, Sie können jedoch nach Belieben noch weitere hinzufügen.

5. Bringen Sie einen Klecks Öl, Kräuter und Pulver an den Eingängen des Gebäudes an.

6. Gehen Sie in die Mitte des Gebäudes. Sie müssen den Mittelpunkt nicht hundertprozentig genau treffen, eine ungefähre Schätzung genügt.

7. Visualisieren Sie das weiße Licht und lassen Sie es die negative Energie fortschieben. Beginnen Sie im Keller und arbeiten Sie sich zum Dachboden vor.

8. Wenn das Gebäude viele Stockwerke hat, wiederholen Sie die Schritte 6 und 7 in regelmäßigen Abständen auf verschiedenen Etagen.

Wie man ein Grundstück von negativer Energie befreit

1. Umgeben Sie sich mit dem weißen Licht (siehe Seite 289 f.).

2. Zünden Sie eine Kerze an und stellen Sie sie auf den Tisch.

3. Vergewissern Sie sich, dass Sie Ihren Talisman, Ihr Amulett oder ein Symbol Ihres Totems tragen.

4. Gießen Sie *Flüssigkeit* (entweder ätherisches Öl oder Weihwasser) in einen Abschnitt des Glastellers, füllen Sie den zweiten mit *Kräutern* und den dritten mit einem *Pulver*. Diese Substanzen sind unbedingt erforderlich, Sie können jedoch nach Belieben noch weitere hinzufügen.

5. Tauchen Sie ein paar Bäusche Watte in jeden Abschnitt des Tellers. Fangen Sie mit der Flüssigkeit an, damit die anderen Substanzen daran kleben bleiben.

6. Vergraben Sie je einen Wattebausch etwa drei Zentimeter tief in jeder Ecke des Grundstücks. Wenn Sie aufgrund der Beschaffenheit des Untergrunds keine Möglichkeit haben, es genau dort zu vergraben, suchen Sie sich weichen Erdboden in der Nähe.

7. Gehen Sie zur Mitte des Grundstücks und vergraben Sie auch dort einen präparierten Wattebausch.

8. Visualisieren Sie das weiße Licht. Lassen Sie es aus dem Boden aufsteigen und die negative Energie nach oben ins Universum drängen. Visualisieren Sie, wie die Energie höher und höher steigt, bis Sie sie mit Ihrem geistigen Auge nicht mehr erkennen können.

NACHWORT

Ich habe jetzt mehr als fünfzig Jahre damit verbracht, mit Geistern zu kommunizieren. Von Anfang an wusste ich, dass dies mein Lebenswerk sein würde und dass ich dazu verpflichtet bin, nicht nur erdgebundenen Geistern ins Licht zu helfen, sondern auch die Lebenden über die Geisterwelt aufzuklären. Jedes Mal, wenn ich einen Vortrag halte, einen Kurs gebe, im Radio Anrufe beantworte oder mit den Drehbuchschreibern von *Ghost Whisperer* an neuen Geschichten arbeite, habe ich die Möglichkeit, der Welt der erdgebundenen Geister ihre Geheimnisse zu nehmen und den Menschen nahezubringen, dass Geister im Großen und Ganzen nichts sind, wovor man sich fürchten müsste. Und ich kann Methoden aufzeigen, wie man es vermeidet, Geister oder negative Energie zu einem Bestandteil seines alltäglichen Lebens zu machen.

Die Geschichten und Informationen in diesem Buch sollten Ihnen einen Einblick in die Welt der erdgebundenen Geister geben und Sie mit dem nötigen Wissen ausstatten, damit Sie nicht unter ihren Einflüssen zu leiden haben. Ich hoffe, dass Sie zu dem Schluss gekommen sind, dass die Geisterwelt – so geheimnisvoll sie auf den ersten Blick auch erscheinen mag – von unserer nicht allzu verschieden ist. Wenn Sie erst einmal begriffen haben, wie gewöhnlich die Existenz der meisten Geister ist, verstehen Sie auch, weshalb ich mich so natürlich und unbefangen in ihrer Welt bewegen kann. Natürlich finde ich mich oft in aufregenden, lustigen, peinlichen oder auch frustrierenden Situationen wieder – aber das gehört eben zu meinem Job.

Sie sollten inzwischen auch eingesehen haben, dass, nachdem Sie gestorben sind (und sterben müssen wir schließlich alle irgendwann), das weiße Licht die einzig richtige Entscheidung ist. Natürlich bleibt Ihnen immer eine Wahl. Wenn Sie sich also – aus welchen Gründen auch immer – entschließen zu bleiben, hoffe ich, dass Sie sich erinnern, wo Sie das weiße Licht auch ohne fremde Hilfe finden können: Begeben Sie sich einfach auf einen Friedhof und warten Sie auf die nächste Beerdigung!

Wenn ich Ihnen mit diesem Buch Hilfestellung für Ihr Leben *und* das Leben nach dem Tod gegeben habe, habe ich viel erreicht. Ich nehme nicht an, dass ich einmal Ihrem Geist über den Weg laufe – denn ich rechne damit, dass Sie verantwortungsbewusst genug sind und die Schwelle zu jener Welt übertreten werden, die uns im weißen Licht erwartet.

Es gibt unzählige erdgebundene Geister, und ich kann mich nicht um alle kümmern. Deshalb war es mir ein großes Anliegen, Ihnen mit diesem Buch zu vermitteln, was Sie unter Umständen erwarten könnte und was Sie unternehmen sollten, wenn Sie es mit einem Geist zu tun bekommen. Ich hoffe, dass mir das gelungen ist und Sie davon profitieren können. Wenn es weniger Geister gibt, die hier auf Erden festsitzen und die Lebenden quälen, wenn es mehr positive und weniger negative Energie gibt, dann habe ich meine Aufgabe erfüllt.

DANKSAGUNG

Dieses Buch zu schreiben war ein regelrechtes Abenteuer. Bei der Entstehung dieses Werks waren viele Leute beteiligt, denen ich hiermit meinen tiefsten Dank aussprechen will:

James Van Praagh für seine Freundschaft und für seinen Glauben daran, dass eine Fernsehserie, die auf meiner Arbeit beruht, Erfolg haben würde.

Bella Bajaria und Doug Prochillo sowie John Gray, dessen außerordentliche Fähigkeiten als Drehbuchautor und Regisseur uns jede Woche eine neue Folge von *Ghost Whisperer* beschert. Außerdem danke ich Jennifer Love Hewitt, meinem kleinen »Geisterjägerlehrling«. Danke, dass du deine Geister mit mir geteilt hast und so eine großartige Schauspielerin bist. Besonderer Dank gilt außerdem dem Team von CBS sowie Ian Sanders und Kim Moses, den Produzenten von *Ghost Whisperer*.

Jennifer Gates, meine Agentin bei Zachary Shuster Harmsworth, Melanie Murray, meiner Lektorin bei Grand Central Publishing, Scott Schimer, mein Anwalt in Los Angeles, Jill Stern sowie Louis McClung von Lusso Cosmetics and Photography.

Schließlich bin ich meinem Ehemann Ted und meinen Töchtern Amber und Tara in tiefer Dankbarkeit und Liebe verbunden.

Ein Dank gebührt auch meinen Verwandten und Freunden für ihre Treue und die stetige Ermutigung. Einen herzlichen Dank auch an meine Klienten – sowohl lebend als auch tot –, deren Geschichten ich hier erzählt habe.

Schlussendlich danke ich Gott für meine Gabe und die Weisheit, sie vernünftig zu benutzen. Ich bin gesegnet.